Wir Kinder der Südtirol-Autonomie

Für Julia, Nathanael, Rahel

Hans Karl Peterlini

Wir Kinder der Südtirol-Autonomie

Ein Land zwischen ethnischer Verwirrung und verordnetem Aufbruch

Folio Verlag

Die Herausgabe dieses Buchs erfolgte mit freundlicher Unterstützung
der Autonomen Provinz Bozen – Südtirol, Abteilung deutsche Kultur,
der Autonomen Region Trentino-Südtirol,
der Bezirksgemeinschaft Überetsch-Unterland sowie
der Gemeinde Neumarkt

Der Verlag dankt auch „ff – Südtiroler Wochenmagazin" und
Othmar Seehauser für die Bereitstellung von Fotos.

ff Südtiroler Wochenmagazin

BILDNACHWEIS

Alexander-Langer-Stiftung: S. 51, 89
ff-Archiv: S. 77, 118
ff-Archiv/Othmar Seehauser: S. 61, 66, 102, 125, 148, 159, 168, 183, 189
Familie Peterlini: S. 8, 11, 16, 22, 25, 28, 31, 42, 79, 86, 129, 181, 192, 195, 200
Ludwig Schnegg, Tiroler Bezirksblätter: S. 135

Scans: Typoplus, Frangart
Cover und Layout: no.parking, Vicenza
Druck: Dipdruck, Bruneck
ISBN 3-85256-230-9

Folio Verlag Wien/Bozen
www.folioverlag.com

Inhalt

Südtirol in Stichworten

Südtirol, 7400 km^2, davon 65 % über 1500 m Meereshöhe, 450000 Einwohner, 69,38 % Deutsche, 26,30 % Italiener, 4,32 % Ladiner (Volkszählung 2001), eine nicht erhobene, auf 10000 bis 20000 geschätzte Anzahl mehrsprachiger Familien. Die nördlichste Provinz Italiens gehörte bis 1918 zusammen mit dem italienischsprachigen Trentino und dem deutschsprachigen Nordtirol als Kronland Tirol zur Habsburgermonarchie. Nach dem Ausbruch des Ersten Weltkriegs handelte sich Italien 1915 im Geheimvertrag von London für seinen Kriegseintritt an der Seite der Alliierten das Gebiet bis zum Brenner ein und brach dafür sein – allerdings nur für den Verteidigungsfall, nicht für Angriffskriege geschlossenes – Bündnis mit Österreich. Beim Waffenstillstand zwischen Österreich und Italien 1918 legten die österreichischen und Tiroler Truppen irrtümlich zu früh die Waffen nieder, sodass die italienischen Truppen kampflos das bis dahin in verbissenem Stellungskrieg verteidigte Gebiet besetzen konnten. Mit dem Friedensvertrag von Saint Germain von 1919 wurde Tirol geteilt und das Gebiet südlich des Brenners Italien zugeschlagen. Der italienische König versprach den Südtirolern den Erhalt ihrer Kultur und Eigenart. Nach der Machtübernahme der Faschisten 1922 begann Italiens Entnationalisierungspolitik, mit dem Verbot der deutschen Schule, der deutschen Sprache, der deutschen Bräuche; durch gezielte Industrialisierung wurden zunächst das Bozner und Meraner Talbecken mit italienischen Arbeitern besiedelt. Die Südtiroler leisteten gegen den Faschismus keinen offenen, sondern einen verborgenen Widerstand. Der Priester und Leiter der einzigen verbliebenen deutschsprachigen Tageszeitung „Dolomiten", Kanonikus Michael Gamper, baute den illegalen Deutschunterricht auf, die so genannte Katakombenschule. Bis 1910 hatte es in Südtirol rund 3 % Italiener gegeben, 1921 waren es 10 % und auf dem Höchststand der Zuwanderung 34,3 %. 1939 vereinbarten Mussolini und Hitler im „Optionsabkommen", dass die Südtiroler zwischen dem Verbleib in Italien und der Auswanderung ins Reich wählen sollten; damit verzichtete Hitler auf den deutschen Anspruch auf Südtirol. Die Option spaltete die Bevölkerung in „Optanten" und „Dableiber". Die einen fürchteten, dass sie mit dem Verbleib in Italien in italienische Provinzen umgesiedelt würden; sie glaubten den Versprechungen, in neuen deutschen Siedlungsgebieten gleichwertige Höfe, gleichwertige Täler, eine gleichwertige Heimat zu finden. Die anderen misstrauten Hitler-Deutschland, hielten an ihrem Hof, ihrem Besitz, ihrer Heimat fest und hofften, durch das Zusammenstehen auch den Faschismus zu überleben. Rund 87 % entschieden sich für die Auswanderung, 13 % für das Bleiben. Von über 210000 Optanten wanderten 75000 tatsächlich aus und wurden später zum Teil „rückgesiedelt". Der Kriegsausbruch stoppte die Auswanderung, nach dem Waffenstillstand zwischen

„IM GRUNDE SIND WIR BENEIDENSWERT. HEIMAT MEHRERER SPRACHGRUPPEN ZU SEIN, KANN SICHERLICH VIELE SPANNUNGEN BEDEUTEN. ABER ES KÖNNTE DARIN AUCH EINE ARZNEI GEGEN IHRE PROVINZIELLE VERKÜMMERUNG LIEGEN."

ALEXANDER LANGER, SKOLAST, DEZEMBER 1980

Italien und den Alliierten marschierten 1943 die deutschen Truppen in Italien ein, Südtirol gehörte zur so genannten Operationszone Alpenvorland. Die zwei Jahre NS-Herrschaft forderten mehr Todesopfer unter der Zivilbevölkerung als 17 Jahre Faschismus. Wegen Widerstandes gegen das NS-Regime wurden 24 Südtiroler erschossen, 166 in Konzentrationslager verschleppt, 140 inhaftiert. Nach der deutschen Kapitulation 1945 rückten im Mai 1945 die Alliierten in Südtirol ein, am 8. Mai gründete Erich Amonn offiziell nur mit Dableibern und mit Zustimmung der Alliierten die Südtiroler Volkspartei (SVP). Am 1. Mai 1946 lehnten die Außenminister der USA, Englands, Frankreichs und der Sowjetunion die österreichische Forderung nach einer Volksabstimmung in Südtirol ab. Bei den Friedensverhandlungen von Paris vereinbarten Österreich und Italien 1946 kulturelle Schutzbestimmungen und eine Selbstverwaltung der Südtiroler, das „Gruber-Degasperi-Abkommen" oder den „Pariser Vertrag". Im ersten Autonomiestatut von 1948 verblieben die wichtigsten autonomen Zuständigkeiten bei der Region Trentino-Südtirol, in der die Südtiroler einer italienischen Mehrheit gegenüberstanden. Die italienische Zuwanderung hielt, gefördert durch Wohn- und Wirtschaftsprogramme der Regierung, weiter an.
Ab 1956 kam es zu Anschlägen. 1957 forderten die Südtiroler mit Silvius Magnago an der Spitze auf Sigmundskron das „Los von Trient", 1960 wurde die UNO erstmals mit dem Streitfall befasst, 1961 wurden in einer einzigen Nacht, der „Feuernacht", 47 Anschläge auf Strommasten verübt. Es kam zu Massenverhaftungen, Folterungen und anhaltendem Terror. Die italienische Regierung lenkte auf Verhandlungen ein. In einer zweiten UNO-Resolution wurden Österreich und Italien 1961 erneut aufgefordert, eine Lösung zu finden. 1969 nahm die SVP mit knapper Mehrheit das von Magnago mit der italienischen Regierung ausgehandelte „Paket" an, 1972 traten die Paketmaßnahmen als Gesetz von Verfassungsrang in Kraft – das „zweite Autonomiestatut". Die Durchführung des Pakets verschleppte sich, es kam trotz großer Erfolge zu neuen Konfrontationen, einer neuen Attentatswelle, neuen Forderungen nach Selbstbestimmung und einem wachsenden Protest über die als zu starr empfundenen Schutzinstrumente. An der ersten namentlichen Erhebung der Südtiroler nach Sprachgruppen, der Volkszählung 1981, entzündete sich der Kampf gegen die ethnische Teilung der Bevölkerung, „die neue Option". 1992 wurde das Paket „abgeschlossen", Österreich gab vor der UNO die „Streitbeilegungserklärung" ab. 2001 beschloss der Gemeinderat von Bozen auf Antrag des italienischen Bürgermeisters, den nach Italiens Einmarsch 1918 benannten „Siegesplatz" in „Friedensplatz" umzubenennen, am 6. Oktober 2002 erreichte die Mehrheit der italienischen Bevölkerung bei einem Referendum die Rückbenennung in „Siegesplatz".

Italienische Soldaten mit mir vor dem Bahnhof Gargazon Anfang der sechziger Jahre

Kindheit zwischen den Sprachwelten

1969 war ich acht Jahre alt. Ein Südtirol-Problem gab es für mich nicht; es gab die unscharfe Erinnerung an Soldaten, die vor den wechselnden Bahnhofsgebäuden, in denen ich aufwuchs, auf und ab marschierten.

Am Brenner, 1961, dem Jahr meiner Geburt, herrschte Ausnahmezustand. Die Südtirol-Attentate verwandelten diesen Marktflecken mit seinen Grenzgasthäusern, Kiosken, Gelati-Standln und Würstelbuden in ein Militärlager. Über die Grenze kamen die Waffen- und Sprengstofflieferungen für die Attentäter, oft von feschen jungen Müttern unter Windelpackungen versteckt; über die Grenze zogen sich die Helfer aus Österreich und Deutschland zurück, während hinter ihrem Rücken die Rohbauten für italienische Ansiedlungen einstürzten, faschistische Denkmäler in die Luft flogen und Strommasten umknickten.

Das Leben am Brenner ging trotzdem weiter, etwas erschwert, weil das Einkaufen „drüben" für die Familien „herüben" strenger kontrolliert wurde. Wir wohnten im Bahnhofsgebäude, „direkt bei der großen Uhr", erzählte mir meine Mutter später. Wenn sie vom Brenner spricht, ist eine Sehnsucht in ihrer Stimme, nach diesem kalten zugigen Ort, wo hinter der Grenze Österreich beginnt. Die Brenner-Leute müssen ein eigener Schlag sein, viele arbeiteten beim Zoll, bei der Bahn, bei Speditionsfirmen, fast niemand hatte Verwandtschaft in der Nähe, niemand hatte Wurzeln; deutsche und italienische Familien lebten sehr eng zusammen. Ein Katzensprung und man war in Österreich – ein Katzensprung und die Österreicher waren in Italien, getrennt durch einen Schlagbaum, der durch Gewöhnung zum Bestandteil des Dorfbildes wurde. Die Überquerung der Grenze war eher ein liebenswürdiges Alltagsritual als eine Behinderung.

Wenn man eine Grenze nicht politisch betrachtet, hat sie ihr Flair. Österreichische und italienische Grenzer trafen sich wechselseitig in ihren Stammkneipen, Bars und Gasthöfen. Schokolade kauften wir jenseits, Kaffee diesseits der Grenze. Die wenigen deutschen Familien hielten fest zusammen. Aber wenn meine Mutter die Menschen aufzählt, die sie gerne mochte, kommen ihr spontan auch die Namen der italienischen Brenner-Familien über die Lippen. Der Ausbruch der Gewalt in Südtirol um 1960, die Verfolgung ganzer Jahrgänge junger Südtiroler Burschen, die Nachrichten von Folterungen in den Carabinieri-Kasernen, die Überfälle auf Grenzposten in den Bergen, das Massenaufgebot an Polizei und Heer zur Sicherung einer Krisenprovinz und einer Staatsgrenze – all das schwärzte den Namen Südtirols in Europas Schlagzeilen ein; meine Kindheit verfinsterte es nicht.

In Gargazon im Etschtal, wohin meine Familie 1962 mit dem nächsten Karriereschritt des Bahnhofvorstehers Eduard Peterlini weiterzog, spielten die Soldaten mit mir. In Neumarkt, wo wir ab 1965 lebten, schob nur noch ein Soldat auf einem vereinsamten Vorposten zwischen den Schienensträngen Wache. Regelmäßig wurde unser Keller durchsucht, weil durch die Kohlenschächte Bomben hätten eingeworfen werden können.

Bald gehörte auch das Wachhäuschen uns, den Kindern vom Bahnhof: Nadia Rossi, Rodolfo Pizzaia, den Geiers und uns Peterlinis. Die Geiers und wir Peterlinis waren die zwei deutschen Familien am Bahnhof. Nadia wohnte direkt unter uns im Bahnhofgebäude, Rodolfo auf der anderen Seite der Geleise. Eher als nach Sprachgruppen steckten wir nach Altersgruppen zusammen – meine älteren Geschwister mit den Geiers, ich mit Nadia und Rodolfo. Wir spielten je nach Zusammensetzung auf Deutsch oder Italienisch, jeder wusste oder glaubte zu wissen, was er war, aber jedem erklärten die Eltern:

Meine Schwester Claudia und ich am Bahnhof Neumarkt Ende der sechziger Jahre

Es gibt auch gute Italiener. Es gibt auch gute Deutsche. Mit meiner Nonna väterlicherseits, einer Welschtirolerin, spazierte ich durch die Obstwiesen und sang italienische Kinderreime: *Ninna, nanna bel poppin, fa la pippi sul cuscin.*

Wie ich Italienisch gelernt habe, weiß ich nicht mehr. In meiner Erinnerung laufe ich mit Nadia zwischen abgestellten Waggons und Holzbaracken herum, sie spricht kein Wort Deutsch, ich kein Wort Italienisch. In meinem kindlichen Zeitgefühl dauerte es ein paar Stunden, höchstens Tage, bis ich mit Nadia Italienisch sprach. Bestimmt dauerte es länger, verstanden haben wir uns in der Geheimsprache der Kinder auf Anhieb.

Neumarkt ist, wie wir stolz aufzusagen lernten, der Hauptort des Südtiroler Unterlandes, gut 100 km vom Brenner entfernt gelegen, der südlichste Ausläufer Südtirols. Es ist das Gebiet „von Sigmundskron der Etsch entlang bis zur Salurner Klaus“, wie es im Südtiroler Heimatlied besungen wird. Die Talsohle des Unterlands ist mit dem Etschtal die größte zusammenhängende Obstanbaufläche Europas, an den Berghängen wächst Wein, nirgends ist Südtirol mediterraner als hier, der nahe gelegene Kalterer See ist der wärmste Badesee der Alpen. In meiner Kindheit gab es noch vereinzelt Viehställe in den Taldörfern. Auf den Feldern, unter Maria Theresia dem Sumpf abgetrotzt und Möser genannt, wuchs der „Türkn", der Mais. Nur in einigen wenigen Dörfern – Aldein, Altrei, Truden, den Montaner und Kurtatscher Fraktionen – ist das Unterland auch Berggebiet. Neumarkt ist mit rund 4 000 Einwohnern das größte Dorf im Unterland, mit seinen mittelalterlichen Lauben auch das urbanste. Rechnet man Leifers dazu, das eher an Bozen angewachsen ist, sind es knapp 290 km² und 33 000 Menschen, nicht einmal 10 % des gesamten Landes. Aber durch seine ethnische Durchmischung und seine Grenznähe ist das Südtirol-Problem hier verdichtet, sind die Spannungen gelebter Alltag.

Die deutsch-italienische Sprachgrenze liegt knapp zehn Kilometer südlich von Neumarkt bei Salurn, geografisch wuchtig in Szene gesetzt durch die Salurner Klause mit der auf einer Felsnadel balancierenden Haderburg. Darunter windet sich die Etsch in gezähmten Mäandern südwärts. Wer mit dem Rad die alte Weinstraße von Tramin über Kurtatsch und Margreid nach Salurn und dann weiter radelt, wird kaum merken, dass er eine Grenze überquert. Er wird in Mezzocorona vom Rad steigen und sich wundern, dass plötzlich kein deutsches Wort mehr gesprochen wird. Die Landschaft wird fast unmerklich karger, felsiger, der Baustil schmuckloser, und plötzlich ist es eine andere und doch verwandte Welt.

Oft bin ich mit Rodolfo – ein Jahr älter als ich und deshalb immer eine Spur größer, schneller, stärker – diese Strecke geradelt. Hinüber nach Tramin, hinauf nach Kurtatsch, dann bergab mit gesenktem Kopf, um die Windschlüpfrigkeit zu erhöhen, hinunter nach Margreid, schließlich der Schlussspurt über die lange Gerade Richtung Mezzocorona. Beim Schild, das den Übergang zwischen der Provinz Bozen und der Provincia di Trento anzeigte, rissen wir stolz die Arme hoch – geschafft! Abgekämpft radelten wir zurück.

Ungefähr zur selben Zeit, als wir zwischen den Sprachwelten pendelten, hat Franz Tumler (1912–1998), der Altmeister der Südtiroler Literatur, genau an dieser Strecke erforscht, wie eine Sprachgrenze entsteht – in Gedanken die Orte abwandernd, wie es seine Art war. Er ist dabei auf ein Vorkommnis gestoßen, das sich um 590 v. Chr. abgespielt hat. Ein fränkischer Herzog namens Chramnichis stieß auf seinen Raubzügen über Meran bis nach Trient vor, wurde dann aber bis Salurnis zurückgeworfen. Hatte Chramnichis, dessen Feldzug nicht mehr als eine Piraterie zu Lande gewesen war, dort ein für alle Mal die Grenze markiert? Mehrmals noch wurde Salurn mit dem gesamten Unterland dem Welschland einverleibt (als Besitz des Trienter Bischofs, als Teil der Provinz Trient). Aber die Sprachgrenze blieb unverrückbar.

Ähnliches lässt sich beobachten, wenn selbst Dialekte ein und derselben Sprache Talschwellen einhalten. Von einem Kilometerstein auf den nächsten färbt sich die Sprechweise ein. Die deutsch-italienische Sprachgrenze verschob sich nicht, als Tirol unter Habsburg von Kufstein bis zum Gardasee reichte – bis Ala, oder genauer, bis zum kleinen Borghetto unterhalb von Rovereto. Mezzocorona war italienisch, auch als es in Urkunden Kronmetz genannt wurde und zu Österreich gehörte. Ebenso wenig verschob sich die Sprachgrenze, als Italien bis zum Brenner reichte und das Unterland verwaltungsmäßig der Provinz Trient angegliedert wurde. Das faschistische Regime ersetzte die Südtiroler Lehrer durch italienische Lehrkräfte, verbot die deutsche Schule, schrieb die Namen auf Taufscheinen, Grabsteinen und Ortstafeln um, aber die Sprache der Menschen konnte es nicht verändern.

Verwischungen, Ausfransungen, Oasenbildungen gibt es. Salurn: mehrheitlich italienisch, seit alters her, aber mit einer deutschsprachigen Minderheit, die mit Stolz und Militanz ihr Deutschsein behauptet. Die Sprachgrenze geht mitten durch Familien. Der eine Bruder versteht sich als Italiener, der andere als Deutscher, und das pflanzt sich fort in den Stammbaumverzweigungen, unabhängig von Herkunft, Familienname, Familiensprache. Auf der westlichen Talseite Margreid und Kurtinig: mehrheitlich deutsch, mit einer starken italienischen Sprachgruppe, mit deutlicher Gruppenbildung, aber meist ohne ethnischen Zank. Man hat sich hier, wo die Zuwanderung nicht erst auf faschistischen Druck erfolgte, zusammengelebt in jahrhundertelanger Nachbarschaft. Dann die „rein deutschen“ Dörfer – ungezwungen das höher gelegene Kurtatsch, kammschwellend Tramin. Auch hier waren nach den germanischen Stämmen die Römer da, die Menschen haben oft einen auffallend gedrungenen Körperwuchs, heißen unter anderem Ferrari, Romagna, Bologna, Calliari, aber das Dorf empfindet sich als deutsche Bastion im Unterland, in der fast nur die Angehörigen der Carabinieri-Familien Italiener sind. Der Neumarkter Bahnhof, wo ich aufwuchs, liegt auf Traminer Gebiet, aber näher bei Neumarkt: Zur Impfung mussten wir Bahnhofskinder nach Tramin auf der rechten Seite der Etsch, zur Schule gingen wir in Neumarkt auf der linken Seite – die „Enderswasserer“, nannten uns die Traminer.

Auf der linken Talseite ist das Unterland bis nach Bozen ethnisch durchmischt: die an Größe und Bedeutung rivalisierenden Hauptorte Neumarkt und Auer mit knappen deutschen Mehrheiten, das mehrheitlich italienische Branzoll, schließlich Leifers, nicht erst überwiegend italienisch, seit es Bozens Vor- und Schlafstadt geworden ist. Und drüben, südwestlich von Bozen an den Berghang geduckt, das kleine Pfatten, eine italienische Enklave. Hier im Unterland gibt es, was mich als Kind verwunderte, eine Südtiroler Rarität: italienische Bauern. Ansonsten ist das Land, sein Boden, in „deutscher Hand“.

Für das Unterland war das italienische Trentino jahrhundertelang eine Nachbarprovinz, Teil des alten Tirols, mit Schützenkompanien, die in den Franzosenkriegen genauso verbluteten wie die Passeirer auf Südtiroler oder die Landecker auf Nordtiroler Seite. Die nationalstaatliche Idee an der Schwelle des 20. Jahrhunderts trieb sich wie ein Keil zwischen die Menschen diesseits und jenseits der Salurner Klause. Die neue Maxime, wonach die Staatsgrenzen mit den Sprachgrenzen übereinzustimmen hätten, musste in einem Vielvölkerreich, wie es das alte Österreich war, ein ethnisches Knirschen auslösen. Anschaulichster Ausdruck, wie nationale Gruppen des welschen und des deutschen Tirols gegeneinander Stellung bezogen, war der Denkmalbau in Bozen und in Trient – hier für Walther von der Vogelweide (1889), dort für Dante Alighieri (1896).

Vorher hatte es diese scharfe Grenzziehung nicht gegeben. Der Anführer der Tiroler Freiheitskämpfe in den Franzosenkriegen,

Andreas Hofer, hatte noch im Trentiner Dorf Cles die Schule besucht und Italienisch gelernt. Die Feinde waren nicht ethnisch uniformiert, sondern religiös (die Heere der Aufklärung) und dynastisch (Napoleon mit Bayern und Sachsen gegen das „Haus Österreich"). Später, als um 1890 mehrere Katastrophenjahre die Landwirtschaft im Trentino und im Unterland heimsuchten, setzte zuerst eine Abwanderung von Trentinern ins deutsche Südtirol ein; dann die gemeinsame Auswanderung von Trentinern und Südtirolern, vorwiegend Unterlandlern, nach Amerika. Nachfahren meiner Trentiner Verwandten leben heute in Brasilien.

Das Unterland ist Durchgangsland, ein weites Tal, das mir immer ein wenig offener schien als die meisten anderen Südtiroler Täler. In Neumarkt bestaunten wir Kinder das Ballhaus, wo im 19. Jahrhundert die Warenballen für den Flussverkehr gelagert wurden. Auf der Etsch war Handel mit dem Süden betrieben worden, flussabwärts mit Flößen, die auf der Heimkehr von Pferden gezogen wurden. Aus dem Fleimstal, ehedem ein ladinisch besiedeltes, jetzt italienisches Tal an der Grenze zum Unterland, kam das Holz und mit dem Holz kamen die Arbeiter.

Das alles gab es in meiner Kindheit nicht mehr. Nur die Familiennamen gab es noch. Die Zambaldis, die Bampis, die Dellavajas – alles deutschsprachige Familien, deren Väter, Großväter oder Urgroßväter von irgendwoher gekommen waren, als Handwerker, Händler, Holzarbeiter, Flößer.

Meine Großeltern väterlicherseits – Giovanni Peterlini und Giulia Bressan – waren noch unter Österreich vom Trentino ins deutschsprachige Tirol gezogen: zuerst nach Siebeneich, wo mein Vater 1912 geboren wurde, dann nach Gries bei Bozen, wo Nonno – radebrechend deutsch sprechend, aber bei den Weinbauern beliebt – zunächst Kellermeister war, bis sich eine neue berufliche Chance ergab. Nach dem Anschluss Südtirols an Italien mussten 1922 rund 90 % der Südtiroler Eisenbahner auswandern. Viele von ihnen waren in anderen Gebieten Altösterreichs geboren. Da die Eisenbahner meist sozialdemokratisch gesinnt waren, wurde ihnen von den konservativen Tiroler Gemeinden das behördliche Heimatrecht vorenthalten. Wer es bis zum Kriegseintritt Italiens am 23. Mai 1915 nicht erhalten

Meine aus dem Trentino stammenden Großeltern Giovanni Peterlini und Giulia Bressan mit meinem Vater Eduard und seiner älteren Schwester Hilde
Großvater Karl Schwienbacher aus Ulten (stehend), mein Onkel Karl, Großmutter Maria Pichler aus Völs mit meiner Tante Hedy auf dem Arm, ganz rechts meine Mutter Anna, vorne Tante Mimmi

hatte, fiel nach dem Anschluss an Italien durch die Klauseln des Friedensvertrages von Saint Germain. Die meisten „roten“ Eisenbahner verloren Arbeit und Wohnrecht, von der italienischen Verwaltung verdrängt und vom konservativen Deutschen Verband nicht verteidigt. Nonno bekam eine Stelle bei der Bahn in Bozen. Nonna riet ihm dazu, das sei eine Lebensstelle.

Ich habe meinen italienischen Großvater, 1957 gestorben, nicht mehr gekannt, mein Vater hat mir von ihm in wenigen überlieferten Anekdoten das Bild einer urgemütlichen anspruchslosen Persönlichkeit vermittelt. Meine Nonna verbrachte, seit wir in Neumarkt eine größere Dienstwohnung hatten, die Sommer bei uns. Eine Beziehung zum Trentino gab es aber nie. Nicht ein einziges Mal bin ich mit meinen Eltern an den Herkunftsort der Peterlinis gefahren. Manchmal habe ich meinen Familiennamen groß auf Bussen gelesen: Ein uns unbekannter Peterlini führt am Gardasee ein Reiseunternehmen, das dem Fuhrpark nach recht erfolgreich sein muss. Später hat mir ein väterlicher Freund, der Roveretaner Rechtsanwalt Sandro Canestrini, von jenem unwirtlichen Gebirgstal bei Rovereto erzählt, wo es von Peterlinis wimmelt. „Du musst hingehen", sagte er, „aber zieh dir feste Schuhe an."

Anders als viele Unterlandler fuhren wir auch nie zum Einkaufen ins billigere Trient. Wir fuhren nach Bozen. Fast jeden Sonntag schob uns die Mutter der Reihe nach in den Zug, um Omama und Opapa zu besuchen, meine Großeltern mütterlicherseits. Das war die nähere Welt meiner Herkunft: ein Haus am Staudenwald bei Kampenn, direkt hinter dem Virgl-Tunnel; ein Pudel namens Schnucki, dem das Fell nicht rasiert wurde, Hühner im Garten und manchmal auch in der Küche; eine Stube, von Opapa selbst aus Zirmholz getischlert und mit Schnitzereien verziert; der Holzherd mit Ruß am Boden, der Geruch aufgewärmter Milch.

Omama: eine geborene Pichler aus Völs, sie führte in Kampenn einen Buschenschank; akkurat gebundenes Haar, eine abgearbeitete, zierliche, aber zähe Frau, flink in den Bewegungen, voll Lebensmut, streng in den Prinzipien und großzügig in deren Anwendung, eine Großmutter Courage. Opapa: der Schwienbacher Karl aus Ulten, der gutmütigste Schnurrbart der Welt in einem Gesicht, das immer zu lachen schien, sein Klumpfuß verschaffte ihm Autorität, mit seinen Krücken spielten wir. Wir tanzten ihm auf Nase und Pfeife herum. Mehrmals verbrachte ich die Ferien auf den Höfen unserer Ultner Verwandten: Heuarbeit auf steilen Wiesen, Frauen mit großen Buckelkörben, Kühe im Stall, allerlei abenteuerliches Gerät, Holzseilbahnen, Mühlwerke, Sensen und Dreschflegel.

Die andere Welt meiner Herkunft: Nonna, schlohweißes Haar, zusammengehalten von einer Haarnadel, mit der sie sich zum Entsetzen meiner Mutter auch die Ohren putzte. Sie schwindelte beim Kartenspielen, warf zornig alles hin, wenn sie gegen mich verlor, und drückte mich zwei Minuten später gegen ihren Bauch, der mich wie eine kuschelige Polsterlandschaft verschluckte. Beim Mittagsschlaf schnarchte sie, dann schlurfte sie stundenlang mit dem Rosenkranz in den Händen den Gang auf und ab und murmelte das Ave Maria. Aus dem Trentino kam manchmal Besuch in unsere Welt: Sympathische, laute Menschen, die davon schwärmten, dass bei uns alles besser sei, und mich abbusselten und herzten. Germana etwa, die irgendwann stolz verkündete, sie sei jetzt beim Partito Popolare Tirolese, der Autonomistenpartei des Trentino. Es war immer etwas los, wenn die Trentiner kamen. Waren Ultner Verwandte auf Besuch, saßen ernste, herzliche, aber stille Menschen um den Tisch, nickten nachdenklich und erzählten sich das Notwendigste.

Einmal im Jahr kam ich doch nach Trient, die Hand meines Vaters zog mich kundig durch das große Bahnhofsgelände, denn er kannte sich aus in Bahnhöfen, fand blind die Klos und das *Dopolavoro*, die Mensa mit ihrer unnachahmlichen *Pasta asciutta*. In Trient wurde für die Eisenbahnerkinder der Region Trentino-Südtirol die Befana gefeiert. Das ist die italienische Weihnachtstante, die zu Dreikönig erscheint. Die Bescherung – zwei Wochen nach dem vertrauten Christkind – blieb mir fremd. Es war ein schrilles, ohrenbetäubendes Fest in einer großen Halle. Über einen Lautsprecher wurden die Kinder ausgerufen, die ihr Geschenk abholen sollten, meist irgendein Firlefanz aus Plastik, der bald kaputt ging – ich habe keines dieser Geschenke in Erinnerung behalten, was einiges über ihren emotionalen Wert aussagt. Ich spielte mit italienischen Kindern, ich sang mit meiner Nonna italienische Lieder, ich lauschte ihren Märchen, die sie mir bei den Spaziergängen erzählte, aber vor diese laute, völlig italienische Welt gestellt zu werden, löste Unbehagen aus. Da gehörte ich nicht dazu.

Erbfeindschaften im Stammbaum

Es kamen die Jahre, in denen mein viel größerer Bruder Oskar abends immer öfter spät heimkam, unterwegs auf der Lambretta, der schnittigen Verwandten der Vespa. Ich hörte etwas von Volkspartei, von Gründungen, von Sitzungen, dann auch, dass er nach Meran fahren werde, um für etwas zu stimmen, was für Südtirol sehr wichtig sei. Südtirol? Die Gespräche in unserem Schulhof drehten sich darum, dass wir den weltbesten Skifahrer hatten und den weltbesten Wasserspringer. Irgendwo dazuzugehören, das in der Welt die Besten hat, bringt ein Kind zum Staunen. Als ich ins Alter der „Was-ist-" und „Warum-Fragen" kam, stöhnte meine Mutter über die immer wiederkehrende Frage: „Was ist Südtirol?" Es gehört zu Italien, aber es ist eigentlich deutsch. „Warum gehört es zu Italien? Warum sprechen wir deutsch?" Was immer die Mutter mir erklärte, es folgte zwangsläufig ein „Und warum?"

Im Schulhof war unsere kleine Welt überschaubarer. Mit unserem Ski-Ass Gustav Thöni, mit unserem Turmspringer Klaus Dibiasi waren wir besser als die Österreicher, zu denen wir früher gehört hatten. Besser als die Italiener, zu denen wir seit dem Krieg gehörten. So beredeten wir es unter uns Deutschen. Mit Rodolfo drehten sich die Gespräche um Fausto Coppi, mit dem Italien den besten Radfahrer der Welt hätte, besser als die Deutschen und die Österreicher, die ja auch den

Krieg verloren hätten. Kriege? Wir fragten Rodolfos Vater, der uns eine salomonische Antwort gab: „Einen Krieg hat Österreich gewonnen, einen Italien." Unentschieden, also spielten wir weiter.

Im Kopf eines Kindes prägt sich Geschichte sanft, aber unauslöschlich ein; von Generation zu Generation legt sich eine neue Schicht an Erinnerungen ab. Kinder sind abgelenkt, aber während sie spielen, hören sie die Eltern reden und die Nachrichten im Radio, und damit die Mythen, mit denen wir Südtiroler aufwachsen, in die wir hineinwachsen: Ein Land, das durch seine „gewaltsame" Abtrennung von Österreich zu dem geworden ist, was es ist, das lange an dieser Abtrennung gelitten hat, aber dann, auf sich gestellt, seine eigentliche Identität findet – jene der autonomen Provinz mit Selbstverwaltung und Sonderstatus. Ein Land mit durchmischten, oft gegenläufigen Erinnerungen: Der Krieg des Vaters von Rodolfo. Der Krieg meines Vaters. Der Krieg meines Onkels Karl.

Dafür, was Kriege sind, fehlte uns die Vorstellungskraft. Österreich gegen Italien, das war wie ein Fußballspiel, aber im Fußball hielten wir entweder zu Italien oder zu Deutschland oder zu Holland oder zu Brasilien. Spielte Deutschland gegen Italien, brüllte mein Vater vor dem Fernseher für Deutschland und ich für Italien, was er mir übel nahm. Die deutsche Bundesliga interessierte uns kaum, die Namen der italienischen Fußballer kannte ich vom Torhüter bis zum Reservemann auswendig. Meine damals wichtigste Zugehörigkeitserklärung war: Ich bin für den AC Milan, Rodolfo auch. Ein verlorenes Spiel von Milan war wie eine schwere persönliche Niederlage, deprimiert hingen wir danach im Hof herum und sannen auf Rache am nächsten Sonntag.

Vom Krieg meines Vaters wusste ich wenig: Dass er im Krieg Skifahren gelernt hatte, auf einfachen Brettern, die an die Schuhe geschnallt wurden. Dass er mit einem Soldaten, gegen den er hätte kämpfen müssen, eine Tagesration geteilt hatte. Dass er in amerikanische Gefangenschaft geraten war, aber gut behandelt wurde. Am liebsten erzählte er mir, wie ein dunkelhäutiger Soldat die Konservendosen für die Gefangenen prüfte: War der Deckel leicht gewölbt, hackte er sie auseinander und verwarf sie – dann war der Inhalt gegoren. Es waren versöhnte oder für uns Kinder zubereitete Erinnerungen. Für meine

Mutter gab es kein schlimmeres Wort als Krieg. Sie erzählte, wie die ganze Familie sich bei Fliegeralarm im Keller zusammenkauerte, während sich draußen das entfernte Säuseln der Jagdflieger zum Dröhnen steigerte und die Bomben einschlugen. Sie erzählte vom Hunger, von Lebensmittelkarten und davon, dass sie „hamstern“ gehen musste – bei Bauern um Butter, Eier, Brot betteln. Anders waren, selbst mit Geld in der Hand, Lebensmittel nicht zu beschaffen.

Die Welt meiner Mutter und die Welt meines Vaters waren nicht dieselbe Welt, so nah sie sich auch waren. Er war in Gries aufgewachsen, dem dörflichsten Teil Bozens, lange eine eigenständige Bauerngemeinde: deutschsprachige Umgebung und Freunde, Ministrant bei den Benediktinerpatres. Italienisch sprach er beinahe nur mit seiner Mutter und seinem Vater, nicht einmal mit den Schwestern. Er war von derselben Generation wie die spätere Symbolfigur des Südtiroler Autonomiekampfes Silvius Magnago, ein 14er, Altösterreich im Kopf, im Blut, in der Erziehung. Cecco Beppe, das italienische Kose- und Schmähwort für Kaiser Franz Joseph, war für Nonna und Nonno ein heiliger Name.

Mein Großvater mütterlicherseits war gelernter Zimmermann, von Militär und Kriegsdienst um die Jugend gebracht. Drei Jahre lang leistete er ordnungsgemäßen Wehrdienst, dann brach der Krieg aus und er stand vier Jahre als Kaiserjäger an der Front. Bis nach Galizien hatte es ihn verschlagen, er erzählte von tagelangen Zugfahrten durch unbewohnte Weiten, von den gefrorenen Kartoffeln, die sie aus russischen Äckern hackten und verschlangen. Er wurde schwer verletzt, entging nur mit Glück einer Beinamputation und verbrachte ein weiteres Jahr in Kriegsgefangenschaft – acht geraubte Jahre. Dreimal baute er sich mit eigenen Händen ein Haus: Das erste ein Blockhaus in Sterzing, wo er nach der Heirat mit meiner Großmutter hingezogen war, vor allem, weil es in der Bozner Gegend keine Milch für meine neugeborene Mutter gab. Als er in Bozen einen Baugrund am Kampenner Hang bekam, errichtete er das zweite Haus, nach Vorschrift auf Mauerwerk, aber wieder nach eigenem Plan, nur von einem Architekten abgesegnet. Es wurde im Zweiten Weltkrieg von Bomben zerstört. Beim Wiederaufbau stürzte ihm der Kamin aufs Bein, das von da an verkürzt war. Auch die Familie meines

Klassenzimmer der Bozner Marienschule in den dreißiger Jahren: Hier ging meine Mutter von 1926–1931 zur Schule.

Vaters kam zu einem kleinen Häuschen, angrenzend an den Friedhof und das E-Werk in Oberau, dem italienischen Viertel nahe der von Benito Mussolini forcierten Bozner Industriezone.

Mein Vater und meine Mutter lernten sich in Kampenn kennen, wo sie im elterlichen Buschenschank aushalf und er mit seinen fast ausnahmslos deutschsprachigen Bergsteigerfreunden einkehrte. Getauft war er auf Eduard, in seinem Pass hieß er Edoardo (den Namen ließ er, sobald es rechtlich möglich war, wieder in Eduard umschreiben). Gerufen wurde er, auch von seiner Mutter, immer nur Edi. Die Schwestern meines Vaters gingen mit meiner Mutter in die – unter dem Faschismus einzig erlaubte – italienische Schule. Meine Mutter kam oft verzweifelt aus der Schule und fragte Omama, was dieses und jenes Wort bedeute. Aber Omama verstand kaum ein Wort der neuen Sprache. Als ein italienischer Gast im Buschenschank nicht zahlen wollte, fuhr sie ihn an: *Allora oreccio*, das Dialektwort für Ohr. Der Gast war verstört ob einer solchen Rechtsmoral von Auge um Auge und Ohr um Ohr. Gemeint hatte meine Großmutter: *orologio*, die Uhr.

In der Schule war meine Mutter verunsichert. Wie viele Südtiroler mag es sie zurückgeworfen haben in ihrer persönlichen Sicherheit und Entwicklung, dass die Sprache, in der sie sich freuen, ärgern, verständigen gelernt hatten, plötzlich untersagt war. Sie mussten sich in einer Sprache ausdrücken, die ihnen fremd war. Meine Mutter litt unter einem Professor Vettori; meine späteren italienischen Tanten kicherten über ihn und foppten ihn als Professor Fetzori – den Fetzer. Ihnen war die Sicherheit und der Übermut heranwachsender Mädchen, die Frechheit junger Dinger nicht genommen worden. Die erlaubte Sprache war ja die ihre. Auch meinem Vater, der ebenso gut Deutsch wie Italienisch konnte, wurde die Sicherheit nicht genommen. Aber wehe, jemand zweifelte später an, dass er ein richtiger Deutscher sei. Nach dem Krieg marschierte er stolz – und Mutter erzählte es noch stolzer – in die Villa Brigl, um sich in die neu gegründete Südtiroler Volkspartei (SVP) einzuschreiben.

Zur Faschistenzeit in Bozen trug das spätere SVP-Mitglied Eduard Peterlini vorübergehend und widerwillig die faschistische Uniform. Dank dem Vermittlungsgeschick meiner Nonna und ihrem Instinkt für das praktische und nicht immer leichte Überleben war er Bürogehilfe des Federale Fascista von Bozen geworden, eines hohen Parteifunktionärs. Das Annele, wie meine Mutter gerufen wurde, hatte ihren Edoardo, was die Kleiderordnung betrifft, eben erst umerzogen. Als sie ihn kennen lernte, trug er italienische Modeanzüge und Borsellino-Hut, dann kam er in Knickerbockern und mit dem Bozner Hut daher. Nun schämten sich beide – er sich für die faschistische Uniform und meine Mutter sich für ihn.

Es muss eine große Liebe gewesen sein, die das Paar in so drückenden Zeiten über alle Frontlinien hinweg zusammenhielt. Das Hitler-Mussolini-Abkommen zur Aussiedlung der Südtiroler 1939 ließ meine Mutter ins Kopfkissen weinen. Ihre Welt fiel auseinander: Opapa entschied sich, neu erbautes Haus hin oder her, fürs Auswandern, sie hätte ihm folgen müssen. Mein Vater, seine Familie wollten bleiben. Der Krieg hielt das Paar zusammen, indem er die Auswanderung unterbrach. Mein Vater wurde zum italienischen Heer eingezogen, sie wartete besorgt auf ihn, während sich ihr Bruder, mein Onkel Karl, als 17-jähriger freiwillig zum Kriegsdienst für Deutschland meldete. 1943, nach der Besetzung Italiens und dem Einmarsch der Deutschen, winkte meine Mutter den Soldaten zu. „Wenn wir gewusst hätten, was der Hitler verbrochen hat ...“, raufte sie sich später die Haare. Damals war sie froh, dass die Faschisten gehen mussten. Mein Vater geriet wie die meisten Soldaten des italienischen Heeres in deutsche Gefangenschaft, auf den Bozner Talferwiesen wurden sie zusammengetrieben und in eigene Lager nach Deutschland verschleppt. Dank seiner perfekten, akzentfreien Deutsch- und Italienischkenntnisse diente er zunächst als Dolmetscher, dann meldete er sich zur Wehrmacht – Hauptsache aus dem Straflager hinaus, schrieb er meiner Mutter. Auf der Rückseite eines Fotos notierte sie mit verhaltenem Stolz: „1944 – Edi kam für einige Tage auf Urlaub, hier als deutscher Soldat.“ Endlich stand ihr Edi auf der richtigen Seite.

Mein Vater kam glücklich durch den Krieg. Im Fronteinsatz, in der Nähe von Frosinone bei Rom, sah er Kameraden neben sich fallen – und setzte sich, Aussichtslosigkeit und Wahnsinn des Weiterkämpfens erlebend, in den letzten Kriegsmonaten ab. Eine römische Familie bot ihm Unterschlupf, bis ihn die Amerikaner gefangen nahmen und eigentlich befreiten. Als er heimkehrte, warf ihm meine Mutter vor, Deutschland verraten zu haben – „so fanatisch war ich damals“. Mein Vater scherzte lieber. Meine Mutter habe nur die „Römerin mit den grünen Augen“ nicht ertragen können, die ihn damals umworben habe. Ein Cousin meiner Mutter, ihr liebster Cousin, hatte kurz vor Kriegsende Heimurlaub bekommen und fuhr wieder zurück an die Front. Er fiel in den allerletzten Kriegstagen, verblutet an einem Beinschuss, weil keine Hilfe kam: Oswald, ein blutjunger schneidiger Mann, eingeklebt und zum toten Helden erstarrt in unserem Familienalbum.

Nach dem Krieg, 1946, heirateten meine Eltern: Kennen gelernt hatten sie sich, als meine Mutter 17 war, vor den Traualter trat sie mit 26 Jahren – dazwischen lagen Option und Weltkrieg. Familien halten viel aus. So verheilte allmählich, was sich an Spannungen und

Meine Eltern auf der Bozner Talferbrücke, um 1940

Widersprüchen durch die Lebensläufe zog. Es war wohl nicht immer leicht: Meine Mutter wohnte die ersten Ehejahre im Oberauer Häuschen mit meiner Nonna zusammen, Schwiegertochter und Schwiegermutter. Gab es Streit, dann zischte meine Nonna: „Sei una tedescazza". Meine Mutter presste in sich hinein: „Faschistin." Mein Vater pflegte laut zu denken. Wenn er im Geiste mit seinen italienischen Eisenbahnern diskutierte, führte er leidenschaftliche italienische Selbstgespräche. Aber pfiff ein italienischer Schiedsrichter beim Fußballspiel gegen Deutschland falsch, sprang er vor dem Fernseher auf: „Walscher Fock! Faschist!" Als ich viel später in einem Zeitungskommentar Verständnis für eine Forderung der neofaschistischen Partei aufbrachte, war er außer sich: „Das sind Faschisten! Du weißt nicht, wie die sind!" Seine wichtigste Lebensweisheit, die er mir kleinem Buben einschärfte, war: „Menschen tut man nicht wegwerfen, vielleicht kommst du wieder mit ihnen zusammen."

Entdeckung einer Zugehörigkeit

Als in den sechziger Jahren im Radio sehr oft Silvius Magnago redete, saßen meine Eltern gespannt davor. Sie verfolgten jedes Wort. Das Bild des damaligen Landeshauptmannes und SVP-Obmannes war den Südtirolern schon damals tief eingeprägt: mit nur einem Bein, das ihn als Kriegsheimkehrer auswies, mit seinem eindringlichen, treuen Hundeblick, mit dem er von Wahlplakaten herab den Südtirolern direkt ins Herz zu schauen schien, mit seinen hageren, eingefallenen Zügen. Die Stimme Magnagos, ihr Crescendo, dieses Heiserwerden und Hinüberkippen ins Falsett, gehörte zum akustischen Hintergrund meiner Kindheit. Ein Mann, der so ernst blickte, der sich so ereiferte, musste Wichtiges, Lebenswichtiges im Sinn haben. Schwoll im Radio seine Stimme an, entnahm ich dem Nicken meiner Eltern: Jetzt hat er es ihnen gegeben!

Das Wichtige, das 1969 in Meran geschehen war, erklärte mir mein Bruder Oskar mit dem Vergleich vom Spatz in der Hand und der Taube auf dem Dach. Das Südtirol-Paket sei der Spatz gewesen und deshalb habe die Volkspartei sich dafür entschieden: Damit sei Südtirol in vielen Angelegenheiten bald selbstständig. Die Taube wäre wohl fetter gewesen: nämlich die Selbstbestimmung, die Rückgabe Südtirols an Österreich. Aber um sie zu fangen, hätte man den Spatz loslassen und nach der Taube klettern müssen, und am Ende hätte man weder Spatz noch Taube gehabt. Ich verstand ihn damals nicht ganz, aber der Vergleich beschäftigte mich: Ich spähte nach den Spatzen, die auf dem Bahnhofsplatz herumhüpften, und schaute zum Dachfirst hinauf, nach den Tauben. Leichte Beute schienen mir beide Vögel nicht.

Noch hatte Südtirol sein kulturelles Aufholprogramm, den Wiederaufbau deutscher Kindergärten und Schulen mit österreichischer und deutscher Hilfe, nicht durchgezogen. Meine älteste Schwester Hildegard, Jahrgang 1948, hatte in Bozen Kindergarten und Grundschule in italienischer Sprache besucht. Am Brenner lag die nächste Mittelschule in Sterzing, aber auch dort gab es nur italienische Klassen. Als sie auf die Handelsoberschule wollte, riet man ihr zur Fortsetzung der italienischen Schullaufbahn, weil sie bei einem Wechsel mit dem Deutsch Schwierigkeiten haben könnte. So besuchte sie das italienische Pendant und legte die Matura auf Italienisch ab. Trotz-

Die Geschwister Peterlini: Hildegard, die mich Jüngsten auf dem Schoß hält, Claudia, Christine, Oskar.

dem hatte meine große Schwester fast nur deutsche Freundinnen und Freunde; bei der Neumarkter Heimatbühne war sie die Ulknudel vom Dienst. Mir fiel nie auf, dass ihr Deutsch unter der italienischen Schule gelitten hätte.

Am Brenner setzte sich später vor allem mein Vater für die Eröffnung einer deutschen Grundschule ein. Der amtliche Bescheid war: Es braucht neun Kinder. Zwei kamen aus meiner Familie – Oskar (*1950) und Christine (*1952). Fünf wurden unter befreundeten Familien aufgetrieben, das waren erst sieben. Man behalf sich, indem man zwei Kinder aus Brennerbad anmeldete, einem Weiler zwischen Brenner und Gossensass. Deren Eltern unterschrieben, ohne je die Absicht zu haben, ihre Kinder auf den Brenner zur Schule zu schicken. Der Unterricht in der somit nur siebenköpfigen Klasse, in der drei oder vier Jahrgänge vereint waren, hatte kaum begonnen, als mein Bruder Oskar schon verkündete: „Ich bin der Klassenbeste“ – als einer von zwei Fünftklässlern!

Meine jüngste Schwester Claudia (*1957) ging in Neumarkt schon ganz selbstverständlich in die deutsche Schule. Ich, vier Jahre jünger, besuchte einen Kindergarten, in dem die meisten Kinder deutsch und die meisten Erzieherinnen italienisch waren, der deutsche Kindergarten wurde erst eingerichtet. Verständigungsprobleme hatte ich keine, da ich Italienisch ja spielend mit Nadia und Rodolfo gelernt hatte. Trotzdem fühlte ich mich fremd. Es lag wohl eher daran, dass ich ein schwer sozialisierbares Kind war – ich spielte am liebsten alleine oder eben mit Nadia und Rodolfo. In den Kindergarten und dann in die Schule zu müssen, war wie eine Vertreibung aus wohligem Nest.

In der Volksschule kamen Nadia und Rodolfo, die Geiers und die Peterlinis in getrennte Schulen. Am Nachmittag spielten wir wieder zusammen. Rodolfo aber fuhr schon manchmal mit dem Rad ins Dorf zu seinen neuen italienischen Freunden. Ich radelte zu meinen deutschen Schulkollegen. Die Schulgebäude waren nach Sprachgruppen getrennt, aber wir hatten denselben Schulhof. Die Italiener machten um 10.15 Uhr Pause, wir um 10.30 Uhr. Sie trugen schwarze oder dunkelblaue Schürzchen, wir nicht. Kurz bevor wir den Schulhof betraten, marschierten sie in Zweierreihen in ihre Klassen. Nur wenn sie sich verspäteten, begegneten wir einander. Am Nachmittag trafen wir uns wieder im Schulhof. Manchmal spielten Deutsche und Italiener zusammen, manchmal gegeneinander. Schneeballschlachten fanden immer zwischen „Deitschen" und „Walschen" statt. Nach der Schlacht waren wir (meistens) wieder Freunde.

Als wir in die Mittelschule kamen, 1972, trat das neue Autonomiestatut in Kraft. Das Schulgebäude war ein und dasselbe für beide Sprachgruppen, aber sie waren nach Trakten getrennt: Die Italiener hatten ihre Klassen zur rechten Seite, wir zur linken Seite des Eingangs. Die Pause fand zeitgleich statt. Trotzdem standen wir – nach Schulklassen zusammengerottet – meistens auch in sprachlich getrennten Grüppchen zusammen. Erst als uns die italienischen Mädchen zu interessieren begannen, wagten wir die sprachgruppenübergreifende Annäherung. Wir ärgerten uns, wenn die italienischen Buben mit „unseren" Mädchen dasselbe versuchten. Um sie uns nicht ausspannen zu lassen, stellten wir uns ebenfalls dazu; die anderen demonstrierten dieselbe Wachsamkeit – so nahmen wir uns gegenseitig in die Cliquen auf. Nach dem Mittelschulabschluss stellte uns der Dekan einen Partykeller im Widum zur Verfügung. Wir vertäfelten ihn, legten Teppichböden aus, trieben eine Stereoanlage auf und luden die Mädchen ein. Irgendwann waren wir halbe-halbe, Deutsche und Italiener. Die Musik war englisch, selten italienisch (Vasco Rossi), deutsche Schlager fanden wir blöd. Erst die Neue Deutsche Welle sollte, ein paar Jahre später, die deutsche Musik halbwegs rehabilitieren. In Bozen besuchten wir getrennte Oberschulen, aber die Schulwege waren dieselben, im Zugabteil rauchten, blödelten, randalierten wir gemeinsam. Südtirol war für mich immer noch kein Problem, es war ein Zustand, in dem man sich eigentlich gut fühlt.

Ich weiß nicht mehr genau, wann und wie ich bei den Schützen gelandet bin, mit 15 oder 16. Auf jeden Fall war ich halbwüchsig. Wir waren ein paar Freunde, Halbstarke, hörten von den Schützen, trafen im Wirtshaus ein paar lustige Gesellen und wurden rekrutiert. So unbedacht dies vor sich gegangen ist, so sehr passte es in eine allgemeine Veränderung. Südtirol erlebte 1976 die tiefste Zäsur der Paketzeit. Mit dem ethnischen Proporz trat jene Bestimmung in Kraft, die den Autonomiekonsens zwischen den Sprachgruppen am stärks-

Die Jugendzeit der Autonomie war auch meine Jugendzeit: als Schütze, 1979.

ten erschüttern sollte: Durch die Aufteilung der öffentlichen Stellen und Gelder nach Sprachgruppen sollte der Proporz die jahrelange Benachteiligung der deutschen und der ladinischen Südtiroler wieder gutmachen. Jetzt hieß es: Diese Stelle ist für einen Deutschen. Oder für einen Italiener. Oder für einen Ladiner. Zwei Drittel „deutsche" Stellen, ein Drittel „italienische" Stellen, ein paar Zerquetschte für die Ladiner – das war die grobe Rechnung. Mit derselben Durchführungsbestimmung trat auch die Zweisprachigkeitspflicht im öffentlichen Dienst in Kraft: Wer sich um eine Stelle bei Staat, Land, Gemeinden oder anderen öffentlichen Körperschaften bewarb, musste vorher die Kenntnis der zweiten Landessprache in einer Prüfung nachweisen.

Deutschsein war plötzlich sehr wichtig, auch für uns Halbstarke. Lag es an der neuen, uns prägenden Lage im Land? Oder lag es nur an unserem Alter, in dem wir aufhörten, Kinder zu sein, und Erwachsene werden mussten? Identitätssuche, Standortbestimmung, Zugehörigkeitsbekundung – vor diese Aufgabe waren wir Jugendliche gestellt, vor dieser Aufgabe stand, institutionell, das autonome Land. Eine Selbstfindung begann, in Hinwendung zur eigenen Gruppe oder in krasser, bewusster Opposition dazu. So genau weiß man das nie in diesem Alter. Als Rebellen fühlten wir uns alle, alle trugen wir verschlissene Jeans und fuhren auffrisierte Motorräder. Hockte ich mit den Italienern im Partyraum herum, waren wir Gleichaltrige, scherzten auf Italienisch, Unterschiede spielten keine Rolle. Marschierte ich in der Schützentracht in die Dorfbar, wo wir uns sonst auch mit den Italienern trafen, schauten diese mich seltsam an. Oder ich schaute für sie befremdlich aus: einer Gruppe zugehörig, die nicht die ihre war und die sich abgrenzte von ihnen.

Das Ineinandergreifen von persönlicher Entwicklung und äußeren, politischen Umständen ist in dramatischen Zeiten leichter nachzuvollziehen. Im Krieg, bei Umwälzungen, bei Katastrophen tragen die Menschen die Einschreibungen der Geschichte direkt im Lebenslauf. Bei uns geschah es subtiler, die äußere, politische Welt schob sich unauffällig in unser kleines Leben. Hatte ich mit Nadia und Rodolfo noch wie selbstverständlich auf Italienisch gespielt, von ihnen ihre Sprache lernend, ohne dass sie von mir lernten, fiel uns jetzt auf, dass wir in der Gruppe, sobald Italiener dabei waren, Italienisch redeten. Es störte uns nicht, trotzdem fragten wir uns: Warum reden sie nie Deutsch mit uns?

Kinder machen sich keine Gedanken darüber, womit und mit wem sie spielen, sie finden die Freunde, die sie im Hof oder auf der Straße treffen, sprechen die Sprachen ihrer Familie und ihres Umfeldes. Das war unsere private innere Welt gewesen, ohne ethnische Sorgen und ohne Südtirol-Problem. Und es gibt eine äußere, politische Welt, von der Normierungen ausgehen: Wie man sich benimmt, mit wem man verkehrt, welche Sprache man spricht. Solange Südtirol um eine Autonomie kämpfte, war diese äußere Norm für die deutschen und auch für die meisten ladinischen Südtiroler klar. Es ging darum zusammenzuhalten, um zu überleben. Es war ein positiver Impuls aus negativem Anlass – man kämpfte für etwas, weil man sich als unterdrückt empfand. Jetzt, da Rechte erkämpft worden waren, ging es um deren Umfriedung und Absicherung, um das Verhindern eines drohenden Verlustes: Es wurde ein negativer Impuls aus positivem Anlass.

Der ethnische Einrückungsbefehl

Im Jahr vor meiner Matura, 1979, arbeitete ich den Sommer über bei der Tageszeitung „Dolomiten“, dem wichtigsten Medium des Athesia-Verlages. Ich hatte mich beworben, ohne richtig Maschine schreiben zu können. Der Chefredakteur Toni Ebner sen. lud mich zu einem Vorstellungsgespräch in sein Büro unter den Bozner Lauben. Demütig betrat ich das Allerheiligste dieses Mächtigen der Südtiroler Politik: SVP-Obmann war er gewesen, Parlamentarier, jetzt Athesia-Direktor, vor seinem Tod wurde er Staatsrat. Er war auf eine brummige Weise nett, stellte mir ein paar Fragen und gab mir einen Kurzartikel aus dem italienischen Lokalblatt „Alto Adige“, den ich in eine deutsche Fassung bringen sollte. Der Test muss einigermaßen befriedigend ausgefallen sein: Ich durfte gleich mit in die Redaktion im damals neuen Athesia-Firmengebäude im Weinbergweg, am Rand der Bozner Industriezone. Ebners Dienstwagen war ein klappriger Fiat 600, der Chauffeur war das Faktotum der Firma. „Eine Regel bei uns ist“, reichte mir Toni Ebner das korrigierte Manuskript auf den Hintersitz zurück, „dass wir den Vornamen vor dem Nachnamen schreiben, das machen die meisten falsch.“ Dann wühlte er in seiner Tasche zwischen Papieren. Die Tasche war ein Mythos, man sagte ihr nach, dass unliebsame, kritische Artikel darin auf Nimmerwiedersehen verschwänden. Im Athesia-Sitz drückte ich mich am Eingang ehrfürchtig an der Büste des Kanonikus vorbei, dem legendären Verlagsleiter Michael Gamper, unter dem Faschismus zur Symbolfigur des Südtiroler Überlebenskampfes geworden. Ich bekam einen Schreibtisch und eine Schreibmaschine, auf deren Tastatur ich im eben eingeübten Zehnfingersystem wie in Zeitlupe herumtippte. Ich war – wie man damals sagte – Hospitant der „Dolomiten". Und stolz.

Mein politisches Weltbild war jetzt klar und gefestigt. Ich war bei den Schützen, bei der „Jungen Generation" in der Südtiroler Volkspartei, ich arbeitete für das „Tagblatt der Südtiroler" (wie sich die „Dolomiten" im Untertitel nennen). Als ich gleich zu Anfang über einen „Bozner" Unfalltoten berichtete, der einen italienischen Namen trug, lernte ich von einem älteren Kollegen eine andere, wichtigere Regel: „Das ist kein Bozner, das ist einer, der nach Bozen gezogen ist." Wir schrieben den Namen des Verunglückten und dass er „in Bozen wohnhaft" sei. Mir war nicht wohl dabei.

In Neumarkt, meinem Dorf, waren die ethnischen Abgrenzungen ebenso bestimmt. Endlich wurde ein eigener Kindergarten für die „deutschen" Kinder eröffnet, untergebracht im neuen Vereinshaus für die „deutschen" Neumarkter. Das „Haus Unterland" war mit Unterstützung des österreichischen Kulturwerks erbaut worden, das wie die Münchner „Stille Hilfe" Spenden für den Südtiroler Kulturaufbau sammelte. Von beiden Sprachgruppen benutzt wurde noch das Mittelschulgebäude, das aber mittlerweile zu klein geworden war. Im Gemeinderat schlug die SVP eine Lösung im Geist der jungen Autonomie vor: ein eigenes Schulgebäude für die Deutschen. Die SVP hatte damals zehn Sitze im zwanzigköpfigen Gemeinderat, also keine Mehrheit. Die italienischen Parteien und der einzige deutschsprachige Oppositionsgemeinderat blockierten den Schulbau. Es kam zu einer Frontlinie mitten durch das Dorf. Durch meine „Dolomiten"-Mitarbeit in den Ruf eines Schreibers gekommen, wurde ich gebeten, für die SVP-Jugend eine Wahlbroschüre zu gestalten. Ich verfasste eine kämpferische Schrift, um unser Recht auf eine eigene Schule zu behaupten, ich, der mit Nadia wie ein großer Bruder aufgewachsen war und im Schulhof mit den italienischen Mädchen geliebäugelt hatte, ich, dessen lange bester Freund Rodolfo hieß.

Plötzlich war es da, dieses „Je klarer wir trennen, desto besser verstehen wir uns!“, ausgesprochen 1980 vom Landesrat für die deutsche Schule und Kultur, Anton Zelger (*1914), einem Politiker von altem Schlag, ungemein redlich, in ethnischen Fragen nicht hetzerisch, aber unverrückbar. Sein Leitmotiv wurde zur Formel für das Bedürfnis nach eigener Identitätsbildung durch Abgrenzung, für das Bedürfnis nach eigenen Schulen, eigenen Kulturhäusern, eigenen Bibliotheken. Zelgers Amt selbst verkörperte eine Politik, die jeder Sprachgruppe ihr Revier zuteilen wollte. Bis 1969 hatte es ein einziges Kulturressort für beide Sprachgruppen gegeben – unter deutscher Führung! Dann wurde geteilt. Der Wunsch nach einer getrennten Kulturpolitik war ein beidseitiger, auch die führende italienische Partei, die Democrazia Cristiana (DC), bevorzugte ihren eigenen Hausgarten. Nach den schweren Konflikten der sechziger Jahre wurde nicht ein Miteinander, sondern ein geordnetes Nebeneinander der Sprachgruppen angestrebt. So entstand das „Mehrfamilienhaus der Autonomie“, um ein Bild des Südtiroler Bischofs Wilhelm Egger (*1940) aufzugreifen, mit getrennten Eingängen, getrennten Kellern, eigenen Heizzentralen für jede Wohnung, keinem gemeinsamen Spielplatz, allenfalls einem gemeinsamen Ausgang zur Straße, wo man sich zufällig traf.

Nie zuvor hatte in meinem Leben das Bedürfnis nach Trennung von italienischen Gleichaltrigen eine Rolle gespielt. In meinem Freundeskreis, in meiner Familie spielte es immer noch keine Rolle, aber in meinen politischen Bekenntnissen war er da, der Zelger-Satz, noch bevor er ausgesprochen wurde. Nicht erst die Order eines Kulturlandesrates gab den Ausschlag, sondern das gesamte politische Umfeld führte zu einem spürbaren Gruppendruck, einem Bekenntnisdruck. In alle Lebensbereiche drang er vor, bis hinein in unsere kleinen Welten, in denen etwa die Motorradteile für mich nur italienische Namen hatten, weil mein Lieblingsmechaniker ein Italiener war (ich wusste lang nicht, dass *colluttore* auf Deutsch Ansaugstutzen bedeutet oder *carburatore* Vergaser). Die Spaltung in eine private Welt, in der wir alle Freunde waren, und in eine politische Öffentlichkeit, in der wir uns voreinander abzugrenzen begannen, hatte durchaus etwas Schizophrenes: die bewusstlose Seelenspaltung der Südtiroler.

Der Bekenntnisdruck ist ein latentes Phänomen in Regionen, wo verschiedene ethnische oder religiöse Gruppen zusammenleben. Dieser Druck mag schwinden, aber er erstarkt beim geringsten Anlass: Alles scheint normal, es gibt keine Trennung in den Läden oder auf der Straße, in den Gasthäusern steht man gemeinsam am Budel. Aber bei einem offiziell ausgerufenen Streitfall kommt mit dem ethnischen Einrückungsbefehl das Einordnen in die Gruppe.

Gerade im Unterland, wo die Sprachwelten ineinander greifen und die Stammbaumlinien sich ethnisch ineinander schlingen, zeigt sich die Sogwirkung der offiziellen Zugehörigkeit. Privat sind die Menschen tolerant, kennen einander, haben Verwandte der anderen Sprachgruppe, sprechen deren Sprache. Öffentlich aber ist man: entweder oder. Es sind – läge nicht eine schlummernde Gefahr darin – liebenswürdige Possen, die das Leben da auf die Bühne bringt. Das Dorf Branzoll, wo die Familie Pallaver lebt, ist mehrheitlich italienisch. Aber unter Österreich bekannten sich die Großväter zu Deutschösterreich, selbst wenn sie Deutsch mehr schlecht als recht redeten. Großmutter Lucia Pallaver stammte aus einem Nest bei Belluno. An einem wichtigen Tag ihres Lebens bot sie sich, wie es damals üblich war, auf dem Josefimarkt in Trient als Magd an. Der Branzoller Großgrundbesitzer und Graf Bossi-Fedrigotti heuerte die junge Lucia an. In Branzoll lernte sie Großvater Tittele Pallaver kennen, der ihr bald einen Heiratsantrag machte. Das Paar sprach nie deutsch miteinander, aber wenn Großvater Pallaver ins Dorf ging, war er ... ein Deutscher! Im Branzoller Kirchenchor, den sein Sohn Rudi leitete, waren die meisten Sänger Italiener, die Chorsprache aber war deutsch. Ein italienisches Lied zu singen, wäre nie infrage gekommen. Einer der Sänger verstand oft nicht, was er da sang: Stimmte er „am Brunnen vor dem Tore“ an, sang er eigentlich „am Brunnen Formentone“, der Name eines Berges im Fleimstal. Der Enkel, Günther Pallaver, war wie ich zunächst Mitglied der SVP-Jugend. Als er später einer der berüchtigten „linken Intellektuellen“ wurde und sich in der interethnischen Bewegung einsetzte, bekamen es seine Eltern empfindlich zu hören.

In meiner Familie war es das Natürlichste der Welt, dass wir italienische Cousins hatten, die in Rom aufgewachsen waren. Beide Schwestern meines Vaters hatten Italiener geheiratet und waren mit ihnen fortgezogen – Maria mit Zio Ori nach Rom, Hilde mit Zio Carlo in die Gegend von Genua. Aus unerklärlichen Gründen sagten wir: Zia Maria, aber Tante Hilde, vielleicht, weil Zia Maria eher italienisch mit uns sprach, Tante Hilde eher deutsch. In der Liebe für meine Tanten und Onkels spielte ihre Sprache keine Rolle. Mit Marcello und Giulietta, unseren italienischen Cousins, verbrachten sie im Sommer oft ganze Wochen bei uns. Dann kochten sie für uns *melanzane* und meine Mutter tischte für sie Knödel mit Würstel und Kraut auf.

Die Kochtöpfe hatten sich schon versöhnt in Südtirol. Auf den Speisekarten der Gasthäuser führten die Schlutzkrapfen ein friedliches Zusammenleben mit den *penne all'arrabbiata*. Bei Omama war das wichtigste die Bratensoße, auch das sparsam eingesetzte Fleisch hatte nur den Zweck, die beste Soße der Welt zu machen. Von den Ultner Verwandten hatten wir gelernt, wie man die Muspfanne mitten auf den Tisch stellt und daraus löffelt – ein seltenes, jedes Mal gefeiertes Ereignis. Unsere Mutter, die während des Krieges in Lana bei einer vorübergehend nach Südtirol geflüchteten holländischen Adelsfamilie als Hausmädchen gearbeitet hatte, versuchte, uns eine neuere Kost anzugewöhnen, hatte aber wenig Glück. „Das hats bei den Holländern auch gegeben", war ihr letztes Argument am Mittagstisch, wenn wir naserümpfend die Teller wegschoben. Mein Vater kochte uns, waren wir ihm einmal allein überlassen, *pasta fagioli* und *polenta*. Die Polenta war für das Unterland, wo früher Mais angebaut worden war, ebenso typisch wie für das Trentino. Vater kochte sie mit großer Strenge: immer in dieselbe Richtung rührend, mit angemessener Geschwindigkeit. Am Ende machte er mit dem Salz ein Kreuz darüber. So hatte es ihn Nonna gelehrt.

Irgendwann machte meine Mutter einen Kochkurs. Das war eine Mode, die in den siebziger Jahren dank der Erwachsenenbildung in die Familien einbrach und uns von den Holländern erlöste. Von da an kochte meine deutsche Mutter den besten *Pasticcio* und den besten *sugo bolognese* der Welt. Hätte man uns beim Mittagstisch mit abgedrehtem Ton gefilmt, wären wir für eine sich italienisch gebärdende, gestikulierende Familie gehalten worden. Tatsächlich redeten wir laut und undiszipliniert in unserem Südtiroler Dialekt durcheinander. Dass wir „Deutsche" waren, war so unzweifelhaft, dass es nicht einmal ein Thema werden konnte. Auch der italienisch klingende Familienname irritierte uns nicht. Irgendwann kam dann auch noch mein Bruder von der Schule heim und erklärte, recht gut dokumentiert, die Herkunft unseres Namens: Peterlini sei die Verschmelzung von *Peter* und *lin*, der germanischen Verkleinerungssilbe. Die *Peterleins*. In Kaltern gibt es beispielsweise den Familiennamen Peterlin. In einem Trentiner Namensbuch fand ich 2002 zum Namen Peterlini den knappen Hinweis: „Beheimatet in Terragnolo; Familien alten deutschen Ursprungs, die sich vor Jahrhunderten dort niedergelassen haben." Demnach wären unsere Vorfahren deutsche Zuwanderer gewesen, die sich im Trentino angepasst hatten; meine Großeltern hätten somit durch die Abwanderung nach Bozen zu ihren Wurzeln zurückgefunden. Wir waren Deutsche.

Aber wo genau verlief die Grenze? Alpenverein und Club Alpino Italiano – die zwei lange verfeindeten Bergsteigervereine, seit der CAI unter dem Faschismus die Berghütten des deutschen Alpenvereins kassiert hatte. Wir waren selbstverständlich beim 1945 gegründeten „Alpenverein Südtirols" (AVS). Aber da dieser keinen für uns geeigneten Skikurs anbot, durften wir mit dem CAI-Bus mitfahren – meine Schwester Claudia und ich. Jonne schloss uns in die Arme, eine Unterlandlerin: italienisch, aber fließend deutschen Dialekt parlierend. Beim Alpenverein, mit dem wir in die Berge stiegen, fuhr oft Giancarlo mit. Dass er, auf Italienisch, denselben Namen hatte wie ich, machte mir erst die Herkunft meines Vornamens klar. „Hans Karl" war die Versöhnung meiner Großväter. Bei sechs Kindern – der zweitälteste Norbert war wenige Monate nach der Geburt verstorben – fanden meine Eltern, dass wenigstens das letzte Kind die Namen der Großväter tragen müsse. Also bekam ich beider Großväter Namen, den Hans vom Giovanni Peterlini, den Karl vom Karl Schwienbacher. Giancarlo, nur eben auf Deutsch.

Die Namengebung war eine sensible, immer auch politische Angelegenheit. Um meine älteste Schwester Hildegard taufen zu dürfen, hatte mein Vater am Bozner Meldeamt noch mit einem italienischen Beamten heftig gestritten – dieser wollte „Ildegarda" eintragen. Das letzte Argument meines Vaters war schlagend: „Se voglio battezzare mia figlia ‚Merda', Lei deve scrivere ‚Merda'" – wenn ich meine

Tochter „Merda“ taufen will, müssen Sie „Merda“ schreiben. Ein rüder Ton, aber er sagt einiges über die Missverständnisse zwischen italienischer Bürokratie und dem Südtiroler Bedürfnis nach selbstbestimmter Identität. Ich weiß von einem Südiroler, der seine Tochter als „Christl“ eintragen ließ, damit ja nicht Cristina daraus würde.

Den Alpenvereinskameraden Giancarlo kannten wir vom Bahnhof, er half beim Verladen schwerer Maschinen auf die Züge, ein lustiger, unbändiger Bursche mit einem feurigen Blick. Ein Kraftprotz, der uns packte und beutelte, wenn wir mit Wasserpistolen auf ihn losgingen. Giancarlo sprach passables Deutsch, im AVS-Bus sang er kraftvoll die deutschen Lieder mit. Einmal wurde er im Bus angestänkert, dass er als Walscher eigentlich nicht hierher gehöre. Der Kraftlackel weinte.

Plötzlich standen in Neumarkt Deutsche gegen Italiener. Privat gab es noch Marcello und Giulietta, meine italienischen Tanten, den Signor Rossi und die Signora Pizzaia, die Eltern von Nadia und Rodolfo, bei denen ich im Spielzimmer gehockt, *minestrone* gegessen und im Fernsehen *cartoni animati*, Zeichentrickfilme, geschaut hatte. Aber im öffentlichen Streit um die Mittelschule gab es hier „die Deutschen“, dort „die Italiener“ – wir rückten zur Gruppe zusammen und drückten die anderen in ein Feindbild. Umgekehrt war es wohl ähnlich. Bei den Gemeinderatswahlen 1980 holte die SVP einen elften „deutschen“ Sitz und damit die Mehrheit, die deutsche Mittelschule wurde gebaut. Es gab eine rauschende, spontane Feier, die uns von Dorfgasthaus zu Dorfgasthaus ziehen ließ und die meinerseits in einem Besäufnis endete. Ich hatte gefeiert, als wär's mein persönlicher Sieg, am Ende ließ ich mich von Freunden sogar auf Schultern tragen. Als Gegenleistung für die neue Schule wurde den Italienern die alte, bislang gemeinsame Mittelschule großzügig aufgemöbelt. Damit war – zumindest oberflächlich – der Frieden wieder hergestellt. Aber es hatte sich gezeigt, wie schnell Gräben aufgeworfen werden können – wir und die anderen.

Schmetterlinge im Bauch, Heimat im Kopf

Eine spürbare Spannung ging durch unser Leben, das gerade kribbelnd angefangen hatte: Fast jeden Sonntag war ich unterwegs auf irgendeinem Schützenfest. Die Ansprachen, die uns Strammstehenden gehalten wurden, waren manchmal geschmeidig, manchmal kernig und rau – je nachdem, ob einer der in die Politik strebenden Schützenoffiziere redete wie Bruno Hosp, der SVP-Landessekretär und spätere Kulturlandesrat, und Michl Ebner, der spätere SVP-Parlamentarier und EU-Mandatar; oder ob einer vom harten Schlag losdonnerte wie Jörg Pircher (1926–1988), der ehemalige, neun Jahre lang inhaftierte Attentäter. Kampfreden waren es allemal, gerichtet gegen Feinde, die unsere Heimat bedrohten – der moralische Verfall, der fremde Staat. Wir wurden aufgerufen, Bollwerk zu sein. Manchmal fühlten wir jungen Schützen uns überfordert. Äußerten wir Zweifel, stauchte uns regelmäßig Hans, der Fähnrich, zusammen: „Ihr habt's den Krieg nicht erlebt."

Wie bei den meisten jungen Menschen, die ins Leben drängen, herrschte auch in meinem Kopf ein gehöriges Durcheinander: Während ich am Sonntag mit den Schützen ausrückte und die Heimat verteidigen wollte, war ich einfach auch ein gewöhnlicher Halbstarker und zum ersten Mal verliebt. Die Revolution frisst ihre Kinder, hörten wir in den Heldenliedern der Achtundsechziger. Aber sie nährt ihre Enkel, das erfuhren wir. Wir waren nicht die Achtundsechziger, wir waren die Generation danach, wir waren auch nicht die Autonomiekämpfer, sondern ihre Kinder und Enkel, die Nutznießer. Ein alle Bevölkerungsschichten erfassender, erster Wohlstand ließ eine neue Zeit anbrechen: es kam die Zeit der kleinen Leichtmotorräder und der Fernsehgeräte, die von nun an in den Südtiroler Wohnzimmern zum Mittelpunkt der Familie wurden. Bei uns installierte „der Bachmann" höchstpersönlich einen Schwarzweißfernseher. Er war einer der Südtiroler Fernsehpioniere, Elektrohändler zumeist, die – zunächst illegal – auf den Bergspitzen Umsetzer installierten, um die deutschen, österreichischen und Schweizer TV-Programme zu verbreiten. Die deutsche Massenkultur bahnte sich machtvoll den Weg in die Südtiroler Wohnzimmer.

Aus dem Radio, das bislang von altväterischer Volksmusik und den wertvollen, aber für uns abgehobenen Bildungsprogrammen des Senders Bozen der Rai dominiert war, tönte Unerhörtes. Die freien Privatradios verbreiteten ein neues Klangbild: moderne Musik, englische Schlager. Beinahe Gleichaltrige legten die Platten auf und lieferten dazu – wichtig für unser Selbstbewusstsein – Schmäh auf Südtirolerisch, alles ungelenk, hausbacken, aber erfrischend neu. Der Name des ersten landesweit empfangenen Privatradios stand für das neue Lebensgefühl: „Freie Südtiroler Welle." Anders als für die Generation vor uns war es nicht mehr altmodisch, Südtiroler zu sein.

Die Hippiezeit war für uns romantisierte Vergangenheit. In unserem Partylokal hingen Poster von Che Guevara, von dem wir wenig wussten, wir hörten Joan Baez, ohne ihre Botschaft zu begreifen, wir sehnten uns nach der freien Liebe, zu der wir uns nicht trauten. Wir waren kreuzbrav: Die Revolutionslieder der Achtundsechziger ließen unsere Brust schwellen, während wir uns daheim verwöhnen ließen und bei den Schützen oder der Musikkapelle im Gleichschritt marschierten. Wir brüllten Pink Floyds „Hey teacher" und schleppten angeödet, aber beugsam unsere Schultaschen. Ich bekam nicht einmal mit, dass in den Gruppen der etwas Älteren Joints umgingen. Ob aus Mangel an Gelegenheit oder beeindruckt von den Warnungen der Eltern, die ratlos von der neuen Drogenszene hörten und in Schauertönen vor Haschisch warnten, blieb ich in sicherem Abstand und wähnte mich drogenfrei. Zur selben Zeit kurvte ich mehr als einmal nächstens schnapsfidel und in Schlangenlinien mit dem Motorrad heim.

Politisch waren die Zeiten bewegt, auch wenn wir abseits standen. Wir waren der noch ungeschulte, wenig wissende Nachwuchs. Die Achtundsechziger waren dran: In der SVP wurde begeistert die „Junge Generation" aufgebaut, mein Bruder wurde 1978 mit erst 28 Jahren in den Landtag gewählt. Die jungen Neofaschisten des Movimento Sociale Italiano (MSI) lieferten sich Prügeleien mit Deutschen und Linken und streckten die Fäuste gegen die Autonomie, da und dort flog in Bozen auch schon mal ein Molotowcocktail. Die eigentlichen Achtundsechziger im politischen Sinn der Jahreszahl standen ethnisch zwischen den Lagern und ideologisch zumeist links: Alexander Langer (1946–1995), Siegfried Stuffer (*1937), Edi Rabini (*1943), Poldi Steurer (*1946), Gianni Lanzinger (*1941), Siegfried Baur (*1943),

Eine Sitzung der SVP-Jugend in den Jahren des politischen Aufbruchs: Margareth Greif, jetzt SVP-Chefsekretärin, die damalige JG-Sekretärin Cilli Gufler, Werner Frick, jetzt Landesrat, mein Bruder Oskar, Christian Welponer.

bald auch Günther Pallaver (*1955). Deren Zeitschrift „Die Brücke" bekamen wir nie zwischen die Finger – sie erschien 1969 zum letzten Mal. Das erste politische Ausscheren Südtiroler Jugendlicher aus dem Gruppenzwang war ferne Legende.

Auch der Schriftsteller Norbert C. Kaser (1947–1978), der 1969 in seiner Rede zur Lage der Südtiroler Literatur zum Schlachten der Heiligen Südtiroler Kühe aufrief und seiner Generation neue Mythen dichtete, war uns unbekannt. In der Schule lernten wir die Minnesänger, dann Goethe, schließlich die drei Bs – Brecht, Böll, Borchert. Da war viel Aufregung und knisternde Lust auf Neues dabei. Was fehlte, war der Bezug zum eigenen, politischen Umfeld: Mit Brecht, Böll und Borchert war ich Revolutionär, Aussteiger, Romantiker, Anarchist, aber am Sonntag rückte ich in Schützentracht aus und hielt die bedrohten Werte meiner Heimat hoch.

Eine Ausstellung mit Bildern des Vinschger Künstlers Karl Plattner (1919–1986), die ich mit der Schulklasse besuchte, beeindruckte mich: Diese zerstückelten und neu zusammengesetzten Menschen, Dörfer, Landschaften verfremdeten den Blick auf das Gewohnte. Anzufangen wusste ich nichts damit, das Weltbild war wohl zu fest gefügt, um in die Schräge zu geraten. Wahrscheinlich hätte ich damals auch mit Kaser nichts anzufangen gewusst, womöglich hätte ich mich empört, dass da einer der Heimat den Bart stutzt. Erst jüngst, gute 20 Jahre später, hörte ich im Zug zwischen Bozen und Neumarkt Oberschülern zu, die gerade Kaser in der Schule auf dem Programm hatten. Sie lasen laut und spöttisch vor, was er von der Heimat schrieb, die töten kann. Schlusskommentar: „Mah dai, wie kann man so einen Scheiß schreiben!" Bitter stieß es mir auf, bis ich mich besann: Wir waren genauso.

„Wir sind ueberhaupt eine recht eingeklemmte generation. rueckwaerts geht es nimmer & vor dem vorwaerts graut uns", hatte Kaser an Rosmarie Judisch nach Berlin geschrieben. Uns zog es unbekümmert vorwärts, hinein in die neue Zeit. Wir begannen uns da oder dort einzureihen: für die SVP oder gegen sie. Die Partei war eine politisch fassbare Größe, nicht der Proporz, die Autonomie, die Zweisprachigkeit – das waren noch wenig festgeschraubte, technische Begriffe.

Greifbar waren ihre Verfechter, die Partei, die Volkspartei, Magnago. Und die Gegenpartei, die Faschisten, oder „der Langer“.

Am Klassischen Gymnasium in Bozen hörten wir, „der Langer darf hier nicht unterrichten“. Es klang für uns so, als würde uns etwas erspart – „der Langer“ war „der Linke“, mit einschlägiger Vorbelastung gerade an unserem Gymnasium. Er hatte um 1970 dort unterrichtet, 1971 beendete eine Langer-Klasse ihr Maturajahr mit Südtirols erstem großem Schülerprotest, weil zwei Mitschüler nicht zur Matura zugelassen worden waren. Ein Hunger- und Sitzstreik in Zelten vor dem Gymnasium wurde ausgerufen. In Langers Klasse saß auch mein Bruder, begeistert von dessen pädagogischen Fähigkeiten, weniger begeistert von seinen politischen Zielen. Mein Bruder war ja schon bei der jungen Volkspartei. Er hungerte nicht mit, verhandelte aber mit dem Direktor Oswald Sailer (1910–1988) zugunsten der Streikenden. Stolz sah meine Mutter im Fernsehen, wie mein Bruder in das Büro des Direktors vorgelassen wurde. Langer schrieb im Rückblick auf die damalige Situation an den Schulen: „An den Schulen gab's da und dort auch eine Art linke Hegemonie: Ausgelacht und in die Enge getrieben wurden die SVP-Jünglinge. Damals.“

Für uns galt das nicht mehr. Wir hatten den Sound unserer Privatradios und genossen das neue Südtiroler Lebensgefühl. Den seinerzeit als Nazi angefeindeten Oswald Sailer erlebten wir, die ein Jahrzehnt später maturierten, als gütigen Direktor kurz vor seiner Pensionierung. Auf Langer konnten wir verzichten. Die Achtundsechziger hatten Freiheiten erstritten, die für uns schon selbstverständlich waren, die SVP und vor allem ihre Jugend hatte Selbstbewusstsein gewonnen. Warum Langer damals nicht an unserer Schule unterrichten durfte, erfuhr ich Jahre später. Der Sohn einer Sterzinger Arztfamilie, gutbürgerlich aufgewachsen, franziskanisch erzogen, engagierte sich zunächst in der katholischen Bewegung. Nach den Kampfjahren am Bozner Gymnasium unterrichtete er für ein paar Jahre in Rom und arbeitete führend bei der außerparlamentarischen linken Bewegung *Lotta Continua* mit. Als er sich wieder um eine Stelle an einer Südtiroler Schule bewarb, lehnte der Schulamtsleiter sein Gesuch ab. Langer hatte die mittlerweile in Südtirol für öffentliche Stellen erforderliche Sprachgruppenzugehörigkeitserklärung verweigert. Er kehrte in anderer Funktion zurück: 1978 schaffte Langer in Bozen mit seiner Liste „Neue Linke – Nuova Sinistra" erstmals den Sprung in den Landtag, zeitgleich mit meinem Bruder, dem SVP-Jugendkandidaten.

An unserer Schule lagen die „Dolomiten" auf; im März 1979 stach uns eine Schlagzeile ins Auge: Franz Pahl kündigt Hungerstreik an. Ich kannte den SVP-Jungstar Pahl (*1949), weil ich am Parteisitz aushalf. Für ein Taschengeld saß ich stundenweise an einer mechanischen Adressiermaschine. Die Größen der Südtiroler Politik schritten vorbei, während ich auf meiner Maschine herumhackte. Eindrucksvoll war, wenn Silvius Magnago auf seinen Krücken den Gang entlang seinem Büro zustrebte. Friedl Volgger (1914–1997) grüßte je nach Stimmung freundlich oder argwöhnisch, der damalige Parteisekretär Josef Atz (1918–1993) hob beim Kommen und Gehen stumm den Hut.

Franz Pahl blieb meistens stehen, legte mir die Hand auf die Schulter, fragte, wie es geht. Er war SVP-Jugendsekretär und ein Freund meines Bruders, als dieser SVP-Jugendreferent war. Die Ankündigung von Pahls Protestaktion traf mich in den Bauch: Hungerstreik, das schien mir etwas Endgültiges, unvorstellbar Dramatisches. Erstmals rückte das Siegesdenkmal, gegen dessen Restaurierung Pahl demonstrieren wollte, in mein Gesichtsfeld. Jahrelang war ich daran vorbei zur Schule geschlendert, ohne es als störend wahrzunehmen. Ich wusste nichts Genaues von seiner Entstehung, und nun las ich, dass es die Faschisten auf dem Sockel des Kaiserjäger-Denkmals erbaut hatten, um Italiens erschlichenen Sieg über Österreich zu verewigen. Mit unseren mäßigen Lateinkenntnissen entschlüsselten wir die Inschrift: *Hinc ceteros excoluimus, lingua, legibus, artibus.* „Von hier aus haben wir den anderen" – früher hatte es statt *ceteros* sogar *barbaros* geheißen – „Sprache, Gesetze, Künste gebracht". Erstmals gab es für mich greifbar, in einem Denkmal sichtbar geworden den Faschismus, gab es Faschisten.

Pahls Hungerstreik elektrisierte mich. Ich weiß noch, wie ich mit meiner Schwester Claudia und ihrem Freund und späteren Mann Gerhard am Sonntag nach Bozen fuhr, um unsere Solidarität zu zeigen. Pahl, in die rotweiße Tiroler Fahne gewickelt, gab auf Anpöbelungen italienischer Passanten freundliche, freilich auch zynisch gemeinte Antworten – ein Mahatma Gandhi schien er mir. Dann stieg Toni Ebner sen. die Stufen zum Denkmal hinauf (das damals noch nicht umzäunt war), drückte Pahl die Hand und ermunterte ihn mit freundlichen Worten. Ich hatte das Gefühl, einer Kampfgemeinschaft anzugehören. Idealismus, Zivilcourage, Mut, Wehrbereitschaft – all dies schien mir in diesem Trutzbündnis zwischen einem jungen Politiker und dem Repräsentanten unserer deutschen Zeitung vereint.

Risse in dieser Verbundenheit folgten noch am selben Abend und in den kommenden Tagen. Wir kehrten heim, und da saßen meine anderen Schwestern mit meinen Schwägern in unserer Küche, dem sonntäglichen Treffpunkt der Familie. Selbstverständlich wurde über den Hungerstreik diskutiert, und ich war maßlos enttäuscht, dass nicht einhellige Begeisterung darüber herrschte. Einer meiner Schwäger nannte alles nur ein Gehetze, was brächte das schon.

Der nächste Riss war ein süffisanter „Dolomiten"-Kommentar. Der SVP-Landesjugendreferent Oskar Peterlini, ausgerechnet mein Bruder, hätte keine gute Figur gemacht, als er Pahl zugeraunt habe: „Lass den Kas." Mein Bruder erklärte, dass er mit dem „Kas" gemeint habe, Pahl solle nicht die Nacht vor dem Denkmal verbringen. Dies sei angesichts der Drohgebärden junger Faschisten zu gefährlich. Erst später durchschaute ich, dass wohl mehr dahinter war. Mein Bruder war über die Radikalisierung in der SVP-Jugend nicht glücklich, auch die vorübergehende Allianz seines Intimus Franz Pahl mit den „Dolomiten" konnte ihm nicht geheuer sein. Der junge Michl Ebner, Sohn des großen Toni, drängte in die Politik. Die „Dolomiten" waren dazu ein machtvolles Instrument: Mit Berufung auf seinen Großonkel, den Kanonikus Michael Gamper, nannten sie den Ebner-Junior „Geist von seinem Geiste". Die Schützen boten für Ebner ein dankbares Podium, bei einer Rede in Montan knallte er einige Wochen nach Pahls Hungerstreik ins Publikum, das Siegesdenkmal in Bozen müsse verschwinden. Auch bei den Schützen gab es dazu nicht nur Applaus. Man solle doch dieses Denkmal ignorieren, regte sich in der nächsten Schützenversammlung einer aus unserer Kompanie auf.

Ich dagegen war noch Feuer und Flamme. In den Haltungen meines Schwagers und des Schützenkameraden sah ich jene Gleichgültigkeit, vor der wir Schützen in den Sonntagsreden gewarnt wurden. Sie waren mittleren Alters, hatten Beruf, Familie, bauten sich mit eigener Arbeit Wohlstand, Wohnung, Häuschen auf. Das war das befriedete Südtirol der Erwachsenen: der Bomben und der Konflikte zu Recht überdrüssig, vom wirtschaftlichen Aufschwung in Anspruch genommen. Mich, den Halbstarken, machte die Anpassung misstrauisch, sie störte die Welt der reinen Ideale. Es hätten genauso gut die damals aktuelleren marxistischen Ideale sein können, der Glaube an eine leuchtende, alles Irdische übersteigende Idee. Etwas, woran sich ein konfuser junger Mensch hätte halten können. In Südtirol bot – und bietet sich – diesem jugendlichen Suchen die Heimat-Idee als nahe liegende Matrix an.

Fünf Tage nach Pahls Hungerstreik, am 9. März 1979, wurde das Grabmal von Ettore Tolomei (1865–1952) gesprengt; einen Monat später, am 6. April 1979, misslang dem jungen Göflaner Erwin Astfäller ein Anschlag auf das Siegesdenkmal. Ich war damals viel mit Norbert Walter zusammen, dem Sohn des ehemaligen Südtirol-Attentäters Erich Walter (*1936). Norbert wurde wie ich 1961 geboren, sein Vater war im selben Jahr verhaftet worden, erhielt im ersten Mailänder Schwurgerichtsprozess einen Freispruch, wurde aber in zweiter Instanz zu sechs Jahren und acht Monaten verurteilt. Nach der Entlassung aus dem Gefängnis hatte er sich eine Spenglerei aufgebaut und verweigerte sich jeder radikalen Politik. Über die neuen Anschläge schüttelte er den Kopf – nein, das bringe nichts mehr. Ein Schmunzeln verkniff er sich dennoch nicht: „Obwohl, gönnen könnt man's ihm, dem da oben."

„Der da oben" war Tolomei, der ehemalige faschistische Senator, verhasst wegen seiner besessenen Fleißarbeit, mit der er die Südtiroler Orts- und Flurnamen durch italienische Abwandlungen und Neuschöpfungen ersetzt hatte. Tolomei hatte sein Domizil in Glen bei Montan gewählt: ein Ansitz im römischen Stil, mit Turm und Balustraden, fremd in einer Gegend, wo die Häuser in Hängen stehen und die Holzbalkone mit weißen und roten Geranien bestückt sind. Begraben wurde Tolomei am Rande des Montaner Friedhofs in einer

Gruft, die er schon zu Lebzeiten hatte errichten lassen – als Atheist auf eigenen Wunsch außerhalb der geweihten Erde, mit dem Kopf gegen Norden, damit er sehen könne, wie der letzte Deutsche das Land Richtung Brenner verlasse. Noch im Jahr der Erbauung 1947 war das Grabmal erstmals Ziel von Attentaten, es folgten immer neue Anschläge, 1979 wurden Tolomeis Knochen über den steilen abschüssigen Berghang unterhalb des Friedhofs verstreut. Von älteren Schützen wurde uns gezeigt, wie wir in einem Felsrücken der gegenüberliegenden Talseite mit etwas Fantasie eine liegende Gestalt erkennen könnten – die Füße nach Süden gestreckt, der Körper in die Waldgrenze gebettet, der Kopf Richtung Salurner Klause gehoben: „Schaut genau hin, das ist der Tolomei, wie er nach Süden schaut, um zu sehen, wie der letzte Walsche das Land verlässt."

Die meisten ehemaligen Attentäter – wie der Neumarkter Josef Fontana (*1937), der 1961 an der Tolomei-Villa einen Sprengsatz hinterlegt hatte – fanden zu Beginn der achtziger Jahre, nach Folter und Gefängnis, in ein bürgerliches Leben zurück. Von Gewalt nahmen sie Abstand. Es gab einzelne Rückfalltäter und einige junge Nacheiferer, die sich Aggression und Wut vom Leibe sprengen wollten. Albert Blasbichler, knapp zwanzigjährig, verübte mit einer kleinen Gruppe 1980 einen Anschlag im Raum Bozen. Er habe, von der Literatur über das faschistische Unrecht aufgestachelt, etwas tun müssen. Erwin Astfäller, der am Siegesdenkmal Gasflaschen mit einem fehlerhaften Zeitzünder deponiert hatte, war der Sohn eines Attentäters der sechziger Jahre. Gerade in diesen Kreisen machte sich, nach den ersten Autonomiejahren, Enttäuschung breit: Das, wofür sie Lebensjahre, Gesundheit, Familie, einige die finanzielle Existenz geopfert hatten, war manchen von ihnen nicht genug. Statt der erhofften Anerkennung, Italien die Autonomie abgerungen zu haben oder wenigstens den Autonomieverhandlungen einen Schub versetzt zu haben, schlug vielen Ächtung und Ausgrenzung entgegen.

Die Vergatterung namens Volkszählung

„Ich rufe alle in Südtirol ansässigen Bürger auf, in voller Freiheit die Zugehörigkeitserklärung abzugeben. Ich würde jene Personen nicht achten, die aus opportunistischen Gründen sich zu einer anderen Sprachgruppe als der eigenen erklären." Wortwahl und Tonlage, mit denen Landeshauptmann Silvius Magnago 1981 zur Volkszählung aufrief, standen für einen eindringlichen Appell – Südtiroler reiht euch ein. Die erstmals namentlich durchgeführte Erhebung der Sprachgruppen war, rein technisch, eine Voraussetzung, um den ethnischen Proporz mathematisch genau und unverfälscht anwenden zu können: Aufgrund des Ergebnisses wurden Stellen, Finanzmittel und Wohnungen nach der Stärke der Sprachgruppen vergeben. Die Sprachgruppenzugehörigkeitserklärung, so das offizielle Wortungetüm, wurde von der technischen Formalität zur Bekenntnisfrage: Bisch a Deitscher, bisch a Walscher oder bisch für nix?

Eine Mobilisierung, auf beiden Seiten: In Salurn etwa wetteiferten die deutsche Bauernjugend und die jungen Faschisten – so nannten wir sie jedenfalls – um die Abhaltung von Wiesenfesten. Die Deutschen buchten den Festplatz, die Italiener versuchten es zu verhindern – wer das Fest hatte, hatte die Jugend. Nachdem die Bauernjugend schneller war, strömten wir hin und freuten uns, dass sich die

Faschisten ärgerten. Es kursierten Sprüche wie: Die Etsch soll sie hinunter treiben, wo sie her gekommen sind.

Dieser Welt gehörte ich an, wenn auch zunehmend verunsichert. Ich denke, dass es die Verunsicherung einer Generation war, die nach einem Rausch allmählich zur Besinnung kam. Einige persönliche Erlebnisse erschreckten mich: Ich führte einmal ein italienisches Mädchen zum Eislaufen, gleich kreisten Schützenkollegen um mich herum. „Verräter", raunten sie, „mit einer Walschen gehst du." Fähnrich Hans, der herzensgute Schützenkamerad, der uns immer an den Krieg gemahnt hatte, zog mich freundschaftlich beiseite: „Die walschen Mädchen geben dir die Katz und dann stecken sie dich in den Sack." Bald darauf trat ich aus den Schützen aus, bei der SVP-Jugend, wo es eine lebendige interne Dialektik gab, blieb ich länger.

Ein Bild jener Jahre gehört zur Parallelgeschichte der Südtiroler Autonomie: Zumeist langhaarige junge Leute auf der Talferbrücke, in enge Pullover und Jeans gezwängt, stehen um einen Käfig herum und demonstrieren mit Schildern gegen die Volkszählung, gegen „Apartheid" und gegen die „neue Option". Alexander Langer hatte für seinen Boykott der Volkszählung von 1981 einen Schmerzbegriff aus der Südtiroler Geschichte gewählt. In der namentlichen Sprachgruppenerklärung erblickte er einen ähnlichen Entscheidungszwang wie 1939, als die Südtiroler für die deutsche Staatsbürgerschaft und die Auswanderung ins Deutsche Reich oder für den Verbleib in Italien „optieren" mussten.

Die Vergatterung war total und umfasste auch Kreise, die sich in den Feuerjahren des Autonomiekampfes patriotischen Zuspitzungen verweigert hatten. Sogar Bischof Joseph Gargitter, in den sechziger Jahren wegen seiner kompromisslosen Ablehnung der Attentate als zweifelhafter Patriot angefeindet, gab eine Erklärung gegen Langers Boykottaufruf heraus. Die Katholische Jugend (SKJ), wie der Bischof eigentlich um ethnische Versöhnung bemüht, schloss sich an: „Wenn man eine Volksgruppe schützen will, muss man wohl wissen, wer dazugehört." Der ethnische Einrückungsbefehl hatte gegriffen.

„Nicht Fisch und nicht Fleisch", das war eine beliebte Wendung, mit der Zeitungsartikel und Reden gewürzt wurden. Wer sich nicht erklären wollte, wurde geächtet. Die Verweigerer störten das reibungs-

Protest gegen die Sprachgruppenerhebung 1981: die „ethnischen Käfige" der Langer-Bewegung auf der Bozner Talferbrücke.

lose Funktionieren des Proporzzählwerks, die Verachtung hatte aber tiefere Gründe: Sie stellten die Geschlossenheit der Volksgruppe infrage – denn Sprachgruppe war nur der juridische Begriff. Die Verweigerung war Wehrkraftzersetzung, Desertion vom Volkskörper. Feldherr Magnago wies etwaige Fahnenflüchtlinge darauf hin, dass die Nichtabgabe der Erklärung „schwerwiegende Folgen" für sie habe. Sie bedingte den Verlust der Proporzrechte: Sozialwohnung, Zugang zu öffentlichen Stellen, passives Wahlrecht, sofern nicht ausdrücklich nachträgliche Erklärungen vorgesehen waren.

Am Ende wussten die allermeisten, aber nicht alle, wo sie hingehörten: 64,92 % der Südtiroler erklärten sich als Deutsche, 28,73 % als Italiener, 4,12 % als Ladiner. Das Ergebnis war ein stolzes Sich-Aufrichten der deutsch- und ladinischsprachigen Minderheit. Die Deutschen hatten gegenüber der (anonymen) Erhebung von 1971 um 2 % zugenommen, die Ladiner um 0,4 %. Das war eine Schubumkehr, denn bis 1971 war die Zahl von Deutschen und Ladinern ständig weniger geworden. Jetzt, 1981, wurde die eher städtische und auch daher weniger fortpflanzungsfreudige italienische Sprachgruppe Südtirols durch eine Kombination von Pillen- und Autonomieknick geschwächt: minus 4,6 %.

Für die italienische Bevölkerung kam mit der Volkszählung ein Erwachen. Der Staatsdienst war ihre ausschließliche Domäne gewesen, nun prangte an dessen Eingang das Proporzschild: Zwei Drittel Deutsche dürfen durch, ein Drittel Italiener, ein paar Ladiner. Und wer durch wollte, musste vorher zur Zweisprachigkeitsprüfung antreten. Das Menetekel vom Todesmarsch der Südtiroler, vor dem Kanonikus Michael Gamper in den sechziger Jahren gewarnt hatte, war ausgelöscht; an seine Stelle trat der *disagio degli italiani*, die Formel für das „Unbehagen der Italiener". Aus dem Angsttrauma der Deutschen war ein neuer Angstmythos der Italiener geworden: dass sie durch Zweisprachigkeitspflicht und Proporz aus dem Land „hinausgegraust werden sollten", wie Langer es ausdrückte. Er gehörte zu den 2,23 % Südtirolern, die in der Statistik der Volkszählung 1981 als „andere" aufscheinen – die Verweigerer und jene, die aus sonstigen Gründen keine Erklärung abgegeben hatten. Langer machte das Anders-Sein zu seiner Botschaft: 1983 benannte er die „Neue Linke" um in „Alternative Liste für das andere Südtirol – Lista alternativa per l'altro Sudtirolo".

Die Volkszählung erlebte ich leidenschaftslos, eher wie eine Formalität, die man erledigt: Selbstverständlich war ich deutsch, „deutschsprachig", wie es politisch und juridisch korrekt lautet. Ich verstand auch nicht, warum andere damit Probleme haben sollten, selbst Gleichaltrige aus zweisprachigen Familien schienen mir, eher dies oder eher jenes zu sein. Außerdem war es ja nur ein Kreuzl, das nicht viel kostete, aber Türen öffnete.

Im Sommer 1980 legte ich die Matura ab, im Herbst stand ich am Lehrerpult und unterrichtete Mittelschüler. Der jungen Autonomie fehlte das Personal, und zwar an allen Ecken und Enden. Es fehlte an Personal für die Staatsämter, zu denen die Südtiroler nun erstmals Zugang hatten. Mein Vater war noch 1975 einer von nur sieben Bahnbeamten der gehobenen Laufbahn, die sich deutsch erklärt hatten; in der leitenden Laufbahn gab es keinen einzigen deutschen Bahnbeamten. Insgesamt waren 1972 nur 219 von 3 000 Eisenbahnern deutschsprachig. Es fehlte an ausgebildeten Lehrkräften für die deutsche Schule. Es fehlte an Akademikern, an zweisprachigen Fachkräften, an Beamten. Die Südtiroler waren bildungspolitisch im Rückstand, *periti, ragionieri* oder Absolventen des Humanistischen Gymnasiums waren begehrt. Uns jungen deutschen Südtirolern stand die Arbeitswelt offen.

Im Volkszählungsherbst 1981 heiratete ich, gerade 20 Jahre alt: Meine Freundin Erika, 19, erwartete ein Kind. Wir heirateten obwohl wir uns kaum kannten, ich keine richtige Arbeit hatte und das eben halbherzig begonnene Studium abbrechen musste. Aber wir heirateten leichten Herzens, ohne Zukunftsangst, mit Begeisterung und allem Drum und Dran: kirchliche Trauung, Hochzeitsmahl mit Tanzmusik. Es kamen unsere Geschwister, Tanten, Onkels, meine Freunde. Was mir erst jetzt auffällt: Es war kein italienischer Freund mehr dabei.

1982 wurde Julia geboren, getauft nach meiner Nonna Giulia. Die Geburt meiner Tochter gab meinem noch etwas ziellosen Leben einen Ruck, zugleich aber auch eine Sicherheit, die ich zuvor in politischen Zuordnungen gesucht haben mag. Führte ich dieses kleine Mädchen an der Hand, fühlte ich mich sicher, in eine große Verantwortung genommen, aber auch stark genug, dieser gerecht zu werden.

Julia ersparte mir den Militärdienst. Zur Musterung in Trient war ich nicht im Schutz einer johlenden Horde angetreten, wie es die Südtiroler zu tun pflegen, sondern einsam, schüchtern und wenig wehrhaft. Wegen des meldeamtlichen Umstandes, dass mein damaliger Wohnsitz am Neumarkter Bahnhof auf dem Traminer Gemeindegebiet lag, wurde ich mit den Traminern zur Musterung gerufen, von denen ich aber niemanden kannte. So entging mir das Traminer

Bekenntnisritual: Im Jahr ihrer Musterung malen die jungen Burschen den roten Tiroler Adler vor ihre Haustür, als Zeichen, wem sie in Wahrheit dienen wollen. Verdrossen stellte ich mich allein dem Staat, dessen Musterungsoffiziere unsere Hoden betasteten. Es gab damals schon eine ungeschriebene Vereinbarung zwischen Land und Militär, dass die Südtiroler höchstens für die dreimonatige Ausbildung außerhalb der Landesgrenze berufen werden, dann sollten sie in Südtiroler Kasernen versetzt werden. Die begehrtesten Plätzchen waren das Kommando des hiesigen Armeekorps und das Büro des Wehrbezirks in Bozen – Vorzugsplätze für SVP-Jugendfunktionäre mit politischen Fürsprechern. Meinen Einrückungsbefehl nach Meran durfte ich mit der Bescheinigung von Julias Geburt dem Wehrbezirksbüro zurückerstatten.

Traumberuf Lokführer, aber ...

Als junger Familienvater mit dem Ehrgeiz, seine Familie selbstständig zu ernähren, ging mir die politische Energie bald aus. Zum Glück. Der zweite Glücksfall war: das Hineinwachsen in einen Beruf, der mir eine Übung abverlangt, die Südtirols Geschichteerzähler Claus Gatterer (1924–1984) anschaulich beschrieben hatte. Er bezeichnete die Geschichte und ihren in der Gegenwart abgestellten Ballast als „die einzige Mauer, durch die man mit dem Kopf hindurch muss – aber denkend".

Meine journalistischen Lehrjahre waren die Lehrjahre der Autonomie. 1981 war das zweite Autonomiestatut noch keine zehn Jahre alt, Proporz und Zweisprachigkeitspflicht waren fünf geworden, andere wichtige „Durchführungsbestimmungen" waren noch immer nicht ausgehandelt – die Finanzregelung, die Gleichstellung der deutschen Sprache vor Gericht, bei der Polizei und in den Verwaltungsämtern, die Zuständigkeit für Strom und Kommunikation. Alle Politik begann sich um die „Durchführungsbestimmungen" zu drehen, die für die Umsetzung des Autonomiestatutes notwendigen, die Details regelnden Gesetze. Eine juristische Knochenarbeit begann, die ständig neue politische Probleme aufwarf. Der im Autonomiestatut von 1972 optimistisch gesetzte Termin von zwei Jahren, innerhalb dessen alle im „Südtirol-Paket" festgelegten 137 Maßnahmen, 25

Submaßnahmen und 31 Fußnoten hätten durchgeführt sein sollen, war 1981 schon um sieben Jahre überzogen. Zu den Versatzstücken fast jeder Rede von SVP-Politikern gehörte die Sorge, dass das „Paket versandet".

Die gerade erst angeworfene Gesetzgebungsmaschinerie des Landtages erlebte einen Stotterstart. Reihenweise verweigerte die Regierung in Rom den neuen Landesgesetzen den erforderlichen Sichtvermerk und schickte sie an den Landtag zurück, ein im Autonomiestatut vorgesehenes Vetorecht, die so genannte „Rückverweisung". Für den dirigistischen, vom Zentralismus geprägten Beamtenapparat in Rom war die Autonomie Neuland. Politisch völlig unverdächtige Gesetze wurden an den Landtag zu erneuter Behandlung „rückverwiesen", etwa die Schaffung eines Berufsalbums für Gärtner.

Am schmerzlichsten waren die Enttäuschungen in jenem Bereich, wo die größten Erwartungen erzeugt worden waren – im Staatsdienst. Als der Proporz 1976 in Kraft trat, betraf er rund 7 000 staatliche oder halbstaatliche Stellen, davon rund 5 000 allein bei Bahn und Post. Aber erst im Jahr vorher, 1975, waren noch schnell 1 300 Stellen mit jungen, fast ausschließlich italienischen Bewerbern besetzt worden. Die Maßnahme sollte „Plätze sichern". Nun, da endlich die Stellen nach Sprachgruppen verteilt werden sollten, wurden die Ausschreibungen hintertrieben. Ein staatlicher Aufnahmestopp lähmte den Proporz. Wettbewerbe wurden ausgeschrieben und kurzfristig wieder abgesagt. Bei der ärztlichen Untersuchung für Bewerber bei der Eisenbahn wurden im Verhältnis deutlich mehr deutsche als italienische Bewerber ausgeschlossen, darunter auch Bewerber, die zuvor für gesund und kräftig genug befunden worden waren, den Militärdienst abzuleisten. Ein Bewerber wurde zurückgestellt, weil er – voll bewegungstüchtig – einen Nagel im Fußknochen hatte. Als hätte er damit nicht den Bahndienst verrichten können.

Das entmutigte viele. Ohnehin interessierten sich die Südtiroler nur zurückhaltend und misstrauisch für die neuen Stellen, die SVP musste regelrecht darum werben. Sie standen dem Staatsdienst nach Jahren der Ausgrenzung völlig fremd gegenüber. Bei der Bahn, bei der Post arbeiten, hieß deutsche Vertrautheit verlassen und sich auf einen Apparat einlassen, dessen Spielregeln man nicht kannte, dessen Chaos die Südtiroler verstörte, dessen Sprache im internen und externen Amtsverkehr bisher nur Italienisch gewesen war. Noch jahrelang hallte die Stimme des Staates durch Züge und Bahnhöfe, wenn der Schaffner „*biglietti*" durchs Abteil rief oder die Ansage von Ankünften und Abfahrten ausschließlich auf Italienisch erfolgte. Allmählich tönte dann, wenigstens auf dem Bozner Bahnhof, auch ein unwilliges „Bannof Botzen" über die Bahnsteige. So stark war die Gewöhnung an die Einsprachigkeit des Staatsdienstes, dass es eher befremdete, wenn ein Schaffner ausnahmsweise deutsch sprach. Bis sich Deutsch als einigermaßen gleichwertige Sprache im öffentlichen Dienst etablierte, sollte es noch eine Weile dauern. Die wenigen frühen Staatskarrieren gleichaltriger Bekannter waren Notlösungen: Ein Bodenleger mit Stauballergie; ein junger Familienvater, der eine nicht allzu anspruchsvolle Arbeit und Zeit für seine Obstwiese benötigte.

Lokführer! Das wäre Anfang der achtziger Jahre für die deutschen Südtiroler ein neuer Beruf gewesen – gut bezahlt, mit einem für Nebenverdienste oder Studium geeigneten Stundenplan. Es herrschte großer Bedarf. Als Sohn eines Eisenbahners und mit noch nicht verworfenen Studiumsplänen erwog ich allen Ernstes, diesen Beruf zu ergreifen. Die dafür notwendige perfekte Sehkraft von zehn Zehnteln war mir damals noch gegönnt. Ich meldete mich zu einem Wettbewerb und wartete. Wie Hunderte andere Südtiroler wartete ich jahrelang, bis ich schließlich, als der Wettbewerb endlich ausgeschrieben wurde, schon leicht kurzsichtig war, längst einen anderen Berufsweg eingeschlagen hatte und gar nicht mehr hinging. In der Zwischenzeit wurden Hilfskräfte aus italienischen Provinzen angestellt, die *missionari*. Sie bezogen hohe Zulagen und wurden später notgedrungen ebenfalls in die Stellenpläne übernommen.

Viel zu spät sah die SVP ein, dass eine flexiblere Handhabung den Proporz nicht gefährden, sondern stützen würde. Sie bestand auf buchstabengetreue, mathematisch präzise Anwendung. Nach den Proporzbestimmungen sollte bis zum Jahr 2002 das gerechte Verhältnis zwischen den Sprachgruppen erreicht werden – ein Aufholmechanismus, der für junge italienische Bewerber fatal war. Sie büßten nun dafür, dass in den Generationen vor ihnen die deutschen Südtiroler übervorteilt worden waren. Damit erhielt die italienische Sprachgruppe nicht ihr proporzmäßiges Drittel aller Stellen, sondern – zwecks deutscher Aufholjagd – im Schnitt 6 %. Auf Anschlagbrettern sah das dann so aus: 50 neue Stellen, 47 für deutsche, drei für italienische Bewerber. Es meldeten sich Hunderte für die drei „italienischen" Stellen und ein Dutzend für die 47 „deutschen" Stellen. In Bozen kamen deutsche Bewerber mit 28 Punkten zu einer Sozialwohnung, Italiener brauchten 33 Punkte.

Erst auf Druck und zögernd willigte die SVP in umständliche Neuberechnungen ein: Vom italienischen Überhang wurden ab 1985 jene Stelleninhaber abgezogen, die bis 2002 in Pension gehen würden. Dadurch erhöhte sich der Anteil der italienischen Stellen auf 17,4 %. Schließlich wurde eine Art Guthabenkonto für Proporzstellen eingerichtet: Meldeten sich zu wenig Bewerber einer Sprachgruppe, konnten die Stellen an die andere Sprachgruppe abgetreten werden – als Guthaben für den nächsten Wettbewerb. Die Sozialwohnungen wurden nach Bedürftigkeit vergeben, der Proporz lag nur noch – unsichtbar – der längerfristigen Verteilung der Wohnbaumittel zugrunde. Bis es zu diesem Einlenken kam, war der Proporz jedoch längst schon zum Symbol für eine ungerechte, italienerfeindliche Autonomieregelung geworden.

Die Südtirol-Autonomie verkümmerte zu einem einzigen Rechnen und Feilschen: um Arbeitsplätze, um Wohnungen, um die zurückverwiesenen Landesgesetze, um die lange Liste der noch ausstehenden Durchführungsbestimmungen. Aus historischer Sicht lässt sich der Klammergriff gut verstehen, mit dem die SVP an ihren erst erworbenen Schutzinstrumenten bis ins kleinste Detail festhielt. Schon einmal war ein Autonomiestatut, jenes von 1948, auf dem Papier geblieben. Diesmal sollte das Erreichte keinen Millimeter breit aus der Hand gegeben werden. Magnagos Satz in seiner Paketrede von 1969, man werde auf „keinen Beistrich" verzichten, wurde zum gleich heiligen wie pedantischen Leitsatz der Südtiroler Politik.

Silvius Magnago, mit ausgeprägtem kabarettistischem Talent gesegnet, wandte alle seine Fantasie auf, um den Südtirolern immer neue Durchführungsbestimmungen anschaulich zu erklären. Sprach er etwa von der Forderung, dass die Beipackzettel für Medikamente zweisprachig zu sein hätten, tat er dies unter genüsslicher Ausschmückung aller seiner Wehwehchen. Legendär wurde seine bildhafte Forderung nach „dynamischer Autonomie“, die sich ständig den neuen Bedürfnissen anpassen müsse: Wenn es für das Überleben der Minderheit notwendig sei, dass jeder Südtiroler einen Hubschrauber bekommt, dann müsse eine Durchführungsbestimmung jedem Südtiroler einen Hubschrauber zusprechen.

So schaffte es die Südtiroler Volkspartei, die deutsche und ladinische Bevölkerung von Wahl zu Wahl für eine an sich ermüdende, zermürbende Politik ums Kleingedruckte zu begeistern. Magnago war ein Meister der Einschärfung durch Wiederholung. Bei einem meiner Interviews mit Magnago passierte es mir, dass ich die Aufnahmetaste des Tonbandes nicht richtig gedrückt hatte. Als ich das Gespräch vom Band abhören und abschreiben wollte, blieb mir beinahe das Herz stehen: Es war nichts drauf. Noch einmal hinzugehen, traute ich mich nicht, aber mein Ohr war an Magnago-Reden gewöhnt. So rekonstruierte ich das Interview aus dem Gedächtnis – Magnago beanstandete kein Wort. Einmal interviewte ich ihn gemeinsam mit meinem Redaktionskollegen Josef Rohrer. Magnago verfing sich bei der ersten Frage in der Erklärung eines Details, kramte immer neue Unterlagen dazu hervor und war eine Dreiviertelstunde lang durch nichts zu unterbrechen. Verzweifelt schauten wir uns immer wieder an, blickten auf die Uhr, schauten auf den außer Rand und Band geratenen Magnago – bis wir plötzlich wie Kinder losprusteten. Das half. Magnago blickte auf, schien zu verstehen und sagte generös: „Sie haben sicher noch andere Fragen …“ Es wurde ein lebhaftes Interview, bei dessen Abschrift wir die erste Dreiviertelstunde einfach wegließen.

Es gibt eine Charakterisierung Magnagos, in der Alexander Langer seinen Kummer über die Autonomieverwesung zum durchaus liebenswürdigen Bild ihres Hauptdarstellers stilisiert. „Man kann ihn sich eigentlich nicht als einen Vordenker ausmalen, der … Visionen entwirft, einen weiten Blick schweifen lässt. Eher erscheint er als Sammlertyp – von dem man sich vorstellen könnte, dass die Vollständigkeit und Integrität seiner Serien ihn mit Befriedigung erfüllt, sooft er nachprüft, ob noch alles da und gut erhalten ist. Bei der Gärtnerei verschafft ihm das Ausjäten von Unkraut Genugtuung.“

Nimmt man noch den Paragrafenritter Alfons Benedikter hinzu, Magnagos Stellvertreter, Doktrinär und Chefunterhändler, lässt sich von der menschlichen Seite her einiges erklären: Die Autonomiepolitik wurde nicht freudvoll und kreativ angegangen, sondern misstrauisch und erbsenzählerisch. Jede noch so vorsichtige kritische Hinterfragung einer Autonomiebestimmung konnte Alfons Benedikter veranlassen, zornig den Hörer hinzuknallen. Zur Ehrenrettung der Autonomieväter muss hinzugefügt werden: Sie hatten einen Autonomiekampf hinter sich, der ihnen wenig Mut machte, mit der Regierung und den italienischen Parteien anders umzugehen.

Vielleicht wäre manches unbefangener angegangen worden, hätten Frauen in der Südtirol-Politik eine größere Rolle gespielt. Die wenigen Frauen in der SVP waren die Sozialtanten vom Dienst, die verdiente Waltraud Gebert-Deeg (1928–1988), später die auf den Wohnbau spezialisierte Rosa Franzelin (*1940). Nur bei der Linken trugen auch Frauen Hosen. Langer achtete streng darauf, Frauen ganz vorne zu platzieren: Andreina Emeri (1936–1985), seine erste Kampfgenossin im Landtag, früh verstorben; Lidia Menapace (*1922), 1964 auf der DC-Liste in den Landtag gekommen, dann als *„mamma della protesta"* auf die Straße gegangen, eine der frühen Frauenrechtlerinnen Südtirols; Nietta Dondio (*1926) durchstrahlte die Bewegung mit Herz für Tier und Mensch. Mit Alessandra Zendron (*1951) und Cristina Kury (*1949) vertraten schließlich zwei Frauen die Bewegung im Landtag, Langers Mitstreiterin Luisa Gnecchi (*1953) kam 1999 über die Linksdemokraten in die Landesregierung. Mit der Gitarre und im Sarner-Janker trat eine Einzelgängerin gegen die ethnische Verhärtung auf – Irmtraud Mair (*1941) von den Frauen für den Frieden. Als patriotische Politikerin trumpfte eine Frau auf, der die Männer der SVP zu wenig kämpferisch waren – Eva Klotz (*1951), die Tochter des Attentäters Jörg Klotz (1919–1976). Sie stand, wenn auch nicht ohne Sinn für Frauenanliegen, in einem Männerauftrag: den Kampf des Vaters mit politischen Mitteln fortzusetzen.

Die Südtirol-Politik der SVP war Männersache, ein juristisch geführter Hahnenkampf, mit wenig Sinn für menschliche Feinheiten und Leiden. Es wurde um Paragrafen gefeilscht, aber kaum etwas unternommen, ein herzliches Klima für die junge Autonomie zu

Die Symbolfigur des Südtiroler Autonomiekampfes Silvius Magnago

schaffen. Die italienische Bevölkerung erlebte die Autonomie als Entzug und basta: ihre Vorrangstellung und ihre Privilegien wurden ohne große Erklärungen zurückgestutzt. Sie erlitt den gesetzlichen Zwang, die deutsche Sprache zu erlernen, wie einen geraubten Sieg, war sie doch jahrzehntelang darin bestärkt worden, „in Italien zu sein". Eine von Herzen kommende Einladung, die Zukunft des Landes mitzugestalten, erhielten sie nicht. So war das Eintrittserlebnis der Italiener in die Südtiroler Autonomie: Uns wird genommen, den anderen gegeben. Vorbereitet darauf wurden sie nicht. Die Südtiroler Volkspartei fühlte sich nicht zuständig, die italienischen Autonomieparteien duckten sich hinter der SVP. Nur wer damals, wie Langer, das Ohr auf die Erde legte, vernahm die weit entfernte Gefahr dauerhafter Verhärtung.

Auf ins autonome Leben

Das deutsche Südtirol hatte anderes in den Ohren und im Sinn: Die Autonomie wehte wie ein Frühlingswind durchs Land. Plötzlich war Geld da. Plötzlich waren Zuständigkeiten da. Die Landhäuser verteilten sich über die Stadt, es wuchs das Heer der Beamten und ihrer Generäle, der Amtsdirektoren und Abteilungsleiter. Auf deutscher Seite bildete sich eine bürokratische Klasse, begierig, die neue Autonomie zu gestalten, hungrig danach, etwas zu sagen zu haben. Es gab ein neues Südtiroler Machtgefühl.

Mit der Autonomie kam der erste Wohlstand nach Südtirol. Aufgewachsen bin ich in ausgebeulten Hosen, die manchmal zu kurz und manchmal zu lang waren. Zweimal im Jahr wurden die Haare ganz kurz geschnitten. Wir waren nicht arm, „Mittelstand" war unsere Selbsteinschätzung: Der Vater hatte als Bahnhofsvorsteher ein gutes und sicheres Gehalt, aber fünf Kinder lasteten eben doch auf einem einzigen Einkommen. Vor Ostern und vor Schulbeginn fuhren wir mit den Eltern nach Bozen zum Einkaufen, ein Paar Hosen, einen Pullover, ein Hemd pro Saison, ab und zu auch etwas Freches wie die in den siebziger Jahren plötzlich modernen „Bermuda-Hosen". Alle zwei, drei Jahre folgte – den Wachstumsschüben angepasst – eine bessere Jacke oder ein neuer Mantel, mal „mini", mal „maxi". Schlittschuhe und die ersten Ski brachte das Christkind. Die Schulbücher waren abgegriffen, weitergereicht durch fünf Kinderhände und immerhin 13 Jahrgänge, die meine älteste Schwester von mir, dem Jüngsten, trennen. Für meine ersten Bewerbungsgespräche lieh ich Anzüge meiner Schwäger aus, immer ein bisschen zu weit, immer einen Schritt der Mode hinterher.

Die siebziger Jahre gelten als die Jahre des Südtiroler Wirtschaftswunders und seiner ersten Wachstumsschmerzen. Die bäuerliche, durch lange Benachteiligung in ihrer Entwicklung gehemmte Gesellschaft erlebte eine heftige Modernisierung. Natürlich war nicht nur die Autonomie für den Aufschwung verantwortlich. Der europäische Wirtschaftsaufschwung schwappte über die Landesgrenzen und riss Südtirol mit. Hotels wuchsen aus dem Boden, Obstgründe wurden für Wohnbauzonen gerodet, Vereinshäuser gebaut, Schulen renoviert. Manche meiner früheren Mitschüler fuhren in schnittigen Autos durchs Dorf und schwangen Aktentaschen. Der gängigste Job war: Handelsvertreter. Die auflebende Wirtschaft brauchte Verkäufer – für Fenster, für Baumaterialien, für Kücheneinrichtungen, für Versicherungen, für Haushaltsartikel, für Parfüms, für Hotelbedarf, für alles, was der neue Wohlstand begehrte und ermöglichte.

Der Reichtum, der sich da breit machte, besetzte Parkplätze und Straßen. Das erste Auto, das mein Leben kreuzte, war der Fiat 500er meines Bruders, erspart bei der Sommerarbeit am Meer und als Reisebegleiter bei der Deutschen Bundesbahn – typische Studentenjobs für zweisprachige Südtiroler. Das kleine Auto war wie ein sozialer Aufstieg für die ganze Familie. Bald stand, wenn meine zukünftigen Schwäger meine Schwestern abholten, ein ganzer Fuhrpark vor unserem Haus. Eine Fahrt im Fiat 500er meines Bruders blieb mir bis ins Detail in Erinnerung: Ich durfte mit zum Pizza-Essen. Zuerst gab es im Unterland nur in Auer eine Pizzeria, erst später eine in Neumarkt, bis irgendwann in jedem Südtiroler Dorf mindestens eine Pizzeria öffnete. Zum Essen ging man in den sechziger und siebziger Jahren noch ganz selten aus. Selbst Feiern wie Erstkommunion oder Firmung fanden oft noch daheim statt. Nun wurde es für viele – nicht für uns, die Siebenköpfigen – zum Ritual: Am Sonntag und mitunter auch unter der Woche zum Essen ins Gasthaus gehen. Ins Restaurant.

Der Südtiroler Nachholbedarf war groß. War die Industrieförderung jahrzehntelang nur in die Bozner Industriezone geflossen, breiteten sich jetzt in den Tälern die Gewerbegebiete aus. Obstmagazine und Handwerkshallen klappten ihre Fertigwände auseinander. In Neumarkt entstanden gleich mehrere Hühnerfarmen, in einer half ich ein paar Nächte lang aus, um die schlachtreifen Tiere einzufangen – eine stickige Halle mit kreischendem Federvieh, das vor Angst Kot verspritzte. Es war abscheulich. Daheim hatte es immer öfter am Sonntag gebratene Hühner gegeben, wir Kinder waren auf die dicken fleischigen Schenkel aus. „Giggerlen sind nahrhaft und kosten wenig", freute sich meine Mutter. Fleisch und Wurstwaren waren nun nicht mehr eine kostbare Seltenheit, man konnte es sich leisten. Seit meinem Job in der Farm verstand ich warum. Der Wohlstand kam auch aus einer vorher nie dagewesenen Rücksichtslosigkeit im Umgang mit Tier und Umwelt.

Das ökologische Bewusstsein beschränkte sich bis dahin auf die Alpenvereinsmoral: Bei den Wanderungen – anders als die italienischen Touristen! – keine Sardinenbüchsen zurücklassen; einsame Höfe vorsichtig erschließen. Das wurde den Südtirolern jeden Dienstag ins Stammbuch geschrieben von Josef Rampold (*1925), dem Autor der mit „X" gezeichneten wöchentlichen „Randbemerkung" in den „Dolomiten". Der technische Umweltschutz aber hinkte den Wohlstandsauswüchsen hinterher: Im Süden von Bozen wuchs ein unkontrollierter Müllberg, der nach dem damaligen Umweltlandesrat Giorgio Pasquali benannte „Pasquali"-Hügel. Unmittelbar bei Schloss Sigmundskron, der besungenen Südtiroler Trutzburg, türmte sich ein stinkiger, lange wilder, später mühsam sanierter Müllberg auf, die Abwässer aus Haushalten und Industrie flossen ungeklärt in die Etsch. Zwar versuchte die Landesregierung mit Kläranlagen und Mülldeponien die Verschmutzung in den Griff zu kriegen, die Gemeinden wehrten sich aber gegen die auserkorenen Standorte, den Bürgern fehlte vielfach das Verständnis für die Notwendigkeit der Anlagen. Erst Ende der Achtziger erreichte die neue Umweltdebatte über Müllberge, Energieverbrauch und Verkehr mit der üblichen Verzögerung auch Südtirol. Alexander Langer importierte die Idee einer

Mit dem neuen Autonomiestatut ging der geförderte Wohnbau in die Zuständigkeit des Landes über.

grünen Partei von Deutschland nach Italien und taufte 1988 seine Bewegung danach um.

In den Siebzigern aber wurde noch ungeniert zugelangt und zugepackt. Es war das Jahrzehnt der Schlüsselübergaben. Fast jede Woche stand ich – im Hauptberuf Schüler, dann Lehrer, im Nebenberuf Unterland-Korrespondent der „Dolomiten" – an irgendeiner Baustelle und fotografierte, wie Grundsteine gelegt, Bänder durchschnitten, Wohnungsschlüssel übergeben wurden: Altersheime, Sozialwohnungen, Feuerwehrhallen, Vereinshäuser, Kulturheime, Schulen, Schülerheime und Bildungshäuser, Gewerbegebiete. Das Land reckte und streckte sich, begann schon zu protzen, schuf aber auch Strukturen für die Wirtschaft und Einrichtungen für eine Teilnahme auch einfacher Bevölkerungskreise am Gesellschaftsleben, etwa das „Haus der Familie“ in Lichtenstern am Ritten.

Auch wir Peterlinis zogen in ein eigenes Haus, ein Reihenhaus, gebaut mit der Abfertigung meines Vaters nach der Pensionierung und einem Wohnbaukredit des Landes. Unsere Wohnung im Häuschen meiner italienischen Nonna in Oberau verkauften wir für einen Pappenstiel an den Mieter – eine Liegenschaft in so schlechter Lage war kaum gefragt. Das mehrfach neu errichtete Haus von Opapa und Omama am Kampenner Hang musste einem mächtigen Fortschrittssymbol weichen: Es wurde für den Bau der Brennerautobahn abgerissen. Meine Großeltern nahmen es wehrlos hin, sie hätten auch keine Chance gehabt. Andere widersetzten sich. Die für den enormen Baubedarf serienweise durchgeführten Enteignungen führten zur Gründung einer Oppositionspartei: Die Partei der Unabhängigen (PDU) um Hans Lunger (*1938) hatte zwar auch eine patriotische Komponente, vertrat aber vor allem die geschädigten Grundbesitzer und Modernisierungsverlierer. Boshaft wurde sie die Partei der Unzufriedenen genannt. Sie verstummte bald angesichts der Zahlkraft, über die der Enteigner Land verfügte.

Fast für alles, was in Südtirol unternommen wurde, gab es nun „Landesbeiträge“. Sie wurden zum Zaubermittel für den eigenen Erfolg und für die Macht jener, die darüber verfügten: Landesräte waren mit ihrem Einweihungszirkus im Dauereinsatz und ließen sich feiern, als verteilten sie ihr eigenes Geld. Überdies herrschte in Südtirol – nach so langer Rechtlosigkeit – ein unerschütterlicher Glaube an das gedruckte Recht: Was von keinem Paragrafen vorgesehen ist, existiert nicht, was im Gesetz steht, hat seine Richtigkeit. Das war die Benedikter-Doktrin.

Das historisch begründete Schutzbedürfnis ist der gesamten autonomen Gesetzgebung eingeschrieben, bis zur Regelungswut. Jedes Wirtschaften wurde in Südtirol genauer normiert als sonst wo in Italien – mit Gesetzen, die beinahe an das Zunftwesen für Handel und Handwerk erinnerten. Die strengen Raumordnungsgesetze verhinderten aber auch, dass sich der Wohlstand allzu zerstörerisch in die Landschaft fraß. Der Schutz des so genannten geschlossenen Hofes, der ungeteilten bäuerlichen Besitzeinheit, hat die landwirtschaftlichen

Betriebe vor Zerstückelung geschützt und in wirtschaftsfähigen Größen erhalten. Der Zweitwohnungstourismus – der Ausverkauf der Heimat – wurde erfolgreicher unterbunden als etwa in Nordtirol. Hinter diesen Pionierleistungen für den Landschaftsschutz, die weitgehend Alfons Benedikter und seinem Planungstheoretiker Karl Nicolussi Leck zu verdanken sind, stand auch der Heimatschutzgedanke: Während die Wirtschaftskräfte schoben, drückte Benedikter auf die Bremse – um zu verhindern, dass weitere Italiener nach Südtirol zuwanderten. Während den Dörfern Expansionsraum genehmigt wurde, blieb Bozen eingezwängt in das Raumordnungskorsett des Landes. Das deutsche Südtirol holte Luft, das traditionell italienische Industriezentrum Bozen wurde knapp gehalten.

In die Bauwirtschaft, vorrangig in italienischer Hand, stiegen nun auch Südtiroler Unternehmer ein. In Garagen entstanden industrielle Zuliefererfirmen, wo nun wir Studenten Plastikteile für die Autoindustrie zusammenschweißten und abschliffen. Betriebe wurden gegründet, manche wieder geschlossen. Der Versuch einer eigenen Südtiroler Skiproduktion, die Sarner Ski, scheiterte. Viele aber schafften es: Rubner im Pustertal etwa mit Fertighäusern, die Finstral am Ritten mit Türen und Fenstern aus PVC, der international agierende Fotospezialist Durst in Brixen, das Bozner Möbelhaus Selva. Übers ganze Land breitete sich eine kleine und mittlere Industrie aus, die von den Garagen in die Gewerbezonen umzog, das zunehmend mechanisierte Handwerk erhielt goldene Hallen. Das Pustertal und der Meraner Raum avancierten zu neuen wirtschaftlichen – und bald auch politischen – Machtzentren des Landes.

Als ich, jung verheiratet, eine feste Arbeit suchte, waren die Zeitungen voll von Inseraten, die Führungskräfte für aufstrebende Betriebe suchten. Obwohl ich ohne Erfahrung und spezifische Ausbildung war, hätte ich bei einem Pustertaler Türenwerk sofort als Verkaufsleiter für den Raum Bozen, Unterland, Meran, Vinschgau anfangen können. Ich nahm eine Stelle im Landesverband der Südtiroler Volksbanken an, in der aufzubauenden Marketingabteilung. Zwar hatte ich keine Ahnung von Marketing, saß aber in einem eigenen, schönen Büro. Drei Monate schaffte ich Luftballons und Kugelschreiber an, dann wusste ich, dass die Wirtschaft nicht meine Welt war.

Das erste Cover der „FF" – damals mit dem Untertitel „Die Südtiroler Illustrierte für Fernsehen und Freizeit"

Mich zog ein anderer Aufbruch an. 1980, kurz nach dem ersten Autonomieschwung, war eine Zeitschrift gegründet worden: „FF – Die Südtiroler Illustrierte für Fernsehen und Freizeit". Das anfänglich in Inhalt und Gestaltung anspruchslose Blättchen war Ausdruck der Modernisierung und Mondänisierung Südtirols: Freizeit und Fernsehen waren neue Marktlücken. Erstmals gab es in einem Land, dessen Bevölkerung sich bis dahin abgeschuftet hatte, übrige Zeit – das Business Freizeit nahm seine Anfänge. Die Grenzregion Südtirol war ein Fernsehparadies. Durch den Empfang deutschsprachiger TV-Programme aus den Nachbarländern gab es hier, lange vor der Privatisierung des Rundfunks, eine Vielzahl an Sendern. Hier lag die Marktlücke für eine Programmzeitschrift: Italienische Magazine druckten nur die Rai-Programme ab, die österreichischen nur jene von ORF 1 und ORF 2, die deutschen nur jene von ZDF und ARD.

Die neue „Südtiroler Illustrierte“ umfasste dagegen das gesamte „autonome“ Programmangebot, das den Südtirolern – nach dem Piratensenderwesen – nun von der „Rundfunkanstalt Südtirol“ (RAS) legal ins Haus geliefert wurde. Das Magazin nutzte die neue Drucktechnik des Fotosatzes und erschien als erstes Südtiroler Printmedium im Vierfarbdruck. Zuerst schnupperte ich auch hier nur einen Sommer lang, als ich jedoch – Vater geworden – eine feste Stelle bekam, blieb ich. Es war auch ein Schritt von der Vaterlandsverteidigung zum neugierigen Erkunden der neuen Zeit. Bei den „Dolomiten“ hatte ich ein Jahr zuvor noch den alten Bleidruck erlebt, das Husten der Drucker, die mit müdem Blick und Bierflasche auf den Redaktionsschluss warteten. Mit der Farbe kam die junge „FF“ auch dem Bedürfnis der aufstrebenden Wirtschaft entgegen, ihre Produkte knallig und werbewirksam anzupreisen.

Die Autonomie hatte, so jung und anfällig sie noch war, ein ungeschriebenes, aber ehernes politisches Südtiroler Gebot gelockert: Das Zusammenhalten um jeden Preis. Bis nach dem Ersten Weltkrieg hatte es in Tirol, im Süden wie im Norden, einen gewissen Pluralismus gegeben. Der Zeitungsfächer war ausgefaltet wie die damaligen Strömungen und Parteien in Europa: Konservative, christlichsoziale, liberale, deutschnationale und – etwas magerer – auch sozialdemokratische Parteien und Blätter führten heftige Konkurrenzkämpfe. In der Habsburgermonarchie war der politische Bezugsrahmen Tirols weiter gefasst, europäischer: Der Tiroler Landeshauptmann am Anfang des 20. Jahrhunderts, Theodor Kathrein (1842–1916), wurde in Salurn geboren, besuchte die Gymnasien in Bozen, Trient und Venedig, war Rechtsanwalt in Kaltern und Wien, wurde Bürgermeister von Hall, Landeshauptmann von Tirol und schließlich Präsident des Wiener Parlamentes. Gleich drei Überetscher waren etwa zur selben Zeit Minister: zuerst Baron Josef Di Pauli (1844–1905) als Handelsminister, dann Guido Freiherr von Call zu Rosenburg und Kulmbach im selben Amt (1849–1927), Karl Freiherr von Giovanelli zu Gerstburg und Hörtenberg (1847–1922) dagegen als Ackerbauminister. Wer in Bozen oder Innsbruck Politik und Zeitung machte, bewegte sich zugleich in den großen europäischen Geistesströmungen.

Die Abtrennung von Österreich machte Südtirol zur Provinz. Zum deutschsprachigen Europa riss die Bindung, gegen Italien schottete es sich selbst ab – auch wenn Südtirol, sofern es die demokratischen Verhältnisse ermöglichten, fast immer eine parlamentarische Vertretung in Rom hatte. Der Faschismus dünnte Südtirols Parteienlandschaft und Blätterwald radikal aus. Übrig blieben eine deutsche Zeitung und eine deutsche Partei: „Dolomiten" und Südtiroler Volkspartei. Zeitung und Partei standen in einem gemeinsamen Dienst, dem Schutz der Volksgruppe. Die Wechselbeziehung war und ist eng: Die SVP konnte bis in die Gegenwart herauf bis zu 90 % aller deutsch- und ladinischsprachigen Südtiroler hinter sich scharen, rund 80 000 SVP-Mitglieder zählt „die Partei", damit sind rund 40 % der deutsch- und ladinischsprachigen Südtiroler eingeschriebene Mitglieder der Volkspartei – ein europäischer Rekord. Der Schriftleiter Kanonikus Michael Gamper bestimmte jahrelang über die „Dolomiten" die Südtirol-Politik. Seine Erben, die Familie Ebner, machten die Zeitung zum Machtinstrument gegen die Gegner der Partei und die eigenen Gegner.

Das Bollwerk widerstand unter dem Druck einer Notgemeinschaft allen Angriffen und Zerreißproben. In den fünfziger Jahren gab es mit der „Alpenpost" den Versuch, ein Gegengewicht herzustellen. Die neue Zeitung wurde beim „Alto Adige" gedruckt und, wie sich 2002 herausstellte, auch mit Geheimdienstmitteln finanziert. Allerdings hatte sie durchaus kernige Tiroler als Mitarbeiter, die wohl auch nichts von den Hintergründen wussten: Direktor war der Schriftsteller und Maler Hubert Mumelter (1896–1981), einer der Mitarbeiter war Josef Rampold, der spätere Kommentator und Chefredakteur der „Dolomiten". Die „Alpenpost", 1953 gegründet, konnte nicht Fuß fassen, sie erschien 1957 zum letzten Mal – in den Jahren des „Los von Trient" mochte sich Südtirol wohl keine Medienvielfalt leisten.

„FF – Die Südtiroler Illustrierte" hatte andere Ursprünge und fand ein durch das zweite Autonomiestatut verändertes Umfeld vor. 1980 begann sich Südtirol zu öffnen: Fast gleichzeitig mit der „FF" wurden in den Städten freie Theatergruppen gegründet, die Brixner „Dekadenz", das „Theater in der Klemme", die Bozner „Initiative",

Aufbrüche im Kulturleben wurden bemerkbar. Die „FF" war ein zunächst sehr sanfter Versuch, die Medienlandschaft zu liberalisieren. Kein Kampfblatt sollte die Illustrierte sein, keine alternative Parteizeitung. Solche Versuche waren schon gescheitert oder an ihre Grenzen gestoßen: Die „Südtiroler Nachrichten" des SVP-Dissidenten Hans Dietl und der sozialdemokratischen Parteien, „Die Brücke" der Langer-Bewegung, deren Nachfolgeprojekte „Volkszeitung" und „Tandem". Die „FF" hingegen sollte über TV-Programme und unterhaltsame Berichterstattung den Weg in die Wohnzimmer der Südtiroler finden. Gegründet wurde sie vom Radiopionier Christian Chindamo von Witkenberg (*1942, Freie Südtiroler Welle), vom SVP-Politiker und damaligen RAS-Präsidenten Klaus Dubis (*1938) und vom liberalen Unternehmer Christoph Amonn.

Binnen weniger Jahre wandelte sie sich zum politischen Magazin und zum Sprachrohr einer politischen Öffnung. Der Untertitel „Fernsehen und Freizeit" wurde gestrichen (bis zur jüngsten Namensanpassung in „ff – das Südtiroler Wochenmagazin" im Jahr 2000). Wir waren eine kleine Redaktion, zeitweise nur drei Leute: Josef Rohrer (*1955), Wolfgang Mayr (*1957) und ich (*1961) – ein paar aufmüpfige Flöhe um einen vorsichtigen, taktisch klugen Chefredakteur. Gottfried Solderer (*1949), der das Blatt die ersten zehn Jahre leitete, bemühte sich, nicht allzu heftig anzuecken. Er gab uns aber genügend freie Hand, um etwas Frische ins Blatt und damit auch ins Land zu bringen. Es waren Entspannungsübungen – und ein Aufbegehren.

Jedes Antasten von Südtiroler Heiligtümern war für uns „FF"-Redakteure ein Reiz und fürs Land ein Skandal, etwa die Titelgeschichte über die Feuerwehren. Unter dem Titel „Dem Nächsten zur Wehr, sich selber zur Ehr" hatte Josef Rohrer die Aufrüstung im Feuerwehrwesen angeprangert. In manchen Dörfern waren Löschfahrzeuge angekauft worden, die nicht einmal durch die Gassen passten, so breit waren sie. Als wir die „Stille Hilfe für Südtirol" infrage stellten, weil ein so reich gewordenes Land keine Spenden aus Deutschland mehr nötig habe, beschimpfte uns „Dolomiten"-Kommentator Rampold als „Flegel". Tabu um Tabu rührten wir an, oft verbrannten wir uns die Finger und bekamen hinterher Recht. Die Stille Hilfe wurde eingestellt, als 1995 deren Gründer Gerhard Bletschacher der

Veruntreuung überführt wurde. Zu einer schamlosen Ausnützung deutscher Spenderherzen durch Südtirol war sie schon vorher verkommen. Das Image des armen unterdrückten Landes, dem finanziell und kulturell geholfen werden müsse, überlebte das Autonomiestatut um fast zwei Jahrzehnte.

Der sich aufplusternde Wohlstand veränderte jäh viele Südtiroler Lebenswelten. Aus den Dörfern verschwanden traditionelle Handwerker wie der Sattler Bampi, der Schuster Condin, der Rädermacher Finatzer – frühere Bezugspunkte für uns Kinder, wenn wir am Nachmittag durchs Dorf streunten. Aus Bauern wurden Wirte, die meist mit großer Hingabe, oft aber ohne jede Ausbildung und in manischer Aufstiegsgier arbeiteten: Hotels wurden gebaut, die nicht bezahlbar waren. Das Land übernahm die Ausfallhaftung. Als um 1981 Kredite plötzlich knapp und teuer wurden, sprang das Land mit einer Soforthilfe für die „unverschuldet verschuldeten Gastwirte" ein.

Das Hotel Tirolensis in Prissian, 1977 erbaut, war die ultimative Attraktion – mit exotischem Hallenbad, Schönheitstrakt, Robotern als Bedienung. Als ich es 1984 für eine Reportage betrat, waren die Erbauer pleite. Folge einer Hybris? Zweifellos. Mit etwas Milde betrachtet waren die Besitzer aber auch Verführte – mitgerissen vom Aufschwung. Auch eine Bauernfamilie, der ich als Schüler gegen Stundenlohn und Marende beim Äpfelklauben geholfen hatte, erwischte es: Der Bauer hing an seinen Feldern, an seinem Traktor, jeder Apfel war ihm heilig. Angesteckt von der allgemeinen Euphorie kündigte die Familie die Pachtverträge, verkaufte den Traktor und baute den Hof zu einem Gasthof um. Das Restaurant lief gut, die zu Wirtsleuten gewordenen Bauern waren herzlich, die ganze Familie packte mit an, als Kellner, Hilfskoch, Putzkolonne. Da war nichts, was vorzuwerfen wäre. Aber abends, als zusammengerechnet wurde, war immer zu wenig in der Kasse: Die notwendigen Kredite waren am Höchststand der Inflation aufgenommen worden, die Zinsen betrugen bis zu 25 Prozent. Wie viele andere Neuunternehmer hatte die Familie darauf vertraut, dass die Inflation weiter galoppieren und die Schulden abtragen würde. Nur wenige Jahre vorher waren viele auf diese Weise reich geworden. Nun stand das Glücksrad still: Die Inflation sackte nach unten, die Zinsen blieben hoch, die Schulden wurden unbezahlbar. Die Bauernfamilie verlor das Gasthaus, für das sie den Hof aufgegeben hatte, die Kinder wurden kreuz und quer durchs Land versprengt, Bauer und Bäuerin schlugen sich zunächst als Hilfsarbeiter durch. Die Familie fand später wieder den Tritt, anderen gelang das nicht.

Eine meiner ersten Reportagen führte mich, staunend, ins Schnalstal: Ganz hinten im Talschluss ging eine andere Welt auf. Ein martialisches Bauwerk stand am Fuß des Gletschers, gestrandet wie ein Ufo, mit Bullaugen als Fenster. Es war das Märchen des Leo Gurschler (1947–1983): Ein Bergbauernbub, zum Hüten bestimmt, aber mit einer unbändigen Lust auf Größeres. Aufgewachsen war er in einer Zeit, in der man noch mit Pferdeschlitten ins Tal fuhr. Die Oberschule, die er – dank der neuen Zeiten – besuchen durfte, brach er ab. Er übernahm daheim den kleinen Gasthof, besessen von einer großen Idee – dem Gletschertourismus. Mit 25 Jahren war er Mitbegründer der Schnalstaler Gletscherbahnen, verkehrte mit dem Hubschrauber zwischen München und Venedig, baute und baute, spielte mit den ganz Großen mit. Mit 36 verübte er Suizid, begraben unter den eigenen Hoffnungen und den Enttäuschungen, als die Schulden nicht mehr bezahlbar waren.

„Alexander Langer – Sau, walsche“

Auch der Wohlstand fraß seine Kinder und nährte die Enkel. Als Anfang der achtziger Jahre eine italienische Terrorgruppe zur Gewalt griff, waren die Seilbahnen – sechs in einer Nacht – kein beliebiges Ziel. Die Anschläge trafen ein Südtiroler Wohlstandssymbol. Mit militärischer Präzision und – selbst nach Ansicht der Bozner Staatsanwaltschaft – wohl auch mit entsprechender Hilfestellung durchgeführt, waren sie ein Haltesignal an die Autonomieparteien. Der Proporz hatte den Italienern in Südtirol die Domäne des Staatsdienstes genommen. Die großen Industriekolosse, die der Faschismus nach Bozen verpflanzt hatte – die Stahlwerke, die Aluminio, die Magnesio –, waren allesamt in Krise, Kathedralen in der Wüste. Dagegen waren Handwerk, Handel, Tourismus, der ganze Dienstleistungssektor aufgeblüht – alles fast ausschließlich „in deutscher Hand“. Die Italiener schauten zu, wie das deutsche Südtirol an ihnen vorbei auf Überholspur ging.

In der Terrorwelle zwischen 1978 und 1982 hallte diese Konfrontation wider. „Deutsche“ Bomben gegen die Symbole des Staates, „italienische“ Bomben gegen die Symbole der Autonomie: die Seilbahnen, den Landtag, die Villa von Silvius Magnago, das Büro der als zu nachgiebig empfundenen italienischen Autonomiepartei Democrazia Cristiana, und dort wiederum genau unter dem Fenster des italienischen „Paketvaters“ Alcide Berloffa. 1984 starben zwei Schützen in Lana vermutlich beim Basteln einer Bombe. Es folgte der Terror von „Ein Tirol“: Maschinengewehrschüsse auf bewohnte Häuser, Rohrbomben auf Plätzen mitten in der Stadt. Ein Anschlag auf den Bahnhof in Burgstall (1985) weckte in mir Kindheitserinnerungen: Der Bahnhof Burgstall liegt nahe bei Gargazon, wo die Soldaten uns in den sechziger Jahren bewacht hatten. Die Rohrbombe ging im Wartesaal hoch, unter dem Schlafzimmer der Familie Condotta. Die Explosion war so wuchtig, dass die Decke beinahe durchgebrochen wäre und tief durchhing. Die Eisenbahner kamen mit dem Schrecken davon, ihre beherrschte Reaktion beeindruckte mich: Sie könnten nicht glauben, dass der Anschlag wirklich gegen die Italiener gerichtet sei, sie hätten nur Freunde hier, auch unter den deutschen Südtirolern. Die Attentäter hatten ihre Botschaft auf die Wand gemalt: „Walsche raus“ und „Alexander Langer – Sau, walsche“.

War wieder der Frieden in Gefahr? In der Bevölkerung gab es ungeteilte Ablehnung. Auch die allermeisten Attentäter der sechziger Jahre rückten entsetzt von derart brutaler Gewaltanwendung ab. „Ein Tirol“ entpuppte sich spätestens 1988 – bei der Verhaftung des in Innsbruck lebenden Tischlers Karl Außerer (*1933) – als skurriler Renitentenclub aus den sechziger Jahren mit kriminellen Gehilfen, die ihrerseits mit Provokateuren und Agenten in Verbindung standen. Langer selbst vermutete als erster öffentlich, dass die italienischen Geheimdienste ihre Hand im Spiel haben könnten. Die rücksichtslosen Attentate und die niveaulosen Bekennerbriefe (mit als Schweinen dargestellten Italienern, aus denen Speck gemacht wird) waren alles andere als darauf angelegt, Verständnis für die Anliegen einer Minderheit zu wecken. Sie erregten Abscheu und versetzten die italienische Bevölkerung in Panik. Die SVP wurde unter Druck gesetzt, lieber Kompromisse hinzunehmen, als den Paketfrieden zu riskieren.

Trotz der Eigendynamik und der mutmaßlichen Fernsteuerung der neuen Gewaltwelle war das Donnergrollen auch ein Echo der politischen Debatte. Natürlich war diese nicht gegen die im Land lebenden Italiener persönlich gerichtet – jedenfalls nicht gegen die Italiener, wie man sie im privaten Umgang erlebte, wie sie einem auf der Straße begegneten, wie man sie im Geschäft grüßte. Diese waren nicht der

Beerdigung der beiden 1984 in Lana beim Hantieren mit Sprengstoff ums Leben gekommenen Schützen. Vordere Reihe, zweiter von links der damalige SVP-Landessekretär und Schützen-Landeskommandant Bruno Hosp, rechts daneben Vize-Landeskommandant und Ex-Attentäter Jörg Pircher.

Feind der Südtiroler. Sie waren es auch in härteren Zeiten nicht gewesen: Sepp Kerschbaumer (1913–1964), der Anführer der Attentäter in den sechziger Jahren, hatte in seinem Laden im Dorf Frangart auch italienischen Familien, wenn sie kein Geld hatten, auf ewig aufgeschrieben, ohne das Geld je einzufordern. Im Mailänder Prozess (1963/1964) sagten auch italienische Zeugen aus, was für ein guter Mensch der *bombarolo* sei.

Es mag Südtirols Glück gewesen sein, dass in der breiten Bevölkerung keine Blutschuld gegenwärtig war. In den Tiroler Kriegen und Schlachten hatten die Angehörigen der deutschen und italienischen Sprachgruppe über Jahrhunderte öfter Schulter an Schulter gekämpft als gegeneinander, selbst zwischen den Veteranen der Alpini und der

Frontkämpfer im Ersten Weltkrieg entwickelte sich ein – wenn auch verklärter – gegenseitiger Respekt. Die Attentate der sechziger Jahre waren zunächst ausschließlich gegen materielle Symbole des Faschismus und der staatlichen Repression gerichtet, gegen die Stromleitungen, mit denen die Industrie versorgt wurde, gegen Denkmäler und gegen die Rohbauten für die Zuwanderer. Auch in der auf die Massenverhaftungen und Folterungen folgenden Eskalation mit Angriffen auf italienische Grenzposten schossen die Attentäter, zumindest nach ihren eigenen Schilderungen, bewusst in die Luft. Sie hätten nur Verunsicherung auslösen wollen, um den Preis für die Grenzverteidigung in die Höhe zu treiben. Einige wenige – zu viele – Menschenleben kostete der Südtiroler Aufstand trotzdem, zum Teil aufgrund von Unfällen auf beiden Seiten, zum Teil aufgrund ungeklärter Ereignisse. Diese Toten stehen noch auf der offenen Rechnung zwischen dem Staat und den Attentätern: Bis 2002 wurde den letzten Attentätern im deutschen und österreichischen Exil noch die Begnadigung vorenthalten, während die Opfer der Folterungen und der staatlichen Verfolgung – Franz Höfler (1933–1961), Anton Gostner (1919–1962), Luis Amplatz (1926–1964) – im Bewusstsein vieler Südtiroler Märtyrer sind. Trotzdem waren die Bombenjahre, bis auf Einzelfälle, kein Auslöser für nachwirkenden zwischenmenschlichen Hass.

Der Feind der Südtiroler war der Staat, der die Autonomie zunächst verweigert hatte und sie jetzt schon wieder zurücknehmen wollte. Aber sobald „die Italiener" als Gruppe gesehen wurden, sobald sie Ansprüche anmeldeten, wurden sie in der Wahrnehmung der Südtiroler zum Staat, zu dessen Handlangern. Streit, Konflikt, Neid verengen die Wahrnehmung: Auch die allermeisten Italiener hatten wenig gegen die deutschen Südtiroler, aber als Gruppe betrachtet waren diese *la provincia*, das deutsche Land, das ihnen die Rechte genommen hatte. In dieser Überblendung von Staat, Gruppen und Individuen lag – und liegt – die meist verharmloste Gefährlichkeit des Südtirol-Konflikts. Die offiziellen Auseinandersetzungen spielen sich auf einer politischen, juristischen Ebene ab, unter Parteien, Ämtern, Institutionen. Auf die private, menschliche Ebene schlagen sie kaum wahrnehmbar, aber mit subtiler Wirksamkeit durch.

Auch deshalb wurde Alexander Langer kaum verstanden. Er schlug, mit dem Talent eines Provokateurs, schrille Töne an. Seine Vergleiche Südtirols mit Belfast, mit dem Libanon ernteten Kopfschütteln. Es waren Töne in der damaligen Lautstärke: Die SVP sprach von Volkstum und drohendem Untergang, der MSI vom Primat der italienischen Kultur. Der Südtiroler Heimatbund, die Vereinigung der ehemaligen politischen Häftlinge, verglich die Südtiroler mit Palästinensern. 1984 fand die 175-Jahr-Feier zur Erinnerung an die Tiroler Freiheitskämpfe von 1809 statt. Beim großen Landesfestumzug trugen Schützen – wie im Notjahr 1959 – eine riesige Dornenkrone aus Stahl durch Innsbruck, als Symbol der Leiden Tirols.

Anschlag auf den Bahnhof Burgstall 1985, eines der ersten Attentate von „Ein Tirol".

Langers Mahnungen lösten eher Abwehrreflexe als Verständnis aus, die Reaktion war ein verkrampftes Festhalten an den neuen, hart erworbenen Rechten und ein Ächten jeden Ausscherens aus der Volksphalanx. Als Angehöriger der deutschen Sprachgruppe war Langer in seiner Versöhnungslogik mit der nationalen Verhärtung der eigenen Leute strenger als mit jener der italienischen Volksgruppe. Von deutscher Seite musste er den Vorwurf des Verrates einstecken. Auf italienischer Seite kam er in die Verlegenheit, sich von falschem Applaus und ungewollter Gesellschaft abgrenzen zu müssen: Der MSI drückte auf dieselben Schmerzpunkte.

Für die Italiener ging es um nichts weniger als um die Frage, welcher Platz ihnen in einem autonomen Südtirol überhaupt noch zustand. „Die Autonomie darf kein Mittel sein, um die italienische Bevölkerung aus Südtirol zu vertreiben“, sorgte sich der damalige DC-Landessekretär Danilo Postal in einem Gespräch mit der „FF“. Der Titel des Artikels mutet aus heutiger Sicht fast grotesk an: „Angst vor diesen Deutschen“. Es war einer meiner ersten journalistischen Grenzübertritte: eine Reportage über das Unbehagen in der italienischen Volksgruppe aus der Sicht italienischer Politiker.

Üblich war: Journalisten schreiben, wie es der eigenen Volksgruppe geht; sie berichten mit Sympathie über ihre Forderungen und kreiden das fehlende Entgegenkommen der anderen Volksgruppe an – mit der Folge, dass sie zu Fortschreibern der Mythen werden, zu den Frontschreibern der ethnischen Konfrontation. Für meine kleine journalistische Heldentat, die nichts weiter als eine halbwegs korrekte Anwendung der Berufsregeln war, gab es einen persönlichen und einen politischen Anlass. Der persönliche Anlass war ein Leserbrief ausgerechnet von Alexander Langer zu einem Artikel über den Ausgang der Landtagswahlen 1983. Ich hatte Langer und seine Liste mit den üblichen Etiketten versehen: „Vermischungspolitik“, „mit der Autonomie nicht einverstanden“, „wollen alles wegwerfen, was die SVP erreicht hat“. Langer entgegnete, dass er zwar gegen die „Volkstrennungspolitik“, aber nicht für „Vermischung“ eintrete, dass er viele Autonomiemängel aufzeige, aber für die Autonomie sei und das Gültige daran nicht wegwerfen wolle. „Vielleicht“, schrieb er, „wäre es für viele Leute leichter zu verstehen, was wir wollen, wenn wir mehr journalistische Sorgfalt und Ehrlichkeit im Lande hätten und jeder danach beurteilt würde, was er wirklich sagt und tut."

Das saß. Ich suchte nach Ausreden, nach Zeugen, nach Rechtfertigung – Magnago-Zitate dieser Art gab es ja zuhauf. Zugleich wusste ich, dass Langer eine Schwachstelle getroffen hatte. Ich hatte die gängige Einordnung übernommen, ohne die Klischees zu hinterfragen. Es war ein Schlüsselerlebnis. Bei der nächsten Gelegenheit – einem Artikel über den Proporz – wandte ich mich auch an Langer. Es wurde für mich ein hochinteressantes Gespräch, das ich verunsichert verließ. Diese Verunsicherung ist mir geblieben, ihr verdanke ich meine journalistische Neugier, die erst durch den Zweifel daran möglich wird, schon auf der richtigen Seite zu stehen.

Der politische Anstoß zu meiner Reportage war ein Menschenauflauf in Bozen, auf der Talferbrücke, beim Siegesdenkmal, beim Sitz des neofaschistischen MSI. Kurz geschorene Burschen, Frauen mit Einkaufstaschen, Arbeiter, alte Leute standen an spontan aufgestellten Tischen und Plakatwänden an, um für eine Änderung des Autonomiestatutes zu unterschreiben. „Ein diabolisches Instrument", hieß es, „zur Unterdrückung der italienischen Minderheit in Südtirol". Die Forderungen: Aufhebung der Zweisprachigkeitspflicht für die italienische Bevölkerung, während sie für die Deutschen bestehen bleiben sollte. Vorrang für die italienische Staatssprache auf allen Ebenen. Abschaffung des ethnischen Proporzes – „er raubt uns Wohnungen und Arbeit". „Schluss mit dem Unfug", dass Zuwanderer aus anderen Provinzen erst nach vier Jahren Ansässigkeit das Wahlrecht erhalten. Diese Schutzklausel verrät viel über die Angst der deutschen Minderheit zur Zeit der Autonomieentstehung. Sie sollte verhindern, dass vor Wahlen massiv italienische Soldaten ins Land geschleust werden, die auf das Wahlergebnis Einfluss hätten nehmen können.

In kürzester Zeit hatte der MSI 10 000 Unterschriften beisammen, am Ende waren es 22 758, gesammelt in einem einzigen Monat, dem Mai 1985. Nach dieser Aktion setzte sich das italienische Parlament 1986 und 1987 in einer Debatte mit Südtirol auseinander.

Der noch nicht festgetretene Boden, auf dem die Autonomie gegründet worden war, kam ins Rutschen. Überall sonst in Italien erlitt der MSI – vor der Reformpolitik von Gianfranco Fini (*1952) und der Umwandlung in Alleanza Nazionale – eine Schwindsucht durch Alterung. Im *Alto Adige* explodierte er. Bei der Landtagswahl 1983 schnellte der MSI von 7 782 Stimmen (2,92 %) im Jahr 1978 auf 16 829 Stimmen hoch (5,88 %). Er überholte die kommunistische Partei (die seinerzeit für das Paket gestimmt hatte) und wurde zweitstärkste italienische Kraft hinter der Democrazia Cristiana. Gemeindewahl in Bozen, 1985: Der MSI wurde stärkste italienische Partei. Parlamentswahl 1987: der MSI wurde mit 31 263 Stimmen und 10,23 % auch landesweit die führende italienische Partei. Landtagswahl 1988: Der MSI erkämpfte vier Vertreter im Landtag, die DC stellte nur noch drei Abgeordnete, Sozialisten und Kommunisten schrumpften zu Ein-Mann-Fraktionen.

Die SVP gastierte sonntags mit ihren Spitzenpolitikern bei Schützenfesten und schwor ihr Wahlvolk auf einen neuen Abwehrkampf ein. Der Heimatbund – vorher unabhängig und weitgehend in der SVP beheimatet – gründete 1983 einen Wahlverband (später Union für Südtirol) und forderte die Selbstbestimmung für Südtirol. Sie versuchten es auf redliche, gewaltfreie Weise. Die Sympathieträger: Hans Stieler (*1926), schon 1956 als einer der ersten Attentäter verhaftet, Eva Klotz mit ihrer Keckheit und Zähigkeit; überhaupt die ganze Klotz-Familie mit Geschwistern und Schwägern, später auch Nichten und Neffen. Dazu kamen junge Spunde wie der Meraner Arzt Luis Reiterer oder der Bozner Turnlehrer Harald Tschörner. Sorgsam achtete man darauf, die völkerrechtliche Forderung nach Selbstbestimmung frei von Italienerhetze zu halten. Aber mit den Anschlägen von „Ein Tirol" geriet die gesamte Selbstbestimmungsbewegung ins Visier des Staates. Hausdurchsuchungen und Verdächtigungen warfen die Patrioten immer wieder zurück.

Als in Rom im Dezember 1986 die erste Parlamentsdebatte über Südtirol abgehalten wurde, fuhren auch rund 20 Mitglieder des Heimatbundes in die Hauptstadt. Weil sie nicht zum Parlament vorgelassen wurden, entrollten sie ihr italienisches Spruchband einige Straßenzüge weiter auf der Piazza Santi Apostoli: „Autodeterminazione per Südtirol". Junge MSI-Aktivisten entfalteten derweil vor dem *Montecitorio*, wo den Heimatbündlern der Zutritt verwehrt worden war, ihre Plakate. Sie prophezeiten eine „Flüchtlingswelle" aus Südtirol, weil die Italiener dort „ohne Wohnung und Arbeit“ leben müssten. Vor dem Abgeordnetenhaus begegnete ich Alexander Langer. Er war allein, zwischen die Fronten geraten, vor denen er gewarnt hatte, und auch ein wenig ratlos.

Die Justiz verfolgte – wie in den sechziger Jahren – wieder Anzeigen wegen Fahnenschmähung und antinationaler Tätigkeit. 1986 wurde Josef Rampold vom Bozner Schwurgericht verurteilt. Er hatte in den „Dolomiten“ ein neues Dekret des Ministerpräsidenten Bettino Craxi (1934–2000) kritisiert, mit dem das Hissen der italienischen *tricolore* an Amtsgebäuden vorgeschrieben wurde. Der italienische Staat ging damals, unter Führung des Sozialisten Craxi, auf nationalen Kurs und zeigte wieder Flagge. In der „FF“ berichtete ich unter dem Titel „Huder im Wind“ darüber – und erntete ebenfalls eine Anzeige. Sie wurde archiviert, weil der Staatsanwalt den Titel nicht als Schmähung, sondern als ironische Wendung gelten ließ. In zweiter Instanz wurde auch Rampold freigesprochen. Es war das erste und letzte Mal, dass ich diesem Bannerträger von Einheit und Konservativismus meine Solidarität aussprach. Rampold war der Lehrmeister des Landes: Wer auch nur zaghaft Kritik an Südtiroler Heiligtümern äußerte, gleich ob unbekannter Student oder Politiker, musste damit rechnen, von ihm in seiner „Randbemerkung“ abgewatscht zu werden. Es war freilich immer auch eine Ehre. Rampold war ein Reibebaum für das junge Südtirol: als Wertkonservativer gegen die Verbauungswut, als Kulturpessimist gegen den Verlust der Ideale und das erste McDonald in Bozen, als ehemaliger Wehrmachtssoldat und weiterhin für das deutsche Vaterland Südtirol und gegen alles Langhaarige und ideologisch Unsittliche Kämpfender. Seit er 1995 in Pension ging, kümmert er sich hauptsächlich um den sprachlichen Verfall im Lande – mit der wöchentlichen „Dolomiten“-Rubrik „Der Federfuchser“.

Die Bozner Justiz, mit national gesinnten Robenträgern besetzt, hatte das Maß verloren. 1987 wurden 17 Aktivisten von Heimatbund und SVP verhaftet, weil sie in Wien für die Selbstbestimmung demonstriert hatten. Die Anklage beruhte auf einem Paragrafen aus der faschistischen Zeit: Schädigung des italienischen Ansehens im Ausland. Obwohl die Anklage später fallen gelassen werden musste, sorgte sie für böses Blut und schüchterte ein. Bei solchen Gelegenheiten traf man meist einen erbosten Langer, der seine Solidarität gegen staatliche Übergriffe bekundete. So fuhr er am Tag der Verhaftungen mit einer Gruppe von Anhängern spontan mit dem Zug nach Innsbruck, um dort die Straftat zu wiederholen – Schädigung des italienischen Ansehens im Ausland durch Bekanntgabe einer solchen Justizverfolgung. Artete die Verteidigung der Südtiroler Rechte in patriotische Grobheit aus, stand er – bildlich gesprochen – einsam mit einem Plakat auf weiter Flur und warnte vergeblich seine Landsleute. Wenn es um seine Rechte ging, wurde er von diesen eher bespuckt als unterstützt.

Ohnmächtige Rebellen, kecke Provokateure

Die Autonomiegeschichte ist rückblickend eine Erfolgsgeschichte, die viele Kleinlichkeiten und Auseinandersetzungen überstrahlt. Über weite Strecken war sie ein Zank um Paragrafen, voll von juristischen Konflikten, die auch persönliches Leid verursachten. Es traf wenige, diese aber umso härter. Im Frühjahr 1987 ging ich meinen täglichen Weg vom Bozner Bahnhof zur Redaktion, vorbei am Landhaus, vor dem sich noch ein großer Park ausbreitete. Die autonome Landesverwaltung befand sich schon in ihrer heftigen Expansionsphase, aber noch hinkten die Gebäude dem Wachstum hinterher. Mittlerweile ist der Platz asphaltiert und von einem neuen hochragenden Landhaus eingeschlossen. Damals standen dort verwilderte Bäume. Unter diesen war an jenem Morgen ein Tisch aufgestellt, mit einem Arrangement von Stühlen und Polstersesseln, daneben eine Art Wäschegestell, behängt nicht mit Wäsche, sondern mit Hilferufen. Auf dem Polsterstuhl neben der Wäscheleine saß ein Rauschebart: Stanislav Zgaga.

Das skurrile Bild hat sich mir, wie jenes der ethnischen Käfige auf der Talferbrücke, als Ikone eingeprägt. Ich lief in die Redaktion, um mit einem Fotoapparat zurückzukehren: Das Plakat, Zgaga mit seinem Bart, Langer, der Zgaga die Hand drückt. Zgaga hatte einen Hungerstreik angetreten, um eine Aussprache mit Magnago zu erwirken. Nichts zu machen: Der Südtiroler Landeshauptmann schwang sich auf seinen Krücken am ersten, am zweiten, am dritten Tag kopfschüttelnd an dem von Zgaga bezogenen „Wartezimmer“ unter freiem Himmel vorbei.

Mit Zgaga gewann der Gewissensstreit um die Volkszählung eine pittoreske Note. Seine Eltern waren Slowenen, er selbst wurde in Südtirol geboren. 1981 nahm er – provokativ – Magnagos Aufruf wörtlich, „sich wahrheitsgemäß zu erklären“. Also deklarierte er sich als Slowene. Seine Sprachgruppenerklärung war damit ungültig. Der Künstler und Teppichknüpfer, auf Nebenerwerb angewiesen, meldete sich zur Zweisprachigkeitsprüfung, um Aushilfsstellen an der Schule oder im öffentlichen Dienst übernehmen zu können. Er wurde nicht zur Prüfung zugelassen – wegen ungültiger Sprachgruppenerklärung. Er suchte bei Schulen um eine Stelle an und wurde abgewiesen –

Hungerstreik von Stanislav Zgaga vor dem Landhaus; links Alexander Langer.

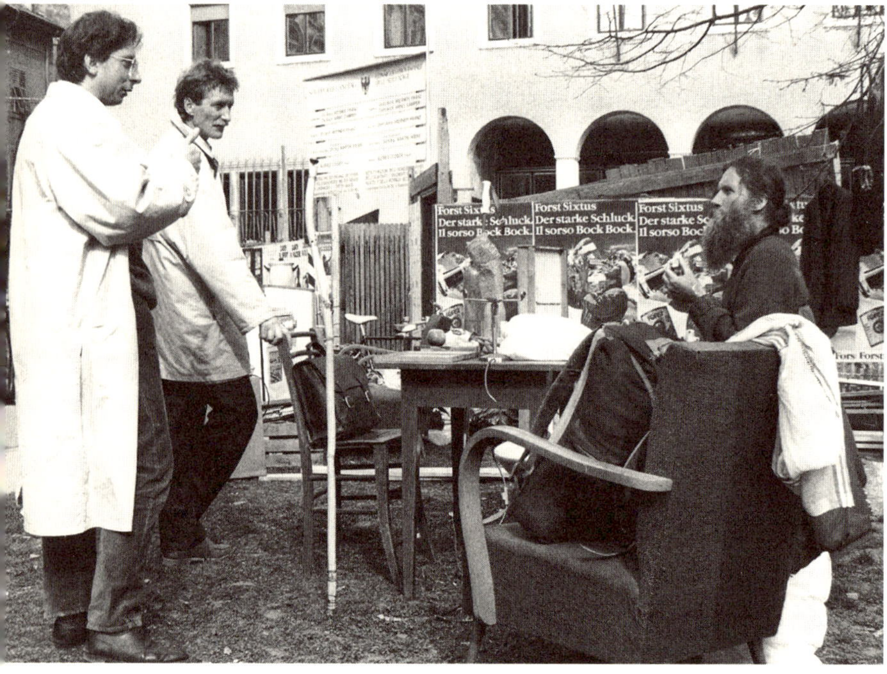

wegen ungültiger Sprachgruppenerklärung. Als ihm seine Wohnung gekündigt wurde, suchte er um eine Sozialwohnung an und bekam sie nicht – wegen ungültiger Sprachgruppenerklärung.

Zgaga und ähnliche Fälle gehören – mit endlosen Fortsetzungskapiteln bis in die Gegenwart – zur Autonomiegeschichte: eine Abfolge von Absurdität und neckischer Gegenwehr, von Provokation und Ohnmacht. Stanislav Zgaga hatte 1984 einen juristischen Sieg der Sprachgruppenverweigerer erwirkt. Der Staatsrat war zwar der SVP-Argumentation gefolgt, wonach die Sprachgruppenerklärung völlig frei sei und keiner objektiven Kontrolle unterliege. Tatsächlich kann sich laut Gesetz jeder jener Sprachgruppe zugehörig erklären, der er sich zugehörig fühlt – selbst, wenn er anderer ethnischer Herkunft und der angegebenen Sprache gar nicht mächtig ist. Es geht um das freie Bekenntnis, nicht um eine objektiv messbare und nachzuweisende Zugehörigkeit. Somit hätte Zgaga durchaus das Recht gehabt, sich jedweder der drei offiziellen Proporzgruppen – Deutsche, Italiener, Ladiner – zugehörig zu erklären. Solange dies freiwillig geschieht, also kein Problem. Was der Staatsrat aber nicht hinnehmen wollte, war der Umkehrschluss: dass durch die Vorgabe von drei Sprachgruppen anderssprachige Bürger gezwungen werden, sich zu einer Sprachgruppe zu bekennen, zu der sie gar nicht gehören wollen. Genau dies war bei Zgaga aber der Fall: Er hätte nicht nur entgegen der Wahrheit, sondern auch gegen seine Überzeugung deklarieren müssen, Deutscher, Italiener oder Ladiner zu sein. Er wollte sich als Slowene deklarieren, was laut Autonomiestatut nicht möglich war.

Langer, Zgaga und viele andere nutzten solche Angriffsstellen durchaus auch mit Schalk. Sie zahlten dafür einen hohen Preis. So war Zgaga auch drei Jahre nach dem Urteil noch ein Rechtloser. Der Staatsrat hatte nur den Mangel des Gesetzes aufgezeigt, die Korrekturen aber dem Gesetzgeber überlassen. Der Gesetzgeber rührte sich nicht. Zgaga erwirkte mit dem Hungerstreik und einer Klage ein zweites Urteil, 1987, diesmal mit einem Ultimatum versehen. Aber wieder geschah nichts. Erst kurz vor der Volkszählung 1991 stimmte die SVP einem technischen Kompromiss zu: Zu den drei Sprachgruppen wurde nun offiziell die Gruppe „andere“ zugelassen. Da die Proporz-Sprachgruppen unangetastet bleiben mussten, sollten sich diese

„anderen" in der nächsten Zeile des Erhebungsformulars für die Inanspruchnahme der Proporzrechte einer der drei offiziell anerkannten Gruppen zuordnen. Damit war der Volkszählung ihr giftigster Stachel gezogen.

Schließlich konnte Langer nachträglich auch seinen Ausschluss vom Schuldienst – der ihn mir als Lehrer vorenthalten hatte – aufheben. Gerade hier zeigte sich ein Widerspruch zwischen dem Sinn des Gesetzes und dem aus rigider Anwendung entstandenen Unsinn: Wäre Langer ein italienischsprachiger Bürger und keines deutschen Wortes mächtig gewesen, hätte eine – unanfechtbare – „Deutsch-Erklärung" für die Stelle am Gymnasium genügt. Erst mit dienstrechtlichen Kontrollmechanismen, die sicherstellen, dass ein Deutschlehrer Deutsch und ein Mathematiklehrer Rechnen kann, hätte eingegriffen werden können. Das Autonomiestatut schützt vor allem die Unterrichtssprache, die in der Muttersprache der Schüler zu erfolgen hat. Also hätte laut Gericht der Nachweis von Langers einwandfreier Kenntnis der Unterrichtssprache genügt, um das Recht der Schüler auf muttersprachlichen Unterricht zu gewährleisten.

Immer neue Schlupflöcher wurden in den Paragrafenzaun geschnitten, mit immer neuen juristischen Kniffen machte die SVP ihn wieder dicht. Für die Wahlen von Landtag und Parlament bietet das Autonomiestatut die Möglichkeit einer Ad-hoc-Erklärung: Anlässlich der Wahl können Kandidatinnen und Kandidaten sich eben „ad hoc" einer Sprachgruppe zugehörig erklären, auch wenn sie dies bei der Volkszählung verweigert haben. Die fehlende Sprachgruppenerklärung versperrt somit nicht den Weg zur Kandidatur. Eine solche Möglichkeit schwebt den Volkszählungsgegnern als beste Lösung überhaupt vor. Dies mag anzweifelbar sein, sofern es um die Vergabe von Stellen und Sozialleistungen geht: Durch eine Ad-hoc-Erklärung könnte jeder seine ethnische Position in Ordnung bringen, sobald er an einem Wettbewerb teilnimmt oder um eine Sozialwohnung ansucht. Die Erklärung bei der Volkszählung könnte dann, wie von den Gegnern der namentlichen Erklärung seit je gefordert, anonym bleiben. Der Haken ist: Wer sich erst ethnisch deklarieren muss, wenn er einen konkreten Bedarf hat, wird geradezu verführt, seine ethnische Zugehörigkeit dem Angebot anzupassen.

Der sanfte Aufrührer – Alexander Langer

Bei politischen Kandidaturen besteht diese Gefahr nicht. Wer gewählt wird, entscheidet nicht die Sprachgruppe, sondern die Anzahl der Wählerstimmen. Die Sprachgruppenzugehörigkeit ist erst nach erfolgter Wahl von Belang: Die ethnische Zusammensetzung des Landtages oder eines Gemeinderates dient als Grundlage für die Aufteilung der Sitze im Exekutivgremium, der Landesregierung oder dem Gemeindeausschuss. Während aber für Wahlen zum Landtag oder zum Parlament, für die politischen Wahlen, die Ad-hoc-Erklärung vorgesehen ist, gab es bei administrativen Wahlen etwa zum Gemeinderat diese Möglichkeit nicht. Einleuchtenden Grund für die unterschiedliche Rechtslage gibt es keinen, wohl aber war sie immer wieder Ursache von Absurditäten und Schikanen.

Bei den Landtagswahlen 1983 erklärte sich Langer „ad hoc" als Ladiner. Dadurch erhöhte er die ladinische Vertretung im Landtag künstlich um einen Abgeordneten auf zwei – das war genau die Schwelle für einen ladinischen Sitz in der Landesregierung. Fünf Jahre lang wurde Langer, der dem SVP-Ladiner Hugo Valentin zum Regierungsposten verholfen hatte, als „Papierladiner" verhöhnt. Als er vor der Landtagswahl 1988 bekannt gab, diesmal werde er sich deutsch erklären, bat ihn eine Delegation der SVP-Ladiner verstohlen, sich doch wieder als Ladiner zu erklären. Als er 1995, immer noch ohne regulären Sprachenschein, für das Amt des Bozner Bürgermeisters kandidieren wollte, zeigte das System seine Unerbittlichkeit: Für Gemeindewahlen war die Ad-hoc-Erklärung nicht zulässig. Knapp zwei Monate später verübte er Suizid.

Erst nach seinem Tod bekam Langer Recht. Sein Rekurs, vom Landesgericht Trient verworfen, wurde vom Oberlandesgericht wegen Ablebens des Klägers eingestellt. Ein anderer ausgeschlossener Kandidat, Ivan Beltramba, war ebenfalls vor Gericht gegangen. In Bozen wurde die Klage abgewiesen, ebenso in der Berufung in Trient, aber 1999 erklärte das Höchstgericht, die Kassation in Rom, die Urteile für nichtig. Das Recht auf eine Kandidatur sei von einer derart hoch- und vorrangigen Bedeutung, dass es nicht durch andere Rechte beeinträchtigt werden dürfe. Erneut stellte ein Gericht damit in der Südtirol-Frage „Individualrecht" über „Kollektivrecht", das Recht des Einzelnen über das Recht der zu schützenden Gruppe. Erst aufgrund dieses Urteils wurde die Wahlgesetzgebung durch den Regionalrat angepasst.

Individualrecht und Kollektivrecht – privat und öffentlich: Dazwischen verläuft die Bruchlinie, an der die Südtiroler Sprengsätze vergraben sind. Privat spielten wir Kinder der Autonomie miteinander, öffentlich wurden wir gegeneinander in Stellung gebracht. So wurden Eltern erst nach jahrelangen Kämpfen von der Sprachgruppenerklärung auch für ihre minderjährigen Kinder befreit. In einem Buch meines Bruders – Langer-Schüler in der Schule, Langer-Gegner in der Politik – lese ich den für Langer posthum anerkennenden Satz: „Seinem Kampf ist es zu verdanken, dass seit der Volkszählung 1991 Kinder von Mischehen befreit sind, dass die Erklärung verweigert werden kann, dass auch andere Sprachen angegeben werden können und dass die ethnische Angliederung an eine Sprachgruppe (auch ohne Sprachgruppenerklärung) genügt." Der tragische Held der Autonomiedurchführung trotzte dem Schutzsystem menschlichere Züge ab.

Kurz vor seinem Tod 1995 machte ich Langer – wie viele andere, die sein Grundanliegen verstanden – einen Vorwurf: Dass er ein Spiel, bei dem es vor allem um die Symbolik ging, auch dann noch auf die Spitze trieb, als sich die reale Lage längst schon verbessert hatte. Der Proporz, von Langer für die ethnische Spaltung der Südtiroler verantwortlich gemacht, hatte sich weniger trennend ausgewirkt als von Langer befürchtet, möglicherweise sicherte er sogar den Frieden. Ich wage eine weiter gehende Spekulation: Statt der befürchteten Trennung der Sprachgruppen durch den Proporz hat dieser im Alltag oft deren Integration verstärkt. Aufgrund des Proporzes bewarben sich auch deutsche Südtiroler für den italienischen Staatsdienst und saßen nun gemeinsam mit italienischen Kollegen Schalter an Schalter, Schreibtisch an Schreibtisch. Vor dem Proporz waren die Arbeitswelten ethnisch krasser abgesondert.

Längst steht die Proporz-Debatte auf dem Kopf. Die Bedeutung einer mathematisch genauen Stellenzuweisung schwindet für die deutsche Bevölkerung mit fortschreitendem Autonomieprozess: Den rund 5 000 Stellen bei ehemaligen Staatsbetrieben stehen 2002 rund 20 000 Stellen gegenüber, die in autonomer Hand sind – beim Land, bei Gemeinden, Schulen, lokale Körperschaften. Und selbst bei Bahn und Post, den ehemaligen Staatsdomänen, wurden mittlerweile deutschsprachige Personalleiter durchgesetzt. So war es zuletzt vor allem Alleanza Nazionale, die am ehemals bekämpften Instrument festhielt, da sonst die Italiener beim deutschen Land, in den deutschen Gemeinden um ihre Stellen kommen könnten. Durch seine messbare, wenn auch dadurch oft unsympathische Gerechtigkeit verhindert der Proporz ein Feilschen um jede einzelne Stelle, ein Argwöhnen, dass diese oder jene Sprachgruppe benachteiligt worden sei. Alleanza Nazionale wünschte bei der Volkszählung im Herbst 2001 nur noch eine geringe Korrektur: Man möge das Zahlenverhältnis auf dem Stand von 1991 einfrieren. Die italienischen Parteien hatten einen Schwund ihrer Bevölkerung befürchtet, der dann gelinde ausfiel.

Nicht der Proporz teilt die Gesellschaft, sondern das Gruppendenken, das ihm zugrunde liegt. Ein unsichtbares Raster ist über die Südtiroler Gesellschaft gelegt, vom Proporz freilich plakativ zum Ausdruck gebracht: zwei Drittel deutsche, ein Drittel italienische, 4 % ladinische Südtiroler. In diesen Kategorien wird gedacht, gewürfelt, gefordert, wenn es um öffentliche Entscheidungen, Aufteilungen, Besetzungen, Wahlen geht. Langers Utopie vom „friedlichen Zusammenleben“ war für die Südtiroler Volkspartei lange ein Unwort: Synonym für Vermischung, Preisgabe der eigenen Identität, Assimilierung.

Als Kind, als Jugendlicher hörte ich im Haus von Freunden und Verwandten sehr oft die Mahnung an die Töchter: „Bringt’s mir ja keinen Walschen heim.“ Später sah ich in denselben Häusern italienische Schwiegersöhne ein- und ausgehen – oder in denselben Familien italienische Schwiegertöchter deutsche Schwiegermütter beim Einkauf begleiten. Als ich 1983 an einer Reportage über „Mischehen“ arbeitete, hatte ich noch den Satz von Silvius Magnago im Ohr, dass „Mischehen der Anfang vom Ende des Südtiroler Volkes“ seien. Noch um 1990 Jahre war es für die SVP ein zumindest optisches Problem, dass der deutsche Salurner Vizebürgermeister eine italienische Frau hatte. Es wurde als Minuspunkt angesehen, als er sich um das Amt des SVP-Landessekretärs bewarb.

Für die nach getrennten Sprachgruppen organisierte Südtiroler Autonomie sind die „Gemischtsprachigen“ eine Unbekannte. 1992 wurde ihre Zahl auf 12 000 geschätzt: 7 % der deutschen Frauen und

2 % der deutschen Männer hatten demnach italienische Partner. Offiziell existieren diese Zahlen aber nicht. Bei der Volkszählung 2001 gab es einen Vorschlag, allen „anderen“ die Möglichkeit zu geben, sich genauer auszuweisen: als Slowene, Franzose oder eben Angehöriger zweier Sprachgruppen. Erst in der nächsten Zeile auf dem Erhebungsformular sollten sie – wie gehabt – erklären, welcher der drei offiziellen Gruppen sie sich zum Zwecke des Proporzes zuordnen wollten. Die psychologisch nicht unbedeutende Änderung hätte somit den Proporz gewahrt. Die SVP lehnte ab, aus Sorge, das klar konstruierte Autonomiegebäude könnte ins Wanken kommen, wenn das Phantombild der zweisprachigen Familien amtlich Konturen bekäme.

In dieser Logik war weiterhin nur ein säuberliches Nebeneinander ethnischer Blöcke vorstellbar. Dass das Leben sich nicht daran hält, ist eine andere Sache. Und vielleicht das Glück der Südtiroler.

Die trojanischen Pferdchen der Italiener

In den achtziger Jahren besuchte ich eines Tages Feindesland: einen italienischen Kindergarten in Bozen, in dem die Kindergärtnerinnen etwas erprobten, was streng verboten war – sie spielten mit den italienischen Kindern auf Deutsch. Die SVP wehrte sich vehement und voller Misstrauen dagegen.

Die italienischen Kinder wurden als kleine trojanische Pferde betrachtet. Würden sie nämlich schon im Vorschulalter Deutsch lernen, könnten sie eher in die deutsche Schule eingeschrieben werden und diese „unterwandern“. Dieselbe Abwehrhaltung stand, ideologisch durchwirkt, hinter dem jahrzehntelangen Nein der SVP zu einer Südtiroler Universität. Damit würde italienische (und nebenbei linke) Studentenschaft nach Südtirol geschleust, ganz abgesehen vom Bedeutungsverlust der Landesuniversität in Innsbruck.

Erst nach langem Zögern erlaubte die SVP den italienischen Grundschulen, schon ab der ersten Klasse Deutsch in den Lehrplan aufzunehmen. Eifersüchtig wurde darüber gewacht, dass die Zweitsprache Deutsch nicht auch in anderen Fächern gesprochen würde – aus Angst, der Immersionsunterricht könne die Grenze zwischen deutscher und italienischer Schule aufheben und die deutschsprachige Minderheit bedrohen.

Dahinter stand nicht mehr nur die lang eingeübte Abwehrhaltung. Jetzt, da sich das Kräfteverhältnis verkehrt hatte, wurde Bevormundung daraus. Die Italiener begriffen allmählich, dass Deutschkenntnisse unverzichtbar und von Vorteil waren, wollten sie auf dem Arbeitsmarkt und in der Wirtschaft mithalten. Ohne Deutsch waren sie nicht nur vom öffentlichen Dienst, sondern auch vom viel größeren privaten Arbeitsmarkt ausgeschlossen: Denn zu den 25 000 Proporzstellen kommen etwa 150 000 Stellen auf dem freien Arbeitsmarkt hinzu. Die Zweisprachigkeit war die größte Hürde: Wer Deutsch kann, hat Chancen, wer zu spät kommt, den straft das Autonomiestatut.

Die innere Not und die Panik vieler Italiener, die eine Stelle, eine Zukunft in Südtirol wollten, aber nicht Deutsch konnten, habe ich als Lehrkraft bei Abendkursen für die Sprachschule Alpha & Beta erlebt. Viele traten zum fünften, sechsten, ja sogar zehnten Mal zur Prüfung an – und mit jedem Scheitern war wieder eine Wettbewerbschance dahin. Die Zweisprachigkeitspflicht war oft weniger Anreiz als Hürde fürs Deutschlernen. Der Anreiz hätte die ansehnliche Zweisprachigkeitszulage sein können, aber er war hoch gehängt. Die Kurse von Alpha & Beta sollten die Italiener auf das *patentino* vorbereiten: Es kamen durchaus lernwillige Männer, Frauen, Jugendliche. Der Unterricht war eine Qual. Die Prüfung bestand – bis zu einer grundlegenden Reform 1999 – in einer mit Fußangeln und Sprachfallen verminten Übersetzungsaufgabe. Statt Freude an der Sprache zu vermitteln, musste ich durch die Tücken der Grammatik führen, an denen selbst deutschsprachige Prüfungskandidaten verzweifelten. Fast 150000 Anwärter traten von 1978 bis 1999 zur Zweisprachigkeitsprüfung an, nur rund 40 % bestanden sie.

Alpha & Beta war vom Juristen und Sprachwissenschaftler Aldo Mazza (*1948) gegründet worden. Er war aus Kalabrien nach Südtirol gezogen und hatte in kürzester Zeit Deutsch gelernt. Ein Prototyp des zweisprachigen Italieners in Südtirol – ohne Komplexe, ohne historische Vorbelastung. Neu Zugewanderte tun sich meist leichter als Italiener, die in Südtirol geboren sind. Die Blockade, Deutsch zu lernen, hat wohl viele Ursachen, eine davon ist im Bewusstsein der im Zuge der Majorisierungspolitik zugewanderten Italiener zu suchen, dass sie oder ihre Eltern dieses Land erobert haben. Deutsch sprechen zu müssen, war wie eine Unterwerfung, war wie ein verlorener Sieg. Das ist die hausgemachte Sperre.

Die andere Barriere haben wir errichtet, die deutschen Südtiroler. Warum reden sie nicht Deutsch mit uns, fragten wir uns – und verwehrten ihnen im Gegenzug nahezu jede Gelegenheit, es zu lernen. Der Deutschunterricht an den italienischen Schulen war, selbstverschuldet, lange miserabel, oft unterrichteten italienische Lehrer eine auch ihnen fremde Sprache. Ein natürliches Lernen, wie es in einem zweisprachigen Gebiet als selbstverständlich erscheint, gab und gibt es nicht. Wir deutsche Südtiroler wechseln heute noch ins Italienische, wenn wir merken, dass unser Gegenüber italienischer Muttersprache ist. Das ist tief eingeschliffen durch die fehlenden Deutschkenntnisse der Italiener in Südtirol, an Bahnhofsschaltern, in Postämtern, bei Polizeikontrollen. In zahllosen behördlichen Kontakten hatten Südtiroler verinnerlicht, sich in der Staatssprache zu verständigen. Dabei entwickelte sich auch der Reflex, gleichsam automatisch Italienisch zu sprechen; er hat sich auch im privaten Umgang verfestigt. Vorauseilend kommen wir den Italienern entgegen und nehmen ihnen die Chance, je Deutsch zu reden.

Die psychologischen Gründe wurden von Experten oft erörtert, überwunden wurden sie nie. Die deutschen Südtiroler sprechen in der Regel keine Hochsprache, sondern verschiedene Dialekte, die wiederum die Italiener nicht verstehen. Es bringt daher die meisten Südtiroler in Verlegenheit, wenn sie mit Italienern gepflegtes Deutsch reden sollen. Meist entstehen gestelzte Sätze mit viel dialektalem Nebengeräusch. Ungezwungene Verständigung im Dialekt funktioniert nur dort, wo die Sprachgruppen im Alltag einander nahe gekommen sind und die Hemmschwellen tiefer liegen – etwa im Unterland; oder wenn italienische Zuwanderer keine Scheu haben, sich auf die Umgangssprache einzulassen.

Meinen Sprachkurs für Alpha & Beta besuchte auch ein Journalistenkollege: Riccardo Dello Sbarba (*1954). Er war mit seiner Frau Isabella Cherubini (*1954) aus der Toskana nach Bozen gezogen, weil sie hier – mit einem Minimum an Deutschkenntnissen – eine Stelle bei der italienischen Rai bekam, dem regionalen staatlichen

Rundfunk. Sie war – im Unterschied zu manchen italienischen Kollegen, die in Südtirol aufwuchsen – in der Lage, deutsche Pressemitteilungen und Zeitungsartikel zu lesen und zu verstehen. Riccardo unterrichtete an der Schule, arbeitete für die Zeitung „Alto Adige" und schrieb dann – „entdeckt" von meinem Kollegen Florian Kronbichler (*1951) – wöchentlich italienische Beiträge für die „FF", als Anstoß zu einem nicht streng nach Sprachgruppen getrennten Informationsangebot. In der Redaktion legte Riccardo strikt Wert darauf, dass wir Deutsch mit ihm sprachen. Er schaffte nicht nur die Zweisprachigkeitsprüfung, sondern fasste Mut, auch öffentlich Deutsch zu reden.

Riccardo hebelte damit genau jenen Mechanismus aus, mit dem wir angestammte Südtiroler verhindern, dass Italiener Deutsch lernen. Abgesehen von der Scheu vor der Hochsprache, von der Hürde des Dialektes, von Höflichkeit und eingeübter Unterwürfigkeit ist die Verwendung des Italienischen auch eine unbewusste Machtdemonstration. Wenn Südtiroler mit Italienern Italienisch reden, steht dahinter auch ein triumphierendes Rufezeichen – ich kann deine Sprache, du kannst meine nicht! Im Beziehungsgeflecht zwischen Deutschen und Italienern in Südtirol ist die Sprache ein Macht- und Karrieremittel: So schlecht man auch immer Italienisch sprechen mag, man spricht es immer noch besser als der andere Deutsch. Damit wird, unbewusst, die eigene Welt vor dem italienischen Eindringling abgeriegelt.

Der Einbruch in die Südtiroler Welt gelang dort, wo italienische Eltern sich über alle Barrieren hinwegsetzten und – begünstigt durch das Elternrecht der freien Schulwahl – ihre Kinder in die deutsche Schule einschrieben. Die Podinis zum Beispiel: Großvater Podini war als Käsehändler aus der Lombardei nach Bozen gekommen und gründete eine Supermarkt-Kette. Die Enkel gingen ausnahmslos in die deutsche Schule, haben deutsche Freunde, reden mühelos deutschen Dialekt; einer von ihnen heiratete eine Tochter des erschossenen Südtirol-Attentäters Luis Amplatz. Oder Lucio Giudiceandrea (*1956): Rai-Journalist mit einem differenzierten Verständnis für die Welt der deutschen Südtiroler, aufgrund des Besuchs deutscher Schulen perfekt zweisprachig.

Oder Beatrice Bonell (*1977): Tochter eines Südtiroler Universitätsprofessors, außerhalb des Landes anerkannt und am Aufbau der Universität Bozen beteiligt. Die Mutter ist Italienerin, Beatrice ist in Rom aufgewachsen, wo sie deutsche Schulen besuchte. An der Universität schrieb sie ihre Diplomarbeit über das Südtirol-Problem und beschloss, in Südtirol zu leben: Es sei der einzige Ort, wo sie, die in zwei Kulturen aufgewachsen ist, eine Heimat finden könne. Seit 2002 arbeitet sie in der Redaktion der „Neuen Südtiroler Tageszeitung", spricht in Interviews mit deutschen Politikern ein gepflegtes Hochdeutsch mit italienischem Akzent und muss ständig darauf bestehen, dass Deutsch mit ihr gesprochen wird.

Die Normalität ist paradox, oft schmerzlich. Bei der 15-jährigen Maturafeier einer deutschsprachigen Bozner Oberschulklasse, 2002, sprach die ganze Klasse Italienisch. Der Grund war die Anwesenheit der einzigen italienischen Mitschülerin, Tochter eines verstorbenen, langjährigen DC-Politikers. Sie hatte nach dem Besuch der fünfjährigen deutschen Oberschule offenbar jeden Kontakt zur deutschen Sprachwelt verloren – oder nie mehr Deutsch gesprochen. Nach 15 Jahren musste sie mit ihrer Deutschlehrerin Italienisch sprechen. Auch wo das Schulexperiment – wie in diesem Fall – erfolgreich war, hat die Trennung der Sprachwelten alles wieder zerstört.

Solche Rückfälle haben immer auch persönliche Motive. Aber die Südtiroler Politik unterstützt den ungleichen Spracherwerb: Sprache vereint in Südtirol nicht, sie trennt. Das Erlernen der anderen Landessprache wurde nie lustvoll gefördert, sondern mit Gebots- und Verbotsschildern umstellt. Versuche eines Schüleraustausches zwischen deutschen und italienischen Schulen wurden von Schullandesrat Anton Zelger in den achtziger Jahren vehement untersagt. Das Singen eines italienischen Liedes im deutschen Kindergarten von Schlanders provozierte noch in den neunziger Jahren eine politische Intervention. Im Tourismus etwa ist perfekte Zweisprachigkeit eine Notwendigkeit. In Meran aber gab es auch 2003 noch eine deutschsprachige und eine italienischsprachige Tourismusfachschule – für Kellner, die später zusammen dasselbe Publikum bedienen.

Solche Politik führt am Leben vorbei. Als meine Tochter Julia in den achtziger Jahren in Neumarkt in den Kindergarten und zur Schule ging, spielte sie im Hof mit italienischen Kindern. Die Schulgebäude, die Bibliothek und selbst die Vereinslokale aber waren getrennt, als gelte es, die Schüler und Bürger vor einer ethnischen Ansteckungsgefahr zu schützen. Das Haus Unterland war für italienische Vereine tabu. Aber die Straße, die Eisdiele, der Eisplatz, das Lido und die Dorfbars führten alle zusammen. Es war selbstverständlich, dass Julia ausreichend Italienisch lernen würde, so ging sie den geordneten, vom Autonomiestatut vorgegeben Weg: deutscher Kindergarten, deutsche Grund-, Mittel- und Oberschule. Omar, das um ein Jahr jüngere Nachbarskind, wurde von seinen italienischen Eltern, die auch Unterlandler Dialekt sprechen, in den deutschen Kindergarten geschickt: Er litt anfangs fürchterlich, verstand kein Wort und war überfordert. Die Kindergärtnerinnen, die mit einer politisch geleugneten Vielfalt zurechtkommen mussten, waren es oft auch.

Meine zwei kleinen Kinder, die 20 Jahre später zur Welt kamen, sind in Tramin aufgewachsen, wo nur wenige Italiener leben. Hier gibt es weit und breit keine Nadia und keinen Rodolfo, in der näheren Verwandtschaft gibt es keine Italiener mehr. Unsere Befürchtung ist jene vieler Südtiroler Eltern – dass ihre Kinder weniger gut Italienisch lernen als sie selbst. Die Zweisprachigkeit, früheren Generationen durch den staatlichen Druck abgenötigt, geht – dort, wo es keine Begegnungen gibt – auch unter den deutschen Südtirolern zurück. Unsere Kinder in einen italienischen Kindergarten, in eine italienische Schule zu schicken, erschien uns persönlich – trotz vieler gelungener Beispiele – ein drastischer Schritt. Zweisprachige Einrichtungen, die Kinder spielend und mit pädagogischem Feingefühl an die jeweils andere Sprachwelt heranführen könnten, sind jedoch nicht erlaubt.

So nimmt die Südtiroler Vielfalt Zuflucht zu abenteuerlichen Lösungen: mit italienischen Eltern, die ihre Kinder massiv in die deutsche Schule einschreiben – sodass man dort schon fürchtet, die Vermittlung der deutschen Sprache könnte an Qualität verlieren; mit deutschen Eltern, die ihre Kinder in italienische Kindergärten schicken. Schulversuche, mit denen die SVP den Druck der italienischen Eltern abzufangen hoffte, machen beinahe alles möglich, sogar den lange verpönten Schüleraustausch zwischen deutschen und italienischen Schulen.

Schließlich erlaubte die Landesregierung, dass – ausschließlich an italienischen Schulen – die zweite Sprache nicht nur als Sprachfach gelehrt wird, sondern in streng vorgeschriebener Dosierung auch in anderen Fächern verwendet werden darf, etwa im Geografieunterricht. Obwohl dies ein Ansatz zum verbotenen Immersionsunterricht ist, verkündet die SVP weiterhin: „Immersion auf keinen Fall". So wird der Ausdruck *„insegnamento veicolare"* verwendet, was auf dasselbe hinausläuft, aber unverdächtiger klingt. 1997 machte der Landesrat für die deutsche Schule Bruno Hosp sogar den Vorschlag, dass an italienischen Schulen bis zu einem Drittel der Wochenunterrichtszeit in deutscher Sprache erfolgen kann. Einzige Bedingung: Künftige politische Übergriffe auf die deutsche Schule hätten zu unterbleiben, jedes Fach sollte im Umfang von mindestens einer Wochenstunde auch auf Italienisch gelehrt werden. Die Forderung nach Immersion liquidierte Hosp in der gewohnten Sprachregelung: „Untergrabung der völkerrechtlich und verfassungsrechtlich geschützten Minderheitenschule".

Die „Dolomiten" geißelten noch 1996 die italienischen Bemühungen um Deutsch im Kindergarten und eine verbesserte Sprachmethodik als „konzentrierte und konzertierte Aktion, wie sie in den vergangenen Jahrzehnten in dieser Vehemenz nicht stattgefunden hat ... Dabei geht es – um Gottes Willen – nicht darum, den Italienern ihre angeblich entdeckte Freude am Erlernen der zweiten Sprache zu vergällen, sondern um eine langfristig angelegte Strategie, mit der die deutsche Volksgruppe in ihrem existenziellen Nerv getroffen werden soll".

Ladinien, zwischen Sage und Zukunft

Vor dem Landtag in Bozen steht ein Standbild, das eine Schlüsselszene der Dolomiten-Sagen zeigt: Ein Hüne ringt einen Zwerg nieder, der sich mit vor Wut verzerrtem Gesicht der Übermacht beugt. Dietrich von Bern bezwingt Zwerg Laurin – der germanische König den ladinischen Ureinwohner, so lautet eine der Interpretationen. Nach dem Kampf mit dem listenreichen und heimtückischen Zwergenkönig wird Dietrich, erzählt die Sage, dessen wunderschönes Rosenreich zertrampeln. Das Denkmal war – ähnlich wie jenes für Walther von der Vogelweide – in der Zwischenkriegszeit von den Faschisten von seinem ursprünglichen Standort auf der Talferpromenade entfernt worden. Die in Stein gehauene Raufszene, die ursprünglich Teil eines Brunnens war, kam ins Kriegsmuseum nach Rovereto. Durch die hartnäckigen Bemühungen der Südtiroler Volkspartei wurde die Statue 1993 wieder nach Bozen überführt und vor dem Landhaus aufgestellt, der verhaltene Protest der Ladiner wurde übergangen.

Das Denkmal ist eine verschlüsselte Botschaft auch der Gegenwart: Sie erzählt von der Verdrängung des Ladinischen im Lauf der Jahrhunderte, aber auch davon, wie schwer sich die deutschen Südtiroler immer noch tun, ihre „minderen Brüder“ zu verstehen. Der Kampf um die eigenen Rechte hat die Sensibilität der deutschen Südtiroler für schwächere Minderheiten nicht verfeinert, sondern in vielen

Laurinbrunnen vor dem Landhaus: Dietrich von Bern ringt Zwergenkönig Laurin nieder.

Fällen eher vergröbert: Sie haben sich daran gewöhnt, unter Minderheit zunächst einmal Deutschtum zu verstehen. Mit der ladinischen Minderheit wurde oft wenig rücksichtsvoll verfahren, im solide gebauten System des Südtiroler Minderheitenschutzes ist die kleinste ethnische Gruppe das Aschenputtel, der niedergerungene Zwerg. Doch so wie Laurins Rosenreich der Sage nach in den „bleichen Bergen" der Dolomiten allabendlich von neuem erglüht, so haben sich auch die Ladiner gehalten. Durch Eigensinn, Tüchtigkeit und auch Laurin'sche Gerissenheit haben sie ihre eigene Erfolgs- und Überlebenssaga geschrieben.

Die bizarr schöne Felswelt rund um den Sellastock ist – zusammen mit Teilen des schweizerischen Graubünden (Grischuns) und des italienischen Friaul (Friûl) – das Rückzugsgebiet einer ehemals über den gesamten Alpenbogen verbreiteten Sprache. Die Urbevölkerung der Alpen ist wenig erforscht, die „Räter“ entwickelten ab dem 5. Jahrhundert vor Christus eine eigene Kultur, die sie von den Nordstämmen deutlich unterschied; so verwendeten sie das Alphabet der vor allem in der Toskana angesiedelten Etrusker. Nach dem Vordringen der Römer hat die Alpenbevölkerung die lateinische Sprache übernommen und mit ihrer Sprache vermengt, daraus entstanden ist das Rätoromanische. Bajuwaren und Alemannen aus dem Norden, Langobarden aus dem Süden, Slawen aus dem Osten drängten es immer weiter zurück. Um das Jahr 1000 war noch der gesamte Kanton Graubünden rätoromanisch, um 1200 war das heutige Südtirol zu zwei Dritteln ladinisch – etwa Villnöss, Kastelruth, Völs, Tiers, Welschnofen und der gesamte Vinschgau. Der Name Tirol kommt, vermutlich, vom ladinischen „teriol/troi“ (Weg, Steig), Schloss Tirol bei Meran wäre demnach das „Schloss am Weg“. Tal für Tal wurde über die Jahrhunderte germanisiert oder italianisiert, der Nationalismus des 19. Jahrhunderts trieb die ladinische Sprache in ihre heutigen Reservate zurück: Rumantsch in Graubünden, Ladin in den Dolomitentälern, Furlan im Friaul.

Auch unter Österreich, das den vielen Nationalitäten durchaus Entfaltungsräume ließ, wurde den Dolomitenladinern die Anerkennung als ethnische Gruppe verwehrt. Als Südtirol und Trentino 1919 zu Italien kamen, wehrten sich die Ladiner dagegen, dass ihre Sprache als italienischer Dialekt betrachtet wurde. Sie kämpften um ihre Eigenständigkeit, 1920 wurde bei einem Treffen der Dolomiten-Ladiner eine eigene Fahne entworfen – Blau für den Himmel, Weiß für den Schnee auf den Bergspitzen, Grün für die herrliche Almenwelt. Vergeblich: Der Faschismus bediente sich pseudowissenschaftlicher Theorien, um die Italianität der Ladiner zu belegen – dies auch mit dem Hintergedanken, italienische Gebietsansprüche zu untermauern und bis auf die Schweizer Kantone Tessin und Graubünden auszudehnen. Während in der Schweiz 1938 Rätoromanisch mit einem Referendum als vierte Landessprache anerkannt wurde, strebte in Italien der Faschismus – ähnlich wie gegenüber den deutschen Südtirolern – konsequent die Assimilierung der ladinischen Bevölkerung an. Zu diesem Zweck wurde Ladininien zwischen 1923 und 1927 stufenweise auf drei Provinzen aufgeteilt: Belluno, die neu geschaffene Provinz Bozen und Trient.

In Südtirol ist Ladinien damit auf zwei Täler mit ihren Seitentälern geschrumpft: Vom Eisacktal zweigt bei Waidbruck das Grödental (Gherdëina) mit dem Hauptort St. Ulrich (Urtijëi) ab. Vom Pustertal windet sich bei St. Lorenzen das Gadertal (Val Badia) mit dem Seitental Enneberg (Mareo) in Richtung Sellastock. Am Grödner Joch zwischen Corvara und Wolkenstein (Sëlva) berühren sich auf 2 121 Meter Gröden und Gadertal. Cortina d'Ampezzo (Anpezo) und Buchenstein (Fodom) liegen in der Provinz Belluno, das Fassatal (Fascia) und das ehemals ladinische, jetzt italienische Fleimstal kamen zum Trentino. Einst waren auch mehrere Unterlandler Dörfer – von Altrei bis hinunter nach Auer – ladinisch, jetzt liegt hier die östliche deutsch-italienische Sprachgrenze. Die manchmal bös, manchmal liebevoll gemeinte Bezeichnung „Krautwalsche" gilt Unterlandlern wie Ladinern gleichermaßen.

Eine eigene kulturelle Identität wurde den Ladinern auch in den Autonomieverhandlungen nach dem Zweiten Weltkrieg nicht zugestanden: Waren sie nun Italiener, die eine Lautverschiebung verpasst hatten, oder eigentlich Deutschtiroler, die unter sich einen welschen Dialekt reden? In ihren lautersten Absichten verstand die Südtiroler Volkspartei die Ladiner durchaus als Schicksalsgenossen. Der erste SVP-Obmann Erich Amonn hatte das Verhältnis zu den Ladinern so definiert: „Wir haben sie immer als eigene Volksgruppe respektiert und verteidigt ... Darüber hinaus fühlen wir uns mit ihnen durch die jahrhundertelange gemeinsame Geschichte und Überlieferung, durch die tiefe Verwurzelung mit dem Lande derart aufs Engste verbunden, dass wir uns, wiewohl zwei Volksgruppen, als Einheit, als Südtiroler Volk betrachten." Je stärker die „Einheit als Volk" betont wurde, desto deutlicher mussten freilich die Ladiner auf deutscher Seite stehen, während ihnen ein politisches Eigeninteresse abgesprochen wurde.

Dieses Zerren um die ladinische Identität hält bis in die Gegenwart herauf an und spaltet die Ladiner selbst zwischen einem neuen ladinischen Selbstbewusstsein und den Zuordnungen zu den zwei großen Sprachblöcken. Alcide Degasperi (1881–1954), der erste Außenminister und Ministerpräsident Italiens nach der Entscheidung für die republikanische Staatsform, begründete 1945 seine Forderung nach Verbleib Südtirols bei Italien damit, dass es nördlich von Salurn und sogar nördlich von Klausen „vollständig ladinische, das heißt italienische Täler" gibt. Etwa zur selben Zeit beteiligten sich viele Ladiner an den Unterschriftenaktionen für die Rückgabe Südtirols an Österreich.

Sie blieben zwischen den Stühlen sitzen. Der Pariser Vertrag von 1946, der Südtirols Nachkriegszukunft regelte, sichert nur den Schutz der „german speaking inhabitants of the Bolzano Province". Die Ladiner werden – bedeutungs- und fürsprecherlos – mit keinem Wort erwähnt. Von Seite der italienischen Parteien, vor allem der in Ladinien stark verankerten Degasperi-Partei Democrazia Cristiana, wurde weiter versucht, die Ladiner einzugemeinden. Die Südtiroler Solidarität bestand eher in Versuchen, die Ladiner auf die deutsche Seite zu ziehen. So buhlten SVP und DC um die Gunst der Ladiner. Beide Parteien verfügten über eine starke, authentische ladinische Verwurzelung in den ladinischen Tälern, ihre Anhänger waren nicht minder „echte Ladiner", nur eben eher der deutschen oder eher der italienischen Seite zugewandt. Die ladinischen Anliegen gerieten dabei oft zwischen die Fronten.

Pepi Martiner (1943–1976) war ein politisches Talent: schon als junger Mann in den ladinischen Kulturvereinen tätig, Präsident der Grödner Universitätsstudenten, Politikwissenschaftler (mit einer Abschlussarbeit über die deutsche CDU), intelligent und populär. 1973 gewann ihn der linke, autonomiepolitisch aufgeschlossene Flügel der DC um Alcide Berloffa für eine Landtagskandidatur. Das war ein Schlag für die Volkspartei, denn Martiner war frei vom Verdacht, ein heimlicher Italiener zu sein. Er war Ladiner und erhoffte sich bessere politische Gestaltungsmöglichkeiten auf der DC-Liste. Die SVP, die um die Chancen ihres ladinischen Kandidaten Franz Demetz (*1930) fürchtete, intervenierte bei der DC, die immerhin ihr Koalitionspartner war. Der rechte DC-Flügel um Valentino Pasqualin (1930–1989) unterstützte daraufhin eine zweite DC-Kandidatur eines Ladiners aus dem Gadertal. Trotzdem ging zunächst Martiner als Sieger aus der Landtagswahl hervor, erst ein Nachzählen der Stimmen kehrte das Ergebnis knapp zu Gunsten von Franz Demetz um. Ohne das Gadertaler DC-Manöver hätte Martiner mit Abstand gewonnen. Den Hoffnungsträger ereilte ein tragisches Schicksal, er wurde 1976 in Bozen am helllichten Tag überfahren und verstarb noch an der Unfallstelle.

Eine frühe Zuspitzung der Auseinandersetzung, ob die Ladiner nun eher deutsche oder italienische Südtiroler seien, war der Streit um die ladinische Schule. Als die ladinischen Bürgermeister und Pfarrer 1945 in Pikolein, Gemeinde St. Martin in Thurn, ein Schulmodell forderten, das ihre Sprache retten sollte, kam der Widerspruch nicht nur aus Rom, sondern auch von der Volkspartei, wenngleich im Geiste der „Einheit als Südtiroler Volk" und unterstützt von der deutschgesinnten Mehrheit der Ladiner.

Die Ladiner hatten einen Schultypus nach ihren Bedürfnissen gefordert: Zuerst Unterricht ausschließlich in ladinischer Sprache – so wie ihn die deutschen Südtiroler für sich beanspruchten. Dann gleichberechtigt – „paritätisch" – Ladinisch, Deutsch, Italienisch. Allerdings wurde das Modell von den italienischen Schulbehörden unterwandert, an der paritätischen Schule hätten fast ausschließlich italienische und kaum deutsche Lehrer unterrichtet. Der Unterricht wurde unmittelbar nach Beginn im Oktober 1945 boykottiert, viele Eltern weigerten sich, ihre Kinder auf diese de facto italienische Schule zu schicken und protestierten bei der alliierten Militärregierung. Diese ließ nun eine Wahl durchführen, bei der die Ladiner nur noch zwischen einer italienischen und einer deutschen Schule abstimmen konnten – Letztere setzte sich durch. Im Zweifelsfall stand die Mehrheit der Ladiner den deutschen Südtirolern näher. Auch waren sich viele Ladiner unsicher, ob sie an einer Sprache festhalten sollten, die sonst nirgends mehr gesprochen wird – das Schicksal der Kleinsprachen. Als Sprache in der Familie und im Gasthaus hatte Ladinisch einen starken Stand in den ladinischen Tälern, für eine offizielle, an der Schule gelehrte Sprache fehlten dem Ladinischen die Stützen von Hinterland, Literatur und Amtlichkeit. Die Vermittlungsversuche von Schulamtsleiter Josef Ferrari (1908–1958), der einen Rest Ladinisch in der Schule retten wollte, blieben erfolglos.

Das spätere und derzeit gültige ladinische Schulmodell wurde von der italienischen Regierung durchgesetzt. Es ist die so genannte paritätische Schule: Die Hälfte des Unterrichts erfolgt in Deutsch, die Hälfte in Italienisch, Ladinisch wird als Behelfssprache eingesetzt und in homöopathischer Dosis auch unterrichtet. Ein ähnliches Modell schwebt den Befürwortern des mehrsprachigen Unterrichts für eine deutsch-italienische Schule vor, allerdings blockt die SVP ab. Schullandesrätin Sabina Kasslatter-Mur begründete diese Zweifel auf einer Tagung für eine mehrsprachige Schule im Herbst 2002 mit dem Argument, die Ladiner würden zwar besser Deutsch als die Italiener können, besser Italienisch als die Deutschen, aber schlechter Deutsch als die Deutschen und schlechter Italienisch als die Italiener.

Im Autonomiestatut von 1972 wurde die von Rom verordnete paritätische Schule widerwillig verankert. Die SVP versuchte erneut, auch eine deutsche Schule in den ladinischen Tälern durchzusetzen und erwirkte im Landtag eine Verfassungsklage. Diese wurde 1976 zurückgewiesen. Dort, wo die Landesregierung eigenständig handeln konnte, setzte sich die SVP durch: Die Landesberufsschule in Pikolein wurde nicht als paritätische, sondern als deutsche Schule gegründet. Die Forderung ladinischer Kulturkreise, ein Drittel der Fächer auf Ladinisch zu unterrichten, wurde abgelehnt.

Der Schutz der ladinischen Sprache ist, gemessen an den Schutznormen für die deutsche Sprache, schwach und wird halbherzig beansprucht. Seit 1989 ist Ladinisch zumindest in Gröden und im Gadertal Verwaltungssprache, wenn auch die Landesregierung weiterhin einen laxen Umgang damit pflegt. Während sie pedantisch den korrekten Gebrauch des Deutschen auf Amtstafeln überwacht, vernachlässigt sie auf eigenen Baustellen in Ladinien immer wieder die ladinische Beschriftung. Ladinische Fahrpläne für Busse, die zwischen Bruneck und Abtei und zwischen Bozen und Gröden verkehren, gibt es nicht. Einen Antrag, bei Volksbegehren die amtlichen Erläuterungstexte dreisprachig zu verfassen, lehnte die SVP im Landtag noch 2002 ab.

Der ethnische Proporz sollte, theoretisch, auch den Ladinern Zugang zu öffentlichen Stellen verschaffen. Der kleine Prozentanteil, über den sie verfügen, wirkt sich oft eher als Aussperrklausel aus: In

Bereichen mit einem knappen Stellenangebot bedeuten die 4 % für Ladiner oft null Stellen. Damit sind die Ladiner aus ganzen Berufsgruppen und von vielen Spitzenpositionen ausgeschlossen. Für diese ergibt die Proporzrechnung meistens ein simples Ergebnis: Chef wird ein deutscher Südtiroler, Vize ein italienischer. Ladiner sind in Spitzenpositionen nicht vorgesehen.

Einmal nur war ein Ladiner Landeshauptmann: Alois Pupp, zunächst als Ersatz für den kurz vor Legislaturende verstorbenen Landeshauptmann Karl Erckert (1894–1955) berufen, dann die folgende Amtszeit von 1956 bis 1960. In einem vertraulichen Aktenvermerk aus SVP-Kreisen für die damals führenden Nordtiroler Politiker Landeshauptmann Alois Grauß (1890–1957) und Staatssekretär Franz Gschnitzer (1899–1968) heißt es über den unmittelbaren Vorgänger von Silvius Magnago: „Pupp ist ein so genannter ‚Krautwelscher' und als solcher nicht ganz verlässlich. Ein Streber, dem es hauptsächlich um die Versorgung geht." Offenbar hatte es nicht einmal geholfen, dass er sich stets als deutsch erklärt hatte, um als verlässlich zu gelten.

„Nicht ganz verlässlich" und strebsam um „Versorgung" bemüht – da mischten sich wohl zwei tief sitzende Vorurteile gegenüber den Ladinern. Zum einen galten Ladiner, wenn sie sich nicht klar zum Deutschtum bekannten, als anfällig für Italianisierung. Gerade deshalb stützte sich die SVP in ihrer Ladinien-Politik vor allem auf Ladiner, die in der Partei den durchaus geschätzten, aber mitunter belächelten Ruf genossen, „deutscher als die Deutschen sein zu wollen". Im Minderheitenverständnis der SVP waren nur deutsche Ladiner gute Ladiner. Ladiner hatten entweder eher deutsche oder eher italienische Ladiner zu sein, ladinische Ladiner waren nicht vorstellbar. Zum anderen hatte dieses einst arme Bergvolk, das sich durch den Tourismus und eine einfallsreiche Kleinindustrie beachtlichen Wohlstand erarbeitet hat, offenbar auch Neider.

Die Leistungen und der Ruhm von Ladinern sind beachtlich: Das Grödner Multitalent Luis Trenker (1892–1990), der „Bera Luis", war vor Reinhold Messner (*1944) und Ötzi der wohl bekannteste Südtiroler. Als Architekt, Skisportler, Bergsteiger, Schauspieler, Filmemacher, Schriftsteller war er das Sinnbild des kerngesunden Tiroler

Naturburschen. Trenker schuf den Südtirolern neue Heimatmythen – jenen etwa vom verlorenen Sohn, der die Heimat verlässt und zurückkehrt, jenen von der „Heimat aus Gottes Hand“ (so der Name eines Bildbandes von Trenker). Später brachte es der Komponist Giorgio Moroder (*1940) im Showbusiness mit Hits für Top-Stars und mit Olympia-Hymnen zu Oscar-Ehren und Welterfolgen. Der in London lebende Gilbert Prousch (*1943) gehört im Zweigespann „Gilbert & George“ zu den weltweit anerkannten Gegenwartskünstlern. In Gilberts „biography“ steht als Geburtsort „dolomites“, geboren wurde er im Gadertal, besucht hat er die Grödner „School of Art in Wolkenstein“. Der Skisport der frühen Jahre war von der Schmalzl-Dynastie geprägt, mit seinen Weltcup-Rennen gehört St. Ulrich zu den klingenden Namen des alpinen Skisports. Der Tourismus brachte Geld in die ladinischen Täler, verhalf zu Wohlstand, wenn auch auf Kosten mancher Originalität. Von der handwerklichen Grödner Schnitzkunst war es ein Schritt zur Massenproduktion von Herrgöttern und anderen Kultobjekten. Mitunter erröten die bleichen Berge im Angesicht der touristischen Vermarktung.

Im Landtag versuchte Alexander Langer einmal die Überlebenskunst und Anpassungsfähigkeit der Ladiner zu beschreiben, indem er sie die „Juden Tirols“ nannte. Aus dem Mund Langers, dessen Vater ein Jude war, war es das Gegenteil einer Abqualifizierung. Ähnlich den Juden, so meinte er den Vergleich, hätten sich die Ladiner in eine zum Teil unwirtliche und kulturell fremde Umgebung integriert, ohne ihre Eigenart aufzugeben; sie hätten, im Gegenteil, aus Unterschiedlichkeit und Offenheit für mehrere Kulturen sogar Kraft und Kreativität geschöpft. Aber er traf damit ein zweifaches Vorurteil – jenes gegen die Juden und jenes gegen die Ladiner, die beide geldgierig und im patriotischen Sinn „nicht zuverlässig“ seien. Der SVP-Ladiner Hugo Valentin wies den Vergleich als „Beleidigung der Ladiner“ zurück – und beleidigte damit letztlich die Juden, weil er einen Vergleich mit ihnen als Herabsetzung empfand.

Mit Misstrauen begegnete das deutschsprachige Südtirol den Versuchen der Ladiner, die administrative Dreiteilung ihres Sprachraums zu überwinden. Entsprechende Forderungen schienen der SVP wie Ausbruchsversuche aus der „Zweifaltigkeit“ des einen Tiroler

Volkes, wie Parteigründer Amonn das Verhältnis deutscher und ladinischer Südtiroler sinngemäß definiert hatte. Selbst innerhalb Südtirols, wo Grenzverschiebungen unproblematisch wären, gehören die beiden ladinischen Täler zwei unterschiedlichen Bezirksgemeinschaften an, das Gadertal dem Pustertal, Gröden der Bezirksgemeinschaft Salten-Schlern. Den Zusammenschluss zu einer ladinischen Talgemeinschaft ließ die SVP nicht zu. Als 1950 die ladinischen Vereine die „Union Generela di Ladins dla Dolomites“ als Dachorganisation aller Dolomitenladiner gründeten, wurde diese nur von Rom als ladinischer Verhandlungspartner akzeptiert – die Mehrheitsparteien in den drei Provinzen lehnen die Union Generela ab. In St. Ulrich errichtete die Union – sogar mithilfe von Luis Trenker – ihr Wahrzeichen, die „Cësa di Ladins“, eine Zentrale der ladinischen Kultur. Hier hat die „Usc di Ladins“ ihren Sitz, eine von der Union Generela herausgegebene Wochenzeitschrift für Gesamtladinien, von der Landesregierung wiederholt gemahnt, dass sie nur als Kulturblatt Anrecht auf Förderung habe und sich diese mit politischen Artikeln verscherzen könne. Hier entstand das Lebenswerk der Sprachforscherin Frida Piazza (*1922): ein gewaltiges „Dizioner“, ein Wörterbuch der ladinischen Sprache, pro Buchstabe beinahe ein eigener Band. Die Bibel auf Ladinisch, griechische Sagen auf Ladinisch – die Union Generela legte in der Cësa die Grundlagen für eine ladinische Renaissance. Die langjährige Präsidentin der Union Generela, Hilda Pizzinini (*1934), ist eine der Widerständlerinnen Ladiniens. Hartnäckig betreibt sie die ladinischen Anliegen, aber immer darauf bedacht, nicht zu heftigen Widerstand bei der Südtiroler Mehrheitspartei auszulösen.

Die ethnozentrische Haltung, wie sie die SVP als überlebenswichtig für die deutsche Volksgruppe verteidigt, ist bei den Ladinern Anlass zum Argwohn. Sie stellt den Alleinvertretungsanspruch der SVP für die „deutsch- und ladinischsprachige Minderheit“ in Frage. Als bei den Landtagswahlen 1993 die Liste Ladins als ethnische Vertretung antrat, war dies aber auch Alexander Langer nicht recht: Langers interethnische Liste war für viele Ladiner, die weder deutsch, noch italienisch sein wollten, eine Wahlmöglichkeit gewesen. Die Ladins hatten Erfolg. Sie kamen auf knapp über 6 000 Stimmen, Listenführer Carlo Willeit (*1942) erreichte ein Mandat im Landtag.

Geknebelte Ladinia: Ein Cartoon des Grödner Künstlers Egon Moroder Rusina.

Zugleich fiel der eher unbekannte ladinische SVP-Kandidat durch: Auf der SVP-Liste hatte er zu wenig Stimmen, um ein Mandat aus eigener Kraft zu schaffen. 1998 wiederholte sich der Bruderkampf. Zwar übertrumpfte der SVP-Kandidat Werner Stuflesser (*1941) den Ladins-Kandidaten in den ladinischen Tälern an Vorzugsstimmen, der intellektuelle Vollblüter, Statistiker und Präsident der Europäischen Akademie schaffte es aber auf der SVP-Liste nicht unter die Gewählten. Willeit dagegen kam erneut in den Landtag. Der Vertretungsanspruch der SVP hatte einen derben Schlag bekommen. Erst 2000 wurde dem abgeholfen: Galt bis dahin die Proporzregel, dass die Ladiner erst ab zwei Landtagsmandaten einen Sitz in der Landesregierung erhalten, wurde ihnen per Verfassungsänderung ein Regierungsmitglied zugesprochen, allerdings mit der Klausel, dass dieses nicht unter den gewählten Abgeordneten ausgewählt werden muss, sondern von „außen" berufen werden kann. Die SVP berief ihren Parteigänger Florian Mussner (*1951) in die Landesregierung und hat damit wieder einen eigenen „Ladinervertreter", der gewählte Ladins-Abgeordnete Willeit blieb auf der Hinterbank. Von dort agierte er in zwei aufeinander folgenden Amtsperioden seit 1993 mit den Waffen des Schwächeren. Bauernschlau und beschlagen, populär unter den Seinen erwarb er sich den Ruf eines Kater Carlo, der immer neue Streiche ersinnt.

Laurins Aufmüpfigkeit war langsam, aber nachhaltig zurückgekehrt in die ladinischen Täler Südtirols. In der ladinischen Redaktion des Senders Bozen der öffentlichen Rundfunkanstalt Rai bildete sich so etwas wie ein ladinisches Widerstandsnest. Pepi Martiner war ein Pionier in der Bozner Rai gewesen. Mit knappen Mitteln und Sendezeit wird von hier aus neues ladinisches Selbstbewusstsein angeregt. Der junge Literat Jaco Rigo (*1968) aus Plaiken (Pliscia) in Enneberg, schreibt konsequent Gedichte und Romane auf Ladinisch und nimmt in Kauf, abseits vom deutschen Literaturbetrieb zu stehen; 1999 wurde er Chefredakteur der Usc di Ladins. Einer der jungen Rebellen ist der Journalist Mateo Taibon (*1966), der in verschiedenen, auch deutschsprachigen Medien („Südtirol Profil", „FF", „Neue Südtiroler Tageszeitung", „Rai ladina") mitarbeitet und durch sein Engagement für Minderheitenpolitik Chefredakteur der Zeitschrift der international tätigen Gesellschaft für bedrohte Völker „Pogrom" wurde. Beachtlich ist die politische Veränderung in vielen Gemeinden: Bei den Gemeinderatswahlen 2000 erreichten zahlreiche ladinische Dorflisten unabhängig von SVP und DC gute Ergebnisse, einige stellten den Bürgermeister.

Das erstarkte ladinische Bewusstsein, das entschiedenere Auftreten und Einfordern von Rechten zeitigte nachhaltige Wirkung. Trotz schwächlicher Schutzbestimmungen konnten sich Südtirols Ladiner doch einige institutionelle Verankerungen erkämpfen. Sie haben ein eigenes Schulamt, ein eigenes pädagogisches Institut und ein eigenes Kulturinstitut, das „Micurà de Rü" in St. Martin in Thurn, das Bücher und die Jahreszeitschrift „Ladinia" herausgibt. Das Kulturinstitut ist auch Begegnungsstätte für die politisch sonst oft auseinander driftenden ladinischen Strömungen. Der Präsident des Kulturinstitutes ist der frühere SVP-Landesrat Hugo Valentin, sein Direktor Leander Moroder (*1961), Spitzenexponent der Grünen. Ladins-Präsident Giovanni Mischì (*1964) arbeitet im Institut, erstellte ein Gadertaler Wörterbuch und betreut Buchprojekte.

Gemessen am Status der Ladiner im Trentino, in Belluno und Friaul sind ihre Vertreter in Südtirol privilegiert. In Friaul und Belluno gibt es kein Ladinisch in der Schule, die ladinische Sprache entbehrt jeder rechtlichen Anerkennung. Einen kurzen, aber entscheidenden Impuls zur Stärkung der ladinischen Identität konnte der frühere Bürgermeister im fassanischen Canazei Ezio Anesi (1943–1993) geben, als er 1992 auf der Liste der Trentiner Autonomistenpartei „Partito Popolare Trentino Tirolese“ in den römischen Senat gewählt wurde. Anesi verstarb infolge eines Herzversagens nur ein Jahr später, knapp 50-jährig. In seinem Todesjahr 1993 wurden die Rechte der Ladiner im Trentino – mit ein bisschen Familienstolz darf ich es sagen – auch durch das Bemühen meines Bruders im Regionalrat verstärkt. So wurde ladinischer Unterricht an den Schulen möglich, beschränkt auf ein bis zwei Wochenstunden, im Fassatal wurde Ladinisch Verwaltungssprache. Den Fassanern wurde der Empfang der ladinischen Rundfunk- und Fernsehprogramme des Senders Bozen der Rai ermöglicht, sie erhielten ein Kulturinstitut und eine Kulturförderung. Trotzdem schielen immer wieder ladinische Gemeinden nach Südtirol und denken an Aufnahme in das aus ihrer Sicht autonome Eldorado. In Buchenstein scheiterte ein Antrag auf Grenzänderung an einem Referendum, in Cortina, der Alpenperle, wurde 2002 ein ähnlicher Anlauf diskutiert. Gerade weil die Schwelle zwischen der ladinischen und der italienischen Sprache niedriger ist als zwischen der ladinischen und der deutschen, dürfte der Assimilierungsdruck eines italienischen Umfeldes auf die ladinische Minderheit stärker sein.

Nur in einem Punkt haben die Trentiner eine stärkere Absicherung als die Südtiroler Ladiner erreicht: Den Ladinern der Provinz Trient wurde, auch mit den Stimmen der Südtiroler Volkspartei, ein eigener Wahlbezirk zuerkannt, den Ladinern der Provinz Bozen – bevölkerungsmäßig doppelt so stark – dagegen nicht. Der eigene Wahlkreis bedeutet für die Ladiner aus Fassa das Recht auf einen sicheren Sitz im Trentiner Landtag. Auch die Südtiroler Ladiner genießen ein prinzipielles Vertretungsrecht: Schafft kein ladinischer Kandidat die Wahl in den Landtag, rückt automatisch jener mit den meisten Vorzugsstimmen nach; der letztgewählte Kandidat derselben Liste muss zu Gunsten des Ladiners zurückstehen. In der Regel hat der ladinische SVP-Kandidat die meisten Vorzugsstimmen. Ein eigener Wahlkreis dagegen könnte in der Machtlogik der SVP das politische Eigenleben der Ladiner allzu sehr fördern. 1998 wurde eine Wahlreform beschlossen, die der Liste Ladins den Garaus gemacht und der SVP das sichere ladinische Mandat zurückgegeben hätte; Ladins-Vertreter Carlo Willeit konnte das Wahlgesetz vor dem Verfassungsgericht in Rom gerade noch zu Fall bringen. 2002 wurde eine ähnliche Reform geplant, sie kam aber für die Landtagswahlen 2003 nicht mehr zustande.

Auch in Ladinien geht das Leben eigene Wege. Die Vallazzas sind eine ladinische Künstlerfamilie, weit über Südtirol hinaus bekannt. Aber was heißt das, ladinische Familie? Die Brüder Adolf (*1924) und Markus Vallazza (*1936), der eine Bildhauer, der andere Maler, sind in St. Ulrich aufgewachsen. Von Adolf Vallazza, der in St. Ulrich geblieben ist, sagt seine Tochter Sabina, dass er sich am ehesten ladinisch fühle; seine Wurzeln steckten in dieser Erde, auch wenn die zwischenmenschlichen Beziehungen ihn nach außen zögen. Vom Onkel, Markus Vallazza, weiß sie, dass er mit Gröden immer gehadert hat, er lebt in Wien und Bozen, versteht noch ladinisch, aber ließe sich niemals auf eine ladinische Nationalität eingrenzen. Adolf Vallazzas Frau, Sabinas Mutter, ist eine Italienerin. Sabina hat mit dem Vater Deutsch, mit der Mutter Italienisch gesprochen, später hat sie Englisch und Französisch studiert. Nur eine Schwester, Greti, lebt mit ihrer Familie in Gröden. Beim Mittagstisch wechselt die Familie oft alle fünf Minuten die Sprache, mal wird Deutsch gesprochen, mal Italienisch, mal Ladinisch.

Sabina Vallazza (*1956) wohnte mit Ulrich Kostner (*1965) zuerst in Bozen, dann zog das Paar nach Lajen. Sie ist Künstlerin, er Architekt; sie Grödnerin, er Gadertaler. Die Idiome sind nicht so verschieden, dass sie sich nicht verstehen würden, aber miteinander Ladinisch zu sprechen, war ihnen zu umständlich. Sabina und Ulrich sprachen folglich von Beginn an Italienisch miteinander. Mit dem gemeinsamen Kind redet der Vater Deutsch, die Mutter Italienisch. Die konsequente Rollenverteilung wird von der Sprachdidaktik angeraten, um in den Köpfen von Kindern Sprachen nicht zu vermischen, sondern die kindliche Aufnahmefähigkeit für ein fehlerfreies Lernen zu nutzen. In Lajen besucht Sohn Thomas den deutschen Kindergarten, Ladinisch beherrscht er im Unterschied zu seinem Grödner Kusin nicht. Das Dorf liegt auf einem Hochplateau zwischen dem Eisacktal und dem Grödental, nach St. Ulrich sind es mit dem Auto zehn Minuten. Thomas wird, beschlossen die Eltern, die Grundschule dort besuchen, mit gleichberechtigtem deutschen und italienischen Unterricht und Ladinisch als Behelfssprache. Als was er sich später fühlen wird, wagt die Mutter nicht vorwegzunehmen, sei sie doch selbst eine Heimatlose. Oft sei es ein großes Problem, nicht genau zu wissen, wo sie hingehört, aber dann sehe sie darin auch eine große Freiheit.

Die Bedeutungslosigkeit des Ladinischen außerhalb der wenigen ladinischen Täler ist wohl die größte Gefahr für das Überleben dieser schönen alten Sprache mit ihrer herben Melodik. Manchen Ladinern ist wichtiger, dass die Kinder gut Deutsch und Italienisch und Englisch lernen, auch wenn sich das Ladinische als „Talsprache“ zweifellos in die nächsten Generationen hinüberretten wird. Die Schaffung einer ladinischen Einheitssprache, die wenigstens die innerladinische Kommunikation erleichtern würde, wird nicht nur von der ladinischen SVP beargwöhnt; das „Ladin Dolomitan“ muss auch den Eigenstolz der Täler überwinden. Bei Übersetzungen wird oft darauf beharrt, dass die deutsche und italienische Fassung eines Textes ins Grödnerische und Gadertalerische übertragen wird – ein ungeheuerer Aufwand. Anfang 2003 beugte sich auch die Landesregierung dem innerladinischen Eigensinn: Sie beschloss, im Gadertal „Gadertalerisch“, in Gröden „Grödnerisch“ als Amtssprache zu verwenden.

Für die Bemühungen um ein allen Dolomiten-Ladinern gemeinsames Ladinisch war dies ein Rückschlag. Die wissenschaftliche Vorarbeit war bereits weit gediehen, in der „Cësa di Ladins“ war mit dem Projekt „Spell“ (Servisc de Planificazion y Elaborazion di Lingaz Ladin) die Grundlage für eine einheitliche Schriftsprache geschaffen worden. Diese wird von den Befürwortern für unerlässlich gehalten, damit das Ladinische fortbestehen und den Anforderungen einer modernen Kommunikation entsprechen kann. Die Gegner sehen darin eine Retortensprache, die das eigentliche Ladinisch erst recht zerstören wird. Da sind sich die Ladiner oft selbst im Weg, unterscheiden eifersüchtig nicht nur zwischen Grödnerisch und Badiotisch, sondern sogar zwischen Feinheiten in den Idiomen von Dorf zu Dorf. Nach ihrem Studium der Romanistik und der Mitarbeit an einem Projekt der Universität Zürich über rätoromanische Idiome hat die Grödnerin Rut Bernardi (*1962) an der Entwicklung von „Spell" mitgewirkt; mit ihrem auf Ladinisch verfassten Roman „Lëtres te n fol" zeigte sie 1996, dass dieses durchaus eine (wenngleich eingeschränkte) Möglichkeit bietet, die ladinische Sprache literarisch zu etablieren.

Ein anderes Paar: Eduard Demetz (*1958) und Wiltrut Arlt (*1959), er Grödner, sie Österreicherin, er Komponist, sie an einer Sprachschule beschäftigt. Eduard Demetz arbeitete, bis er als Lehrkraft ins Konservatorium wechselte, bei der ladinischen Rai. Das Paar lebt in Bozen, in der ladinischen Diaspora. Rund 1 000 der insgesamt fast 20 000 Südtiroler Ladiner leben laut amtlicher Volkszählung in Bozen (auf 40 000 werden die Dolomiten-Ladiner in allen drei Provinzen geschätzt). Seit 1978 gibt es eine Bozner Ladinervereinigung, die ein ethnisches Gemeinschaftsgefühl auch außerhalb der ladinischen Täler pflegt, die „Comunanza ladina a Bulsan". Im Hause Demetz redet der Vater mit seinem Sohn David Ladinisch, die Mutter Deutsch. Im ersten Jahr schickten die Eltern den Bub in einen italienischen Kindergarten, in der Hoffnung, dass er ein vielsprachiger Südtiroler wird, der die ladinische Sprache nicht vergisst.

Das Lächeln der Macht

Bombengeschädigt, in vergiftetem Klima, juristisch zerzaust ging die Paketpolitik auf die neunziger Jahre zu: Vor sich eine lange Liste offener Durchführungsbestimmungen und offener Rechnungen mit Verfassungsgericht, Staatsrat und Bürgern, die das Autonomiestatut als Einschränkung ihrer Freiheit empfanden. Die Paketväter Silvius Magnago (*1914) und Alfons Benedikter (*1918) hatten sich in einem Paragrafenwust verzettelt, beide hatten einen Generationswechsel mehrmals ausgesessen und hatten die 70 überschritten. Der trotz großen Respekts vor den Autonomievätern erwünschte Wechsel kam 1988/89 in der Landesregierung, 1991 in der Südtiroler Volkspartei. Der schon zu Lebzeiten zur Legende verklärte Magnago entrückte in ein Ehrenobmannamt. Sein strenger Statthalter Benedikter stemmte sich vergeblich gegen den Machtverlust: Er wurde vor allem wegen seiner restriktiven Wirtschaftspolitik 1989 nicht mehr in die Landesregierung berufen. Die neue Ära verlangte nach Freiraum.

Im Landhaus wurden die Vorhänge aufgezogen, im wahren Sinn des Wortes: Wo der Morgenmuffel und Finsterling Magnago hinter verschlossenen Türen vom späteren Vormittag bis in die Nacht gewaltet hatte, zog im Frühjahr 1989 der Frühaufsteher und Lebemensch Luis Durnwalder ein (*1941). Zu Magnago wurden selbst Journalisten selten vorgelassen. Durnwalder, fast 30 Jahre jünger, führte eine

Immer wieder hatte Silvius Magnago seinen Abtritt angekündigt – 1988 war mit Luis Durnwalder ein starker Erbe herangewachsen.

wöchentliche Pressekonferenz ein und empfing sein Volk fortan zur täglichen Morgenaudienz zwischen 7 und 8 Uhr früh.

Der „Landeshauptmann des Lächelns“ erreichte im Gegensatz zu Magnago spontan auch die italienische Bevölkerung und pflegte von Anfang an einen offenen, schulterklopfenden Umgang mit italienischen Medien und Ministern. Wenn er zur Speck- und Gamswurstmarende bei sich daheim lud, trug er den Hemdkragen offen und mitunter sogar einen blauen Schurz, das Erkennungszeichen der Bauern. Der mürrische, asketische Regierungsstil Magnagos wich einem genussvollen Auftischen Tiroler Spezialitäten, das auch römische Ministerherzen auftauen ließ, ein umgänglicher, jovialer Pragmatismus lockerte den verbissenen Volkstumskampf.

Die neue Ära strotzte bald schon vor Selbst- und Machtbewusstsein, im Einklang mit dem neuen Status und Reichtum des Landes Südtirol. Das Land war erwachsen geworden und verlor seine Bescheidenheit. Durnwalder hielt Hof: Eine neue Pracht zog mit ihm in die Landhäuser ein, sichtbar an teuer ausgestatteten Büros, im Neubau ganzer Trakte, schließlich in seinem Allerheiligsten – einer aufwändig aus dem Fels gehauenen Repräsentationshalle in der landwirtschaftlichen Versuchsanstalt Laimburg. Magnago hatte streng und bescheiden verwaltet. Benedikter hatte gegeizt, mit öffentlichen Mitteln und öffentlichem Grund. Durnwalder gab sich hemdsärmelig und generös. Er schüttelte, bald Nikoluis genannt, die Beiträge großzügig unters Volk, hob Baubeschränkungen auf, ließ Straßen in entlegene Weiler bauen, opferte Biotope und Kulturdenkmäler. Die Deregulierung ging einher mit der Schaffung eines ganz persönlichen, landesweit gesponnenen Machtgeflechts. Den Landesräten der SVP war bald nach Durnwalders Machtantritt eine Order klar: Ist der „Chef", wie der Landeshauptmann von seinen Regierungsmitgliedern genannt wird, bei einer Feier anwesend, dann darf nur er reden. Durnwalder demonstrierte eine rastlose Omnipräsenz. Sachthema um Sachthema, unter Magnago noch von den einzelnen Landesräten selbst betreut, wurde zur „Chefsache".

Wenige Monate nach Durnwalders Amtsantritt beging ich eine Majestätsbeleidigung. Die „FF" erschien mit Durnwalder auf dem Titelbild, dazu in klobiger Schrift: „Die Allmacht". Im Beitrag beschrieb ich auch das Lächeln des Landeshauptmannes, das sich bei genauer Betrachtung zu einem „ganz schweinischen Grinsen" verziehe und den Zyniker verrate. Es war, mag ich rückblickend und mit Hofknicks sagen, ein politischer Vatermord: Uns jungen Wilden der „FF" hatten bis dahin, politisch, die Väter gefehlt, es regierten ja immer noch die Großväter, würdevoll, zurückgezogen, kaum erreichbar für unsere Tomatenwürfe. Und wenn wir sie trafen, dann waren sie zu vornehm oder zu unerfahren im Umgang mit Medien, um zurückzuschlagen.

Die neue Generation bot Angriffsfläche und verstand sich zu wehren. Jetzt hatten Großmut und Vornehmheit ein Ende: Ich wurde verklagt und musste mich – da der Terminus, wörtlich genommen, gewiss überzogen war – in einer außergerichtlichen Beilegung des Prozesses entschuldigen, bestand allerdings auf eine für mich erträgliche Form. In der zwischen den Prozessparteien Durnwalder-„FF" vereinbarten Entschuldigung erklärte ich, dass ich mit „schweinisch" nur die deftige Art und Volksnähe des Landeshauptmannes zu beschreiben versucht hätte. Jede andere Auslegung des Begriffes sei mir vollkommen fern und würde ich zutiefst bedauern.

Wie sehr es mir bei dem Zwischenfall um eine nachgeholte, allzu späte Auseinandersetzung mit der bislang fehlenden politischen Vaterfigur gegangen zwar, unterstreicht ein sehr persönliches Erlebnis: Am 17. März 1989, dem allerletzten Tag von Magnagos Regierungsära, starb mein Vater im Krankenhaus Grieser Hof in Bozen. Die Nachricht erreichte mich in Magnagos Büro, wo ich eben ein Interview mit Magnago über seinen Abtritt geführt hatte. Mit Tränen in den Augen radelte ich zur Klinik, wo meine Mutter und meine Geschwister von Tata Abschied genommen hatten. Nach dem Eklat mit dem schweinischen Grinsen erschien mir mein verstorbener Vater im Traum – er sprach bei Durnwalder vor, doch wieder gütlich mit mir zu sein. Bald darauf sprach mich Durnwalder auf einer Pressekonferenz versöhnlich an, ich war gerührter, als es sich für einen Journalisten ziemt. Das war die menschliche Ebene des nun aufbrechenden Konflikts.

Die politische Ebene ließ uns keinen Frieden. Ich spürte, 1990 zum Chefredakteur der „FF" ernannt, den Druck eines vernetzten, bis in die einzelnen Dörfer reichenden Machtapparats. Meine Herausgeber hatten sich von der Titelgeschichte über Durnwalders Allmacht öffentlich distanziert. Bis dahin ein Ahnungsloser, erfuhr ich nun mit jedem neuen Artikel, wie gefährlich es ist, Machtsphären zu berühren, nicht nur jene von Durnwalder. Mal kam der Druck von da, mal von dort. Wir „FF"-Redakteure bliesen zur journalistischen Attacke und rannten uns die Schädel wund.

Ende 1992 kursierten Gerüchte in Südtirol. Es war die Zeit von *„mani pulite"*, der von Mailand ausgehenden Richteroffensive gegen politische und private Korruption. In ganz Italien klickten die Handschellen, ein Politiker nach dem anderen wurde zum Angeklagten in Schmiergeldprozessen. Bei der jährlichen Weihnachtsfeier für Journalisten betonte Durnwalder diesmal, er erwarte von uns eine gewisse

Großzügigkeit bei kleinen Verfehlungen. Neben ihm stand ein bleicher Remo Ferretti (*1936), der italienische Landeshauptmann-Stellvertreter, von Magnago immer mit Misstrauen bedacht, von Durnwalder als starker Partner akzeptiert. Am nächsten Tag wurde gegen Ferretti offiziell ein Ermittlungsverfahren eingeleitet, die Staatsanwaltschaft beantragte und erwirkte seine Amtsenthebung als Mitglied der Landesregierung. Südtirol hatte seinen ersten Fall von *tangentopoli*, die Justiz ihren Sündenbock. Mit Ferretti war zugleich einer der fähigsten italienischen Politiker der zerbrechenden DC im Lande ausgeschaltet, nun fehlten der italienischen Bevölkerung die Bezugspersonen – bis auf jene des MSI.

Und Durnwalder? Nach unseren Informationen liefen auch gegen ihn Vorerhebungen aufgrund später nicht erhärteter Hinweise. Auf einen Artikel hin, in dem der Landeshauptmann zwar nicht namentlich genannt wurde, aber erkennbar war, wurde mir von einem Mitglied des Verwaltungsrates der „FF“ warnend mitgeteilt, dass wir zu weit gingen – es würde an meine Ablöse gedacht. In den nächsten Monaten erhielt ich Hinweise, wonach Durnwalder – in seiner Zeit als aufstrebender Landwirtschaftspolitiker – in seiner privaten Villa gratis ein Schwimmbad erbaut worden sei. Die Vorerhebungen der Staatsanwaltschaft und eigene Recherchen gaben mir die Zuversicht, die Affäre journalistisch durchstehen und ungestraft über den Fall berichten zu können. Als wir die Geschichte mit einer dokumentierten Zeugenaussage veröffentlichten, wurde die Untersuchung in der Staatsanwaltschaft zur Chefsache. Durnwalder und die betroffene Firma rechtfertigten sich damit, dass das Schwimmbad sieben Jahre später in bar bezahlt worden sei. Die Aussage des Zeugen war für den leitenden Staatsanwalt nicht beweiskräftig genug, während die Darlegung Durnwalders und der Firmeninhaber als glaubhaft befunden wurde. Die Akte wurde geschlossen, ich entlassen.

Was nun folgte, war Vatermord zwei: Die Solidarität war massiv, Reinhold Messner und Joseph Zoderer, der bekannteste Südtiroler und der erfolgreichste Literat des Landes, waren die Erstunterzeichner einer Unterschriftensammlung gegen meine Entlassung. In der folgenden Medienaffäre, die für den Großteil der damaligen „FF“-Belegschaft ein Kampf um unsere Unabhängigkeit war, hatte ich unerhörtes Glück. Mir war bekannt, dass „FF"-Mehrheitseigentümer Christoph Amonn in den Monaten zuvor eine Kooperation mit dem österreichischen „Profil" gesucht hatte; ich hatte ihm nach einem kurzen Praktikum in Wien selber die Kontaktadressen besorgt. Wir hatten – damals noch gemeinsam – den Wunsch, unser kleines Medium an ein renommiertes Magazin anzudocken und dadurch die Südtiroler Provinzialität zu überwinden. Der damalige „Profil"-Herausgeber Hubertus Czernin (*1956) hatte sich in den Gesprächen mit Amonn an einer Beteilung des „Profil"-Verlages an der „FF" interessiert gezeigt. Persönlich kannte ich Czernin nicht, mein Schnupperpraktikum hatte ich unter seinem Vorgänger absolviert. Aber ich rief ihn kurz entschlossen an, stellte mich vor und sagte, die „FF" könne er jetzt wohl nicht mehr so leicht bekommen, wohl aber ihre Belegschaft und deren Kampfgeist.

Es war ein kleines Medienwunder: Czernin ging auf mein verwegenes Angebot ein und buchte einen Flug nach Wien für mich. Am Sitz des „Profil" gingen wir an die Planung eines neuen Magazins, des „Südtirol Profils". Die Vorbereitung musste schnell gehen. In Südtirol konnten die Brüder Lentsch als Partner gewonnen werden, Peter (*1954), Ulrich (*1957) und Christoph (*1960). Mit Christoph war ich am Humanistischen Gymnasium zur Schule gegangen, der Kontakt zur Familie Lentsch ergab sich aber aus unserer Berichterstattung über das kleine Unterlandler Dorf Branzoll. Dort waren die Lentsch – liberal gesinnte Großgrundbesitzer, Ärzte, Freiberufler – lange die eigentliche Dorfmacht gewesen, wurden dann aber von einer jungen Aufsteigertruppe verdrängt. Im Streit um eine Schottergrube des amtierenden SVP-Ortsobmannes erlebte die Familie die erdrückende Allianz von SVP und „Dolomiten". Die Sorge, mit einer geknebelten „FF" würde die ohnehin schwach ausgebildete Medienvielfalt in Südtirol wieder beendet werden, begeisterte sie für das Projekt einer unabhängigen Wochenzeitschrift. Diese sollte unter der Schirmherrschaft des österreichischen „Profil" dem lokalen Druck entzogen sein. Czernin beeindruckte wohl unser Zusammenhalt, außerdem verriet er mir eine weiter blickende Perspektive: Das „Südtirol Profil" könne ein Testlauf für den Export des „Profil" nach Bayern sein.

Am 28. Juni 1993 erschien das erste „Südtirol-Profil“ mit einer Karikatur von Gerhard Haderer auf dem Titelbild.

Beinahe die gesamte Belegschaft der „FF“ kündigte von einem Tag auf den anderen und wechselte zur neuen Zeitschrift – bis auf die Werbe- und Marketingabteilung. Am 28. Juni 1993 erschien erstmalig das neue „Südtirol Profil“ mit einem Cover, das der bekannte österreichische Karikaturist Gerhard Haderer (u. a. „Profil“ und „Stern“) für uns gezeichnet hatte. Die Titelgeschichte fing den sprühenden Geist auf, der uns und das Land damals erfüllte: Ein ansehnlicher, lustiger Tiroler, dem vor lauter Wohlstand der Hosenboden geplatzt war. Czernin war Herausgeber, ich Chefredakteur. Drei Jahre lang lieferten wir uns mit der weiter erscheinenden „FF“ ein intensives Duell. Die „FF“ hatte sich mit neuen Redakteuren um den einzigen verbliebenen Journalisten Florian Kronbichler eingedeckt. Die befürchtete Knebelung blieb nicht nur aus, im Sinne des Überlebenskampfes spornten die „FF"-Herausgeber die Redaktion regelrecht zu einer kämpferischen Linie an. Beide Redaktionen machten dem Journalismus keine Schande, wohl aber einander das Leben schwer. Im Gegensatz zur eingeführten Konkurrenz fehlten uns die Werbeaufträge. Das war der Hauptgrund, warum das „Südtirol Profil" Ende Juni 1996, genau drei Jahre nach seinem rasanten Start, das Erscheinen einstellen musste, auch nachdem in Wien – niederträchtige Ironie der Geschichte – Hubertus Czernin nach einer Majestätsbeleidigung an Kanzler Franz Vranitzky entlassen worden war. Immerhin behauptete sich ein Folgeprojekt, die „Neue Südtiroler Tageszeitung". Das Bollwerk – eine Partei, eine Zeitung – war nicht zu Fall gebracht worden, aber die Mauer hatte einen weiteren Sprung davongetragen.

Die Brüche fielen zeitlich mit einer Zäsur in der Durchführung der Autonomie zusammen und standen wohl auch in einem inneren Zusammenhang dazu: dem so genannten Paketabschluss von 1992. Der neue SVP-Obmann Roland Riz hatte Silvius Magnago 1991 an der Parteispitze abgelöst. Riz, einstiger Jungstar der Paketgeneration, verfolgte ein einziges Ziel – den Abschluss der verschleppten Autonomieverhandlungen. Tatsächlich trat er schon eineinhalb Jahre später mit dem stolzen Satz wieder ab: „Ich bin in die Geschichte eingegangen."

Es war ein erschöpfender Endspurt: Auch in der SVP wurde noch einmal die Selbstbestimmungsfrage aufgeworfen, nicht nur von Außenseitern, sondern auch von repräsentativen Politikern der „Neuen Mitte" wie Ferdinand Willeit (*1938) und von der SVP-Jugend um Christian Waldner (1959–1997), Peter Paul Rainer (*1967) und Pius Leitner (*1954). Italien war durch die Schmiergeldaffären und die Erfolge der föderalistisch-separatistischen Bewegung „Lega Nord" erschüttert. Plötzlich schien alles denkbar, sogar eine Dreiteilung Italiens, die vielleicht auch die Loslösung Südtirols ermöglicht hätte. Zugleich wurde aber auch jene politische Klasse in Rom in Handschellen gelegt, mit der die SVP einen modus vivendi gefunden hatte – die alte DC. Riz, ein Kenner der römischen Hinterzimmer, fürchtete den errungenen Autonomiekonsens zu verlieren, falls das Paket nicht rechtzeitig unter Dach und Fach gebracht würde.

Im Mai 1992 gelang dem nur kurz das Amt des SVP-Obmanns bekleidenden Roland Riz der Durchbruch in der verfahrenen Autonomieumsetzung: der „Paketabschluss".

Es wurde ein Abschluss nach allen Regeln diplomatischer und juristischer Kunst. So feilschte die SVP in Rom noch um eine Sammelbestimmung, „Omnibus" genannt, mit der alle römischen Aushöhlungen der Autonomie wieder gutgemacht werden sollten. Den Schutz vor künftigen Aushöhlungen erhoffte man von einer „internationalen Verankerung", die Österreich bei schweren Autonomieverletzungen ein Klagerecht vor internationalen Instanzen einräumen sollte. An allem wurde gezweifelt, an allem wurde verzweifelt. Mehrmals schien es, als würde Riz über die Gegenspieler in der eigenen Partei stolpern, mehrmals verließ er entnervt Sitzungen. Auf dem Titelbild zu Weihnachten zeigte die „FF" den Obmann schief auf einem Stuhl sitzend, der im nächsten Augenblick umzufallen schien.

Das despektierliche Cover und die dazugehörende Titelgeschichte brachten mir – ein Jahr vor der Schwimmbad-Affäre – einen Misstrauensantrag im Verwaltungsrat ein. Zu Ostern 1992, kurz vor dem großen Durchbruch, zeigten wir Riz, wie er mit seinem ovalen Kopf aus einem Osterei lugt – vollbracht. Er gab mir das erste große Interview zum Verhandlungsdurchbruch: Dies war die Noblesse der alten Generation, deren jüngster Vertreter Riz war.

Schließlich sagte die SVP auf einem „außerordentlichen Parteitag" am 30. Mai 1992 „Ja" zum Paketabschluss, mit der souveränen Mehrheit von 82,86 %. Die Entscheidung trieb eine Minderheit aus der Partei hinaus: Christian Waldner und Peter Paul Rainer, in der SVP-Jugend ins Abseits gedrängt, gaben ihre Mitgliedsausweise zurück. Sie gründeten – unter der Schirmherrschaft Jörg Haiders (*1950) und mit heimlichen finanziellen Zuwendungen aus österreichischen Stiftungen – die Südtiroler Freiheitlichen, zu denen bald auch Pius Leitner stieß, der spätere Obmann. 1993 erreichten sie mit einer frechen Kampagne – Kondome wurden verteilt – zwei Landtagsmandate. Die Union für Südtirol brachte es mit Eva Klotz und dem gleichfalls aus der SVP ausgeschiedenen Alfons Benedikter ebenso auf zwei Sitze. Damit war die patriotische Opposition so stark wie nie zuvor.

Angriffsfläche bot die SVP am ehesten auf dieser Flanke. Bereits 1973 hatte Magnagos hartnäckigster Widersacher im Streit um das Paket 1969, der Bauernführer Hans Dietl mit seiner Sozialdemokratischen Partei Südtirols (SPS) zwei Mandate errungen. Gut verankert in der patriotischen Basis hatte er den Spagat versucht, und sich – nicht unsozial eingestellt – als Sozialdemokrat präsentiert. Zugleich kam mit Egmont Jenny (*1924) ein weiterer SVP-Dissident für die Soziale Fortschrittspartei (SFP) in den Landtag. Jenny verhielt sich spiegelverkehrt zu Dietl: Er war ein Sozialdemokrat mit einer nicht unpatriotischen Grundhaltung. Diese gefährdete Flanke zur Linken deckte die SVP prompt mit ihrem Arbeitnehmer-Flügel – 1973 kamen mit Erich Achmüller und Rosa Franzelin-Werth erstmals zwei deklarierte Arbeitnehmer in den Landtag. Der Autonome Südtiroler Gewerkschaftsbund ASGB, mithilfe der Volkspartei entstanden, war zwar in sozialpolitischen Streitfragen ein mündiger Partner, sicherte aber der Autonomiepartei die grundsätzliche Unterstützung der Arbeiter und

Angestellten. Damit liefen die Vorstöße des früh verstorbenen Dietl und von Jenny bald ins Leere. Auf der anderen, der patriotischen Flanke garantierte der ethnische Kitt bis auf weiteres den Zusammenhalt der Sammelpartei.

Die Hoffnung der Opposition, dass mit dem Paketabschluss dieser Kitt brüchig würde, ging nicht in Erfüllung. Der Kitt weichte zwar auf, aber nun hielten die Vorzüge des umfassenden Herrschafts- und Gunstsystems die Leute beisammen. Die SVP der Nachpaket-Ära wandelte sich ab 1990 von der Partei des Volks in Not zur Partei des Volks am Futtertrog. Die autonome Finanzregelung, auf die sich Südtirols Selbstverwaltung stützt, entpuppte sich als Geldquelle sonderlicher Güte: Die Eintreibung der Steuern besorgte weiterhin der Staat, der die in Südtirol erhobenen Finanzmittel – in der Regel – zu 90 % ans Land weitergibt. Während sich der Staat als Steuereintreiber weiter unbeliebt machte, blieb dem Land die Rolle des großzügigen Verteilers überlassen. Erst die Einführung lokaler Steuern ab 2000 begann die autonome Bequemlichkeit zunächst sanft zu stören.

Die ständige Selbsterneuerung der Volkspartei – sichtbar im neuen Logo, wo das einst schwarz-weiße Edelweiß inzwischen in oranger Farbe strahlt – führte nicht zu Stimmenverlusten, sondern zu neuem Zulauf. Die SVP-Landesversammlungen, zu denen einst um Heimat und Zukunft besorgte Bauern mit Bergschuhen und Stallgeruch an der Joppe in aller Früh aufbrachen, wandelten sich zu Parteitagen mit modernem Design, auf denen sich elegant gekleidete, gestriegelte und geschniegelte Parteifunktionäre zu einem Gesellschaftsereignis treffen. Man gehört nicht mehr zwingend wegen des ethnischen Überlebenskampfes und aus weltanschaulichen Gründen zur Partei, sondern weil es schick ist, kaum Bekenntnisse abverlangt und Vorteile bringt.

Die Selbstverständlichkeit, dass jeder, der sich nicht wehrt, irgendwie beim großen Haufen dabei ist, widerfuhr mir auf kuriose Weise. Bis zur Schwimmbad-Affäre war ich SVP-Mitglied – eine etwas schräge Geschichte, vielsagend für den Einheitsdruck: Von Jugend an war ich immer in die Partei eingeschrieben gewesen; lange hatten meine Eltern für mich den Mitgliedsbeitrag bezahlt, dann zahlte ich selber weiter. Der Parteiausweis hinderte mich nicht an unserem „Wadlbeißer-Journalismus“, wie man ihn in der Partei abkanzelte.

Nach meinem Verständnis war ich auch nie gegen die Volkspartei, sondern schrieb, recherchierte und hinterfragte aus der Überzeugung heraus, dass eine Partei der absoluten Mehrheit wenigstens das Korrektiv einer kritischen Berichterstattung benötige. Probleme hatte mein Bruder Oskar, der meiner Haltung durchaus etwas abgewinnen konnte. Aber jedes Mal, wenn es in einem „FF"-Artikel einen Parteikollegen erwischte, bekam er es zu spüren – bis man irgendwann einsah, dass ich nicht sein ferngelenktes Brüderchen war. Ebenso musste ich selbst einige wenige Male Acht geben, nicht in den Ruf zu geraten, meinem Bruder journalistisch zu helfen.

Als ich 1990 Chefredakteur der „FF" wurde, gab es im Verwaltungsrat Stimmen, ich möge die SVP-Mitgliedschaft „ruhen" lassen, um die Unabhängigkeit der Zeitschrift zu unterstreichen. Seltsamerweise befremdete mich dieser Wunsch, aber ich hätte mich überzeugen lassen. Dann aber bat mich Mehrheitseigentümer Amonn, der selbst Präsident des SVP-Wirtschaftsausschusses war, doch Parteimitglied zu bleiben. Wie stehe er da, wenn sein Chefredakteur aus der Partei austräte. Also blieb ich. Nach der Schwimmbad-Affäre und meiner Entlassung wollte ich klare Verhältnisse schaffen und austreten. Der SVP-Ortsobmann von Neumarkt hielt nichts davon. Er zahlte für mich aus eigener Tasche noch ein paar Jahre lang den Mitgliedsbeitrag. Es war eine menschliche Geste, er wollte mich nicht auch aus der Partei „entlassen" wissen.

Spätestens seit meiner Rückkehr zur „FF" 1998 bin ich nun nicht mehr Parteimitglied, nicht aufgrund einer Gegnerschaft zur Sammelpartei, sondern wegen der grundsätzlichen Überlegung, dass ein Journalist nicht nur faktisch, sondern auch formal parteipolitisch ungebunden sein soll. An der Heimholung in die „FF", die von meinem Nachfolger Florian Kronbichler gewünscht und betrieben worden war, wird gern herumspekuliert: Gab es einen Preis? Abmachungen? Nichts dergleichen: Es war wie die Versöhnung nach einem Streit in der Familie. Die Spuren unseres „Revolutiönchens", wie Silvius Magnago es nachsichtig genannt hatte, waren Ende der neunziger Jahre vom Winde verweht, die Erben des 1994 verstorbenen Christoph Amonn in der „FF", Magdalena (*1967) und Thomas Amonn (*1965), suchten das Gespräch mit mir. Selbst hatte ich ebenfalls nicht

Improvisiert, chaotisch, aber voller Hoffnung, das Land verändern zu können: Blick in die Redaktion des „Südtirol-Profils".

aufgehört, die „FF" als Anliegen zu betrachten. Erleichtert wurde uns die Versöhnung wohl auch dadurch, dass es zwischen ihrem Vater und mir trotz härtester Auseinandersetzungen nie zu persönlicher Ehrabschneidung gekommen war. Bei unserem letzten Gespräch in seinem Büro am Bozner Rathausplatz, dem die Entlassung folgte, sagte ich zu Christoph Amonn, es tue mir leid, ich könne aufgrund meines Verantwortungsgefühls nicht anders handeln. „Ich auch nicht", drückte er mir die Hand. Amonn hatte unsere journalistischen Ausritte lange mit geduldiger Liberalität zugelassen, seit Beginn der neunziger Jahre hatten wir aus seiner Sicht die Grenze überschritten. In der SVP, wo er bei den wöchentlichen Parteileitungssitzungen jene Prügel bezog, die uns galten, war der Druck zu groß geworden. Ich habe Christoph Amonn sehr geschätzt, ein gütiger, sozial aufgeschlossener Mensch, dessen größte politische Hinterlassenschaft die Sozialpartnerschaft war. Er hatte als einer der führenden Unternehmer im Land ein dauerndes Gespräch zwischen Wirtschaft, Gewerkschaften, Sozial- und Umweltverbänden gepflegt, bei dem die gegenseitigen Bedürfnisse abgewogen wurden.

Das ist die andere Seite des Südtiroler Systems, der tiefe Wunsch nach Konsens und Zusammenhalt – „fein sein, beinander bleiben", wie es in einem Volkslied heißt. Abgewandelt in „Feind sein, beinander bleiben" beschreibt es das eigentliche Erfolgsrezept der Sammelpartei. Intern darf gestritten werden, nach außen wird zusammengehalten. Das lässt intern auch Freigeistern viel Raum, wenn auch oft mit der frustrierenden Konsequenz, dass Dialektik nur im Sitzungssaal am Parteisitz geduldet wird. Draußen gilt, von eiserner Fraktionsdisziplin reglementiert, die Meinung der Machtträger. Die intern zugelassene, nach außen aber abgeschnürte Parteidemokratie drängte etwa 1998 die profilierten SVP-Arbeitnehmer-Exponenten Hubert Frasnelli (*1944) und Sepp Kußtatscher (*1947) ins Abseits – und aus der Partei hinaus. Der verdiente Gründer des Arbeitnehmerflügels Erich Achmüller (*1946) zog sich 1998 kampflos zurück. Andere wie Otto Saurer (*1943), der intellektuelle Kopf der Arbeitnehmer, lange als „roter Otto" beargwöhnt, konnten dagegen die Flexibilität der Sammelpartei weiter für mühsam errungene, kompromissbehaftete, aber nachhaltige Erfolge in der Sozialpolitik nutzen. Vor allem seine Haltung war 1998 ausschlaggebend dafür, dass ein intern ernsthaft diskutierter, geschlossener Parteiaustritt der SVP-Arbeitnehmer unterblieb.

Den Freiheitlichen erging es bald wie den meisten Oppositionsparteien vor ihnen: Sie zerstritten sich intern und verloren an Bedeutung. Die Fähigkeit zum Zusammenhalt ungeachtet interner Widersprüche scheint an die Mindestgröße einer Bewegung gebunden, an die Überschreitung einer kritischen Masse, sonst bricht allzu schnell der „Krieg der Armen" aus. Die menschliche Tragödie, die sich zwischen den Gründern Christian Waldner und Peter Paul Rainer abspielte, traf mich auch persönlich: Mit beiden war ich seit meiner SVP-Jugendzeit befreundet gewesen, beiden stand ich menschlich nahe. Über den Kurs der Freiheitlichen war ich entsetzt. Statt der erhofften politischen Auffrischung versuchten sie mit Yuppie-Gehabe und Ausländerhetze zu punkten. Waldner wurde von seinen Freunden ein zu lascher Kurs, zu wenig Engagement und undurchsichtige Finanzgebarung vorgeworfen; Rainer, der ihm stets hörig gedient hatte, ließ ihn fallen, hielt aber heimlich Kontakte mit ihm. Als Waldner 1997 erschossen wurde und Rainer den Mord gestand, machte dieser seinen Freund Christian für die Schuld an seinen psychischen Problemen verantwortlich. Im späteren, verzweifelten Widerruf seiner Geständnisse kehrte der Südtirol-Mythos wieder, nie Täter, sondern stets Opfer der Geschichte zu sein. Peter Paul Rainer beschwor Richter und Öffentlichkeit, ihm seine Unschuld zu glauben. Der Mord sei eine Intrige der italienischen Geheimdienste, die Schützen, Freiheitliche und Patrioten vernichten wollten: Aus dem mutmaßlichen, rechtskräftig verurteilten Täter war, im Einklang mit dem Südtiroler Urmythos, ein Opfer geworden.

Ach Vaterland, es ist verspielt

Die Champagnergläser erklangen: Am 22. April 1992 fand in Wien die Übergabe eines umfangreichen Aktenwerkes von der italienischen an die österreichische Regierung statt. Es war tatsächlich ein „Paket“ bestehend aus sämtlichen Paketmaßnahmen samt Fußnoten und Durchführungsbestimmungen. Wichtig am Akt der Übergabe war, dass damit die von der italienischen Diplomatie bis dahin stets bestrittene internationale Verankerung der Südtiroler Autonomie de facto gewährt wurde. Österreich gab im Gegenzug am 11. Juni 1992 vor der UNO feierlich die „Streitbeilegungserklärung“ ab. Zwanzig Jahre nach dem In-Kraft-Treten des Autonomiestatutes beendeten Italien und Österreich den seit 1960 vor der UNO anhängigen Streitfall Südtirol.

Es war – trotz feierlicher, aber zunehmend hohler klingender Liebeserklärungen – eine neue Phase der Abnabelung Südtirols von seinem „Vaterland Österreich“. „Schutzmacht“ wird die Republik in offizieller Südtiroler Diktion fortan heißen. Das meint die völkerrechtliche Aufgabe, die auf Österreich zukommt, sollte Italien von den verbrieften Rechten der Südtiroler wieder etwas abzwacken. Der Begriff verrät auch die Entkernung eines Vaterlandes auf seine Funktion – helfen, wenn's notwendig ist und sonst Ruhe geben. Im nie ungetrübten Verhältnis zwischen der abgetrennten Provinz und ihrem

Vaterland markierte der Paketabschluss einen Schlusspunkt: Jetzt war Südtirol emanzipiert.

Die Affäre um Ötzi war ein Vaterlandsmord. Als die Gletscherleiche 1991 am Similaun gefunden wurde, glaubten zunächst auch die italienischen Grenzer, dass sich die Fundstelle auf österreichischer Seite befände, denn sie lag jenseits der Wasserscheide. Nachmessungen, die auch von den Südtiroler Politikern akribisch verfolgt wurden, ergaben dann, dass Ötzi ganz knapp auf italienischem bzw. Südtiroler Territorium gefunden wurde: Ötzi war Südtiroler. Nun zählte jeder Meter dieser Grenze, die man bis dahin überwinden hatte wollen. Luis Durnwalder forderte den Mann im Eis in aller Form von den Innsbruckern zurück, die ihn in ihrer (und unserer!) Uniklinik sachgerecht eingekühlt hatten und inspizierten. Der Südtiroler Landeshauptmann konnte wohl gar nicht anders handeln. Aber Südtirol-Freunde in Tiroler und Wiener Amtsstuben fühlten sich durch Ton und Stil der Ötzi-Heimholung geradezu persönlich verletzt. Durnwalder, zu Hause gefeierter Landesfürst, wurde von manchen als Totengräber der Beziehung Südtirols zu Österreich empfunden.

Er hatte anderes im Sinn – die Schaffung seines Fürstentums Südtirol. Als Reinhold Messner im Herbst 1991 auf seiner Wandertour „rund um Südtirol" die Landesgrenzen abschritt, begleitete ihn Durnwalder eine Tagesetappe lang. Das war eine politische Botschaft. Messner ist – nach Luis Trenker in der Zwischen- und Nachkriegszeit, nach Gustav Thöni in den siebziger Jahren – einer der Südtiroler Identitätsstifter. Wie sehr man sich auch an seinen Provokationen reibt, das Land spiegelt sich in ihm – in seiner Selbstvermarktung, wenn er als Pappfigur vor den Messner-Land-Läden aufgestellt ist, in seiner inneren Spannung, wenn Messner die Südtiroler zum Denken herausfordert. Als er ihnen 1981 vorwarf, sie hätten bei der Option 1939 mehrheitlich die Heimat verraten, löste er eine Diskussion über das bis dahin tabuisierte Geschichtstrauma der Südtiroler und ihrer Entscheidung für Hitler-Deutschland aus. Mit dem Satz, er hisse auf seinen Gipfeln keine Tiroler Fahne, denn seine einzige Fahne sei sein Taschentuch, ergriff er Partei gegen den Gruppendruck und für die Individualrechte. 1983 warb er für „das andere Südtirol" der Langer-Liste. Seine als Berg-Kunst-Aktion verstandene Umwanderung Südtirols bedeutete: Dieses Land findet seine Identität nicht in der überlebten österreichischen Vergangenheit, nicht im erfolgreichen Abwehrkampf gegen die italienische Überfremdung, sondern in seiner eigenen Gegenwart. Im Akzeptieren seiner Grenzen und in der Suche nach einer neuen Identität.

Genau dies war Durnwalders eigenes Programm für Südtirol. Die Rolle des armen kleinen Verwandten im Süden behagte ihm nicht, weder im Verhältnis zu Tirol, noch zu Wien. Er war der Pusterer Bauernbub, der ausgezogen war, die Welt zu erobern und ihr zu zeigen, was in ihm steckt. Ein Stück weit wurden da wohl Südtirols Komplexe des armen rückständigen Landes kompensiert, ein Stück weit galt es, das eigene Erwachsenwerden einzufordern. Auf die Gelder der „Stillen Hilfe" konnte man endlich getrost verzichten. Stattdessen lancierte der Südtiroler Landeshauptmann Entwicklungsprojekte in Übersee und traf sich mit Regierungsvertretern Kubas und Ugandas. Schwerer tat man sich mit der Förderung von Vorhaben des Tiroler Nachbarn, mochten sie auch im gemeinsamen Interesse liegen. Eine Unterstützung des Landesmuseums Ferdinandeum in Innsbruck blieb lange der Region Trentino-Südtirol überlassen, wo der patriotische Frontmann Franz Pahl, dann der Rechtspopulist Roland Atz an der für Durnwalder überholten Gesamttirol-Vision festhielten.

Alles, was bis dahin unantastbarer Ausdruck der „Landeseinheit" und der „Verbundenheit mit Österreich" gewesen war, beanspruchte Durnwalder für Südtirol: eine eigene Universität, ein eigenes Landestheater, einen eigenen Flughafen. Das tat zwar der Vätergeneration in Nordtirol und in Wien noch weh, die Jüngeren konnten es verschmerzen. Die Abnabelung, die Zur-Kenntnisnahme und Vollendung der Teilung Tirols war gegenseitig. Zu lange hatte man Südtirol in Nordtirol als undankbaren, verwöhnten Vetter erlebt, dessen Töchter und Söhne in Innsbruck gratis studierten und sich schlecht benahmen, ihre südliche Verfeinerung den vermeintlich gröberen Nordtirolern oft arrogant unter die Nase reibend.

Langjährige Südtirol-Freunde reagierten bekümmert. Die frühere Leiterin des Südtirol-Referates der Tiroler Landesregierung, Viktoria Stadlmayer (*1917), Ziehtante von Generationen solcher verwöhnter „Fratzen", haderte mit der Südtiroler Undankbarkeit. In Wien grollte

Momentaufnahme einer Gesamttiroler Verstimmung: Karikatur aus den „Tiroler Bezirksblättern" zur geplanten Fusion zwischen Hypo-Tirol und Südtiroler Sparkasse.

und zürnte – elegant versteckt hinter seinem parlamentarisch geschliffenen Stil – der aus Südtirol stammende Andreas Khol (*1941). Auch der damalige Tiroler Landeshauptmann Wendelin Weingartner (*1937) machte es sich noch zur Herzensangelegenheit, die Tiroler Hypo-Bank und die Südtiroler Sparkasse zu einer Holding zusammenzuführen. Doch schon sein designierter und auf der Zielgeraden zum Landeshauptmannsessel gestrauchelter Nachfolger Ferdinand Eberle (*1949) wehrte das Projekt mit dem Argument ab, man könne die Tiroler Hypo nicht einem Land anvertrauen, in dem das italienische Bankenrecht gilt. Die „Tiroler Bezirksblätter" veröffentlichten eine Karikatur, die Nordtirols neues Südtirol-Bild pointiert wiedergab: Weingartner und Durnwalder wird das Hypo-Bankerl zugeworfen, während hinter ihnen vor einer protzigen Limousine ein Mann mit dunkler Brille lauert. Südtirol, der Vorhof zum Mafia-Land.

Wieder einmal fühlten wir uns verraten. Seit Andreas Hofer steht unser Geschichtsbild unter dem Eindruck des Verrats: Die Tiroler, nunmehr die Südtiroler halten den Kopf hin für die gemeinsame Sache, aber die vornehmen Städter in Innsbruck, der Kaiser in Wien scheren sich nicht um die geleisteten Opfer. Der Pariser Vertrag von 1946, der Südtirol keine Rückkehr zu Österreich und zunächst nur eine Scheinautonomie eintrug, wurde als Verrat angezweifelt. Als die Attentäter in den sechziger Jahren nach Österreich flüchteten und nicht Ruhe gaben, erließ der Wiener Innenminister Schießbefehl an der Grenze, Jörg Klotz und Luis Amplatz wurden in Schubhaft genommen – wieder Verrat! Über 20 Jahre später hoffte Peter Paul Rainer, der vor seiner endgültigen Verurteilung in Wien untergetaucht war, nach seiner Festnahme auf Vaterlandschutz. Dies war aufgrund der Rechtslage unmöglich, da Rainer nicht wegen politischer Vergehen, sondern wegen Mordes verurteilt worden war. Aber er fühlte sich als – im Stich gelassener – politischer Häftling.

Die Geschichte hat natürlich auch eine Kehrseite. Die Tiroler hatten Wien nie sonderlich gemocht, sie hatten sich der Säkularisierung unter Joseph II. widersetzt und gegen die liberalen Wiener Reformen ab der Hälfte des 19. Jahrhundert einen verbissenen Kulturkampf geführt. Als Südtirol zu Italien kam, war der Schmerz groß, aber die Hoffnung auf Befreiung von Italien nährte sich nicht am schwachen, amputierten, um seine multinationale Größe gebrachten Österreich, sondern am großen Reich Deutschland. Für Viktoria Stadlmayer hing Südtirol eher am Kaiserhaus und wollte der neuen Republik Österreich nicht verzeihen, dass sie den Kaiser gestürzt hatte. In den dramatischen Monaten nach dem Ende des Zweiten Weltkriegs sondierten Agenten und Diplomaten der Siegermächte auch die Stimmung in Südtirol. Der Generalsekretär der Südtiroler Volkspartei, Josef Raffeiner (1895–1974), hat laut seinen Tagebuchaufzeichnungen auf solche Erkundigungen geantwortet, „dass die Südtiroler … die Wiener nie gemocht hätten“. In den Jahren des autonomen Aufbruchs war Südtirols Blick eher auf Bayern und seinen Tribun Franz Josef Strauß (1915–1988) gerichtet, den Wiener Regierungen, zumal den roten, wurde misstraut. Obwohl die Internationalisierung des Südtirol-Problems ein Meisterstück des sozialdemokratischen Kanzlers Bruno Kreisky (1911–1990) war, hielt sich die SVP in ihren Österreich-Kontakten fast ausschließlich an die ÖVP, selbst wenn diese in der Opposition war. Die Forderung des SVP-Arbeitnehmer-Gründers Erich Achmüller, Südtirol müsse den Kontakt zur sozialdemokratischen österreichischen Regierung verstärken, trug ihm in der SVP und in den „Dolomiten“ heftige Kritik ein. Als der Südtiroler Heimatbund 1983 die Forderung nach Selbstbestimmung erhob, sprach man mit Blick auf die Sympathielage bewusst nicht mehr von der Rückkehr zu Österreich, sondern von einem Freistaat Südtirol.

Mag die Wiener Diplomatie ungeschickt und schwach gewesen sein, Österreich tat viel für seine verlorene Provinz. Nach dem Zweiten Weltkrieg herrschte in Wien Hunger, die Republik drohte unter sowjetischen Einfluss zu geraten. Das außenpolitische Anliegen Nummer 1 aber war Südtirol. Dass ein so kleines, letztlich verzichtbares Land zum Herzensanliegen der österreichischen Politik nach dem Ersten und Zweiten Weltkrieg werden konnte, hat wohl mit dem Komplex der verlorenen Größe zu tun: Wenn man schon nicht mehr Donaumonarchie war, dann sollte wenigstens das deutsch-österreichische Kerngebiet intakt bleiben. Die Anstrengungen Österreichs für Südtirols Kulturaufbau nach dem Zweiten Weltkrieg waren enorm, die Mittel flossen reichlich und durch viele Kanäle. Wichtigste Instanz der österreichischen Kulturhilfe für Südtirol war das Südtiroler Kulturinstitut, dafür ebenfalls beargwöhnt, eine Bevormundungsstätte zu sein, angefeindet von den freien Kulturinitiativen der siebziger und achtziger Jahre. Der Import von oft mäßigen Theateraufführungen wurde immer heftiger kritisiert, weil er auf Kosten einer heimischen Theaterproduktion gehe. Als Südtirol in Bozen sein Neues Stadttheater erhielt und die heimische Theaterszene dort zunächst ihre Selbstüberschätzung verriet, konnte das Kulturinstitut wieder punkten. Es putzte sich zu einer modernen Kulturagentur heraus und versorgt Südtirol weiterhin mit Ausstellungen und Theateraufführungen aus Österreich und Deutschland, nun aber mit gehobenem Niveau. Die Konkurrenz zwischen der Südtiroler Eigenleistung und der Anbindung ans kulturelle Hinterland war offenbar belebend.

Der bislang letzte Wiener Verrat war ein Kabinettstück des Sommers 2002: Bundespräsident Thomas Klestil (*1932) reiste zum Staatsbesuch nach Rom. Südtirol hoffte, er würde dort endlich die Begnadigung der letzten Südtirol-Attentäter im österreichischen Exil erwirken. Klestil kehrte ohne Begnadigungen heim, verlieh aber in aller Stille dem italienischen Vizepremierminister und Alleanza-Nazionale-Chef Gianfranco Fini einen Orden. Triumphierend hielt dieser bei einem Bozen-Aufenthalt wenig später den Südtirolern die Auszeichnung unter die Nase – dieselbe, die zuvor Magnago und Durnwalder bekommen hatten. Was sollen wir, so die Grundstimmung der Südtiroler, mit so einem Vaterland? Die vernünftigste Antwort kam von einem Tiroler mit europäischem Horizont. EU-Kommissar Franz Fischler (*1946) stellte nach der Fini-Polemik die Frage neu, indem er ein zeitgemäßeres Verhältnis zwischen Südtirol und Österreich forderte: Was solle, in Zeiten der europäischen Föderalisierung, noch ein national verstandenes Vaterland?

Der Paketabschluss kam einer Befreiung gleich. Der befürchtete Abbau der Autonomie, der Hilferufe nach Wien erfordert hätte, traf nicht ein. Im Gegenteil: Die Föderalisierung und die prekäre Finanzlage Italiens bescherten den Südtirolern einen neuen Autonomieschub. Die Regierung trat immer neue Zuständigkeiten an das Land ab, sofern es dafür die Kosten übernahm. Ein staatlicher Ausverkauf an die reiche autonome Provinz: Die Lehrer kamen „zum Land" – vorher jahrelang ein Tabu. Die Staatsstraßen – vorher eifersüchtig von Rom gehütet – mutierten zu Landesstraßen. An nahezu jeder Straßenecke nahm ein Landesbagger Aufstellung, erweiterte Engstellen, begradigte Kurven. Die Etsch, dem ehemals faschistischen *Genio Civile* unterstellt, kam unter Landeshoheit. Für Kraftfahrzeugbrief und Führerschein hatten die Südtiroler früher ins Regierungskommissariat müssen, fortan marschierten sie ins Landhaus. Schließlich glückte der Griff nach zwei unerreichbar geltenden Zukunftsbranchen – Telekommunikation und Energiewirtschaft.

Die italienische Verfassungsreform von 2001 führt zu einem weiteren Durchbruch: Die Provinzen Bozen und Trient erhielten Vorrang über die den Südtirolern im Pariser Vertrag von 1946 aufgezwungene Region Trentino-Südtirol; selbst deren Abschaffung war nun nicht mehr undenkbar. Die Kontrolle von Landesgesetzen durch die Regierung in Rom entfiel. Die Regierung kann nunmehr lediglich Gesetze, die staatliche Zuständigkeiten verletzen, vor dem Verfassungsgerichtshof anfechten. Im Artikel 116 der Verfassung steht nicht mehr „Trentino-Alto Adige“, sondern „Trentino-Alto-Adige/Südtirol“. Im Sinne einer endgültigen historischen Bereinigung des Landesnamens folgten prompt (vorerst vergebliche) Versuche, den von den Faschisten aufoktroyierten Namen „Alto Adige“ mit „Provincia di Bolzano“ oder gar „Sudtirolo“ zu ersetzen. Das Regierungskommissariat wurde um seine wichtigsten Zuständigkeiten gebracht und degradiert. Selbst die von Rom lange beargwöhnte Europaregion Tirol – die Kooperation über die Staatsgrenze hinweg – erhielt den staatlichen Segen.

Die Europaregion wäre die konkreteste Vision, die eine Anbindung Südtirols an Österreich lebendig und zukunftsfähig halten könnte. Das alte Tirol von Kufstein bis zum Gardasee ist zwar eine Nostalgiewelt, aber auch ein mitteleuropäischer Großraum mit gemeinsamer Vergangenheit und gemeinsamen Interessen. Er wäre – anders als Südtirol, anders auch als Südtirol und Nordtirol zusammen – überdies ethnisch ausgeglichen. Die Ansätze dazu waren bisher nur mäßig erfolgreich. Einer kleinen Europaregion zwischen Nord- und Südtirol misstrauen zu Recht die Trentiner, die außen vor gelassen würden. Ein Dreibund mit den Trentinern wird durch Nordtirols deutsche Einsprachigkeit und das noch belastete Verhältnis Südtirol-Trentino erschwert. Außerdem war Südtirols Ehrgeiz, wenn dann die Mitte dieses Alpenreiches darzustellen, oft eher hemmend. Mitunter hatte es den Anschein, als würden Trient und Nordtirol ernsthafter an einer Kooperation arbeiten als Südtirol. Für das Trentino geht es um die Öffnung nach Norden, für Nordtirol geht es um den Zugang zum italienischen Raum. Eine Erkenntnis des 2002 abgetretenen Landeshauptmannes Wendelin Weingartner war, dass Nordtirol mittlerweile mehr der Zusammenarbeit mit Südtirol bedarf als umgekehrt – weil Tirol sonst vom italienischen Süden abgeschnitten sei.

Im Konkreten fiel die Zusammenarbeit immer wieder schwer. Ende Dezember 2000 schloss in Innsbruck ein Gesamttiroler der alten Schule das „Fenster“: Der Widerstandskämpfer Volkskundler, Filmemacher, Ex-Attentäter, Literaturförderer und Kunstfreund Wolfgang

Pfaundler (*1924) hatte in seiner Literaturzeitschrift „Das Fenster" wie selbstverständlich immer Beiträge über Nord- und Südtiroler Autoren, Musiker, Künstler und Kulturmenschen veröffentlicht. Einsame Literaten wie Norbert C. Kaser, später erfolgreiche Dramatiker wie Felix Mitterer (*1948) fanden hier erste Aufmerksamkeit. Mit Pfaundlers Abtritt in den späten Ruhestand, erwogen die Kulturabteilungen in Innsbruck und Bozen gemeinsam eine Kulturzeitschrift zu finanzieren. Die Tiroler Landesregierung behielt die Initiative aber lieber selbst in der Hand und schrieb einen Wettbewerb aus. Zunächst entsandte die Südtiroler Landesregierung ihren Kultur-Ressortdirektor Armin Gatterer (*1959) in die Auswahlkommission. Als sich immer mehr zeigte, dass die Südtiroler Politik keine gleichwertige Rolle spielen würde, wurde er wieder abgezogen. Ende 2002 erschienen die „Quarthefte" zum ersten Mal, mit dem Anspruch, keine Tiroler Kulturzeitschrift, sondern eine Kulturzeitschrift „aus Tirol" zu sein. Südtirol sollte in dem Maße teilhaben, wie es Stoff zu bieten hat, letztlich das Pfaundlerische Konzept der Gesamttiroler Ungezwungenheit.

Die Sitzungen der Tiroler Landesregierung beginnen immer noch mit Südtirol als fixem Tagesordnungspunkt 1 – gibt es nichts Besonderes, wird zum Nordtiroler Tagesgeschäft geschritten. Das ist immer öfter der Fall. 2001 empfahl das Kontrollamt der Tiroler Landesregierung die Einsparung des Südtirol-Referates, wozu es dann doch nicht kam; es war zuvor mit dem Beinamen „Europaregion" versehen und inhaltlich neu ausgerichtet worden. Mit Blick auf die finanziell gut gepolsterte Südtiroler Autonomie finanziert die Tiroler Landesregierung keine Südtiroler Kulturprojekte mehr, es sei denn, sie beschäftigen sich mit dem gesamten Tiroler Raum.

Immerhin gab es – mit Eifersüchteleien im Hintergrund, aber strahlendem Gruppenfoto der drei Landeshauptleute – schon eine gemeinsame Tiroler Landesausstellung mit Standorten in allen drei Ländern. Nach nur mäßigem Erfolg werden die nächsten Landesausstellungen zwar gemeinsam getragen, aber nicht mehr in allen drei Ländern gleichzeitig stattfinden, sondern jeweils an nur einem Standort. Auf der Expo 2000 in Hannover präsentierten sich Südtirol, Nordtirol und das Trentino mit einem gemeinsamen Stand. Weil kein gemeinsames Logo und kein gemeinsamer Name gefunden werden konnte, nannte sich das Expo-Gebilde elegant ST/AA-NT-TN, Südtirol/Alto-Adige-Nordtirol-Trentino. Der Verbund war trotz mancher unfreiwilliger Tirol-Posse einer der wenigen Aussteller auf der Expo, der keinen Nationalstaat repräsentierte. Zwar wurde die virtuelle Großregion auf dem Riesengelände der Expo nur am Rande platziert, in unmittelbarer Nachbarschaft zur Palästinensischen Verwaltung und Makedonien. Der Besucher- und Medienerfolg aber war beachtlich.

„Was wäre das für ein Land", entfuhr es Wolfgang Pfaundler, als er nach Verjährung der ihm angelasteten Straftaten 1998 sein Alttirol erstmals wieder bis nach Südtirol und hinunter bis zum Gardasee bereisen durfte: dreisprachig, voller reizvoller landschaftlicher und kultureller Gegensätze und doch mit einer gemeinsamen Geschichte und alpenländischen Tradition, weniger eng und provinziell als die Einzelteile der ehemaligen Großregion. Die Utopie ist verlockend, im politischen Alltag hat sie einen schweren Stand.

Im Treibhaus der Autonomie

Abgenabelt von Österreich, geschützt gegen Süden, misstrauisch und reserviert gegenüber der europäischen Integration, deren Vorzüge und Subventionen es abschöpft, ist Südtirol zu einer Insel geworden. Insel der Seligen? Oder der Mittelmäßigkeit? In Südtirol weltberühmt, in Innsbruck schon unbekannt – das trifft auf so manche Provinzgröße in Politik, Gesellschaft, Kulturleben zu. Erstaunlich viele schafften trotzdem den Sprung über die Grenze: Autor Joseph Zoderer (*1935) etwa, wenn auch vorrangig mit jenem Stoff, der Südtirol heißt. Die Schriftstellerin Bettina Galvagni (*1976) wurde von den Feuilletons der deutschen Presse wahrgenommen, ebenso die früh verstorbene Anita Pichler (1948–1997), die Autorin Sabine Gruber (*1963), der Lyriker Oswald Egger (*1963), der Kriminalsatiriker Kurt Lanthaler (*1960). Daheim sind sie eher unverstandene, wenn auch wegen ihrer Anerkennung im Ausland mitunter schon übertrieben bewunderte Exoten. Selbst Messner, der sämtliche Achttausender der Welt erklettert hat, stößt regelmäßig gegen die Landesgrenzen: 2002 wollte er sein Leiden an Südtirol in die deutschen Medien bringen. Aber „Spiegel", „Stern" und „Profil" hielten die späte Polemik um den Tod seines Bruders Günther am Nanga Parbat 1970 für zugkräftiger.

Ein untüchtiges Völkchen sind die Südtiroler nicht, immer wieder lassen sie im Ausland von sich hören: Architekt und Designer Matteo

Thun (*1952), die Starköche Heinz Winkler (*1949) und Martin Dalsass (*1956) in Deutschland und in der Schweiz, der Medienmann Georg Kofler (*1957), der aus Bruneck stammende Kabarettist Konrad Beikircher (*1945) als subtiler Diagnostiker der rheinischen Seele. Sie alle lassen sich in der Heimat mitunter bei kurzen Gastspielen blicken, werden bestaunt und bewundert, entschwinden dann aber schnell wieder ins Ausland. Als wüssten sie: Wer die Heimat zu sehr liebt, erstickt darin oder wird, im besseren Fall, von der Stallwärme betäubt.

Gegenüber Rom hat Südtirol seine Luken wetterfest geschlossen. Auch eine missgünstige Regierung wie seit 2001 das Mitte-rechts-Bündnis von Silvio Berlusconi (*1936) kann der Autonomie schwerlich etwas anhaben. Die neue Bedrohung lauert in Brüssel und fordert den vollen Einsatz der Chefetage. Das Verhandlungsgeschick ihrer Führer gehört zu den Mythen der Südtiroler: Der todernste Magnago, der auf seinen Krücken römische Verhandlungsräume betrat und vor dem sich selbst erbitterte Gegner respektvoll erhoben, der beinhart um jeden Beistrich feilschte und dann fair zu den Pakten stand. Benedikter, der dann, wenn es nicht mehr weiterging, die Tasche packte und zornig den Raum verließ, um wenige Minuten später beim Fenster wieder hereinzusteigen und eine neue Forderung zu stellen. Der Führermythos der Südtiroler Gegenwart reist im Jet an: Durnwalder in Brüssel, der die EU-Funktionäre mit Fachwissen überzeugt und bauernschlau über den Tisch zieht. Mit Jammerfalten über die armen Kleinbauern ringt er ihnen Milde auch für die reichen Großbauern ab.

Das europäische Modell Südtirol hat mit der wachsenden Aufgabenfülle der EU kein ruhiges Leben mehr. Einmal werden die üppigen Landessubventionen, etwa für Seilbahnen, als EU-widrig und wettbewerbsverzerrend infrage gestellt. Dann beargwöhnt die EU Südtirols ureigenste Form der Liberalisierung: Statt ehemals staatliche Dienstleistungen der Privatwirtschaft anzuvertrauen, wird das Land selbst zur Südtirol-AG – so mit der Sel-AG beim Strom, mit der Brennercom in der Telekomunikation. Und schließlich droht Brüssel mit Ungemach in Bezug auf die vielen ethnischen Schutzklauseln: Viele Sicherheitsvorkehrungen gegen die italienische Zuwanderung wehren auch Deutsche, Österreicher, Franzosen, Holländer ab – und kollidieren mit der Niederlassungsfreiheit und dem Diskriminierungsverbot der EU. Vieles, was die Südtiroler kollektiv schützen soll, ist im modernen Rechtsverständnis der EU eine Verletzung von Individualrechten. Der Fall Roman Angonese etwa, eines deutschsprachigen Kalterer Bürgers: Angonese focht auf EU-Ebene erfolgreich seinen Ausschluss von einem Wettbewerb der Südtiroler Sparkasse an, weil er – im Ausland weilend – keine Chance hatte, die geforderte Zweisprachigkeitsprüfung abzulegen. Ähnlich ergeht es auch Deutschen oder Österreichern, die nicht verstehen, warum sie hier arbeiten, aber vier Jahre lang nicht wählen dürfen.

Die Globalisierung pfeift durch sämtliche Ritzen in den geschlossenen Hof Südtirol. Auf dem Strommarkt, im Bankenwesen, im Transportsektor, in der Telekommunikation – überall steht Südtirol vor der Notwendigkeit, Kooperationen außerhalb des Landes suchen zu müssen. Der Südtiroler Stolz, das „Mir-sein-mir“, erleidet manche Schramme. Während die Südtiroler Politik das längst gesicherte Deutschtum des Landes immer noch verteidigt und vor Überfremdung warnt, braucht sie für ihre angeheizte Wirtschaft, speziell im Tourismus, ausländische Arbeitskräfte; regelmäßig fahren Südtiroler Politiker nach Rom, um eine Erhöhung der Ausländerkontingente zu beantragen. Dem Werben um ausländische Arbeitskräfte hinkt die menschliche Aufnahme hinterher, viele bleiben ausgegrenzt, leben und wohnen unter unzumutbaren Verhältnissen. Die Entwicklung hat aber auch ihre erquickliche Seite. Vielen Gastarbeitern gelingt es, Fuß zu fassen und heimisch zu werden. So erhält Tirol, wie so oft in der Vergangenheit, neue Farben, neue Geschmacksverfeinerungen, neue Einflüsse, neue Anregungen: Wie es in der Habsburgermonarchie üblich war, polnische Kindermädchen und Köchinnen zu beschäftigen, gehören die pakistanischen Händler am Obstmarkt zum Stadtbild und üben Südtiroler Frauen den Bauchtanz.

Ein Einkaufsbummel unter den Bozner Lauben demaskiert die Fassade der gewahrten Tradition: Wo einst die traditionsreiche einheimische Kaufmannschaft residierte, sind Max Mara, Sisley, Benetton, Stefanel eingezogen. Abseits der so gut gesicherten ethnischen Front brechen die Heimatschutzzäune ein, verdrängt die Macht der Handelsketten die Tradition der alten Handelsstadt. Ihr Vordringen ist – paradoxerweise – eine Folge der Südtiroler Erfolgsgeschichte. Bozen erlebt die Kehrseite des Standortvorteils: Weil der Lebensstandard so hoch ist, weil die Quadratmeterpreise goldene Kassen vermuten lassen, sind die Preise und Angebote für einen Laden unter den Lauben so stolz, dass die heimischen Kaufleute lieber vermieten, als dort zu arbeiten. Oder sie können mit den Kolossen, die Gewinnmargen und Preise diktieren, nicht mithalten.

Die hohen Preise haben die soziale Schere in den vergangenen Jahren unmerklich, aber nachhaltig geöffnet: Kaum irgendwo anders in Italien sind Grund und Boden so teuer wie in Südtirol, Folge der Knappheit, Folge auch einer Politik, die vor Verbauung und Ausverkauf und Überfremdung schützen will und muss. In guten Lagen kostet der Quadratmeter Baugrund 500 Euro. Wer ein Grundstück mit Baurecht besitzt, braucht nur ein Stückchen Wiese herzugeben und alles wird erschwinglich. Die Liquidität der weichenden und ausgezahlten Erben aus der Landwirtschaft und des früheren DM-Tourismus hat eine Kaufkraft geschaffen, die das Preisniveau für alle angehoben hat, auch für jene, die kein Stück Wiese zu verkaufen haben und von einem Durchschnittseinkommen leben müssen. Mieten in Bozen übersteigen mit Preisen bis zu 1 500 und mehr Euro schon das Monatseinkommen vieler Südtiroler Angestellter. Um in Bozen leben zu können, müssen oft beide Ehepartner arbeiten – mit dem einen Gehalt wird die Miete gezahlt, mit dem anderen der Lebensunterhalt bestritten.

Die 50 000 bis 70 000 Euro, die fast alle Südtiroler noch vor 15 Jahren als öffentlichen Beitrag erhalten haben, wenn sie sich eine Eigentumswohnung kauften, waren lange Zeit die Hälfte des Werts einer Wohnung. Wer fleißig war und sparte, kam so zu einer Eigentumswohnung. Mit der Formel „Zwang zum Eigentum" misstraute Grünen-Chef Alexander Langer regelrecht dem mit Landesmitteln geförderten Volkskapitalismus. Die Kostenexplosion im Bauwesen ließ den Wert der Beiträge aber dahinschwinden, mittlerweile deckt der Landesbeitrag nur noch einen geringen Teil des Kaufpreises der Wohnung. Ähnliches geschah mit einem Wahlgeschenk, das vor den Landtagswahlen 1988 als soziale Errungenschaft gefeiert wurde – Beiträge für die Reparatur von Zähnen. Kaum war das Gesetz beschlossen, wurden Südtirols Kinder und Halbwüchsige zu einer zahnspangenbewehrten, gequält lächelnden Schicksalsgemeinschaft. Prompt erhöhten die meisten Zahnärzte ihre Honorare so ziemlich genau um die Höhe des Beitrages. Die Unterstützung für den Bürger wurde zum Durchlaufposten, zur versteckten Zahnarztförderung. Ein Vorteil allerdings blieb: Die Patienten verlangten nun eine Rechnung, die Schwarzzahlungen gingen zurück, die Steuerzahlungen der Zahnärzte stiegen und flossen zurück in den Landeshaushalt. Und ewig dreht sich die Beitragsspirale.

Nur, wer nicht mithalten kann, ist arm dran in Südtirol: Unter Reichen arm zu sein, ist eine Schande. Die neue Armut versteckt sich hinter Autos, die auf Pump gekauft werden, und hinter Zahnkronen, für deren Reparatur zu Pfuschern nach Polen und Tschechien gefahren wird, weil die heimischen Zahnärzte zu teuer geworden sind. Als Caritas-Direktor Franz Kripp 2002 auf die weit verbreitete, relative Armut hinwies, rieb sich die politische Klasse ungläubig die Augen: Wie könne dies möglich sein in einem Sozialsystem, das Wohnbeiträge, Rentenbeiträge, Hausfrauen- und Familien- und Babygelder auszahlt?

Die neuen Armen sind nicht zu sehen. Mit einem neuen Beitragsgesetz, einer neuen Intervention, einem neuen Wohnbauprogramm – von Durnwalder fürs Wahljahr 2003 angekündigt – können die sozialen Forderungen immer neu gestillt werden, lassen sich wirtschaftliche Schwächen überdecken. Jüngstes Stück war eine über Weihnachten 2002 nahezu unbemerkt beschlossene Subvention für Betriebe, die sich Alarmanlagen zulegen. So wird auch politische Zufriedenheit und Zustimmung erkauft: Südtirol hat zum Teil Subventionsgesetze, die dehnbare Beiträge von 5–25 % vorsehen, der Spielraum ist Ermessenssache der Politik. Die Macht des Landes baut auch darauf, dass jeder, der den Höchstbetrag einstreichen möchte oder braucht, sich im vorauseilenden Gehorsam so verhält, als müsse er sich dafür Wohlgefallen verdienen.

Subventionen stopfen den Südtirolern der Mund, Subventionen dopen einige Wirtschaftszweige bis zur Vollbeschäftigung. Dies bedeutet nicht, dass das ganze Land reich ist, aber vielen, den meisten geht es gut. Jene, die am Wohlstand nicht mitnaschen, tun sich schwer, Fürsprecher zu finden: die wirklich noch um ihre Existenz kämpfenden

Bergbauern in schwierigen Höhenlagen, die Einzelverdiener, die Alleinerziehenden, Familien mit mehreren Kindern und durchschnittlichem Einkommen, die einfachen Angestellten und Arbeiter. Eine sozial- und wirtschaftspolitische Debatte wurde bisher durch die Dominanz der ethnischen Dauerbrenner erschwert. Reizthemen wie Ortsnamensgebung oder Schule oder Kindergarten wogen letztlich auch mehr als die 2002 erhöhten Gebühren im Gesundheitsdienst – nur eines der vielen Beispiele für den ständig steigenden Geldbedarf der öffentlichen Verwaltung in Südtirol. Seit die italienische Mitte-rechts-Regierung immer wieder Steuersenkungen ankündigt, leuchtet im Büro des Südtiroler Landeshauptmannes ein rotes Alarmsignal: Sinkende Steuereinnahmen würden unweigerlich den Landeshaushalt verknappen. Wie sehr die Südtiroler an Förderungen gewohnt sind, zeigte sich an der ersten Reaktion des Landeshauptmannes: Wenn die Regierung Steuern senke, müsse sie die Zuweisungen ans Land erhöhen.

Es ist eine vergoldete Autonomie. Bei der konstituierenden Sitzung des ersten Südtiroler Landtages am 20. Dezember 1948 klagte der neue und erste Südtiroler Landeshauptmann Karl Erckert darüber, dass für die neuen Zuständigkeiten Mittel und sogar „die nötigen Räume“ fehlten. 1961 lag der Südtiroler Landeshaushalt bei 5,6 Milliarden Lire, 2,89 Millionen Euro. 1973, im Jahr 1 nach dem neuen Autonomiestatut waren es 77,2 Milliarden Lire, 39,87 Millionen Euro. Zwei Jahre später war der Landeshaushalt schon auf 210 Milliarden Lire angewachsen, 108,5 Millionen Euro. Der Haushalt für 2002 betrug rund 4,3 Milliarden Euro, jener für 2003 wieder fast 300 Millionen Euro mehr. Auch inflationsbereinigt ist zu ermessen, dass sich Italien den Frieden in seiner Krisenprovinz etwas kosten lässt.

Der Reichtum ist sichtbar. Bei öffentlichen Ämtern bedarf es keines Blicks auf das Amtschild, um zu wissen, ob man sich in einem Gebäude des Staates oder des Landes oder auch nur einer Landgemeinde befindet. Ich kenne die Staatsgebäude aus meiner Kindheit, den abbröckelnden Verputz an der Bahnhofsfassade, die kahlen Wartezimmer mit ihren abgenutzen Möbeln und schmutzig gelblichen Heizkörpern. Das Bild hat sich wenig verändert, ganz gleich ob man eine Carabinieri-Kaserne betritt, das Steueramt, das Registeramt – die wenigen beim Staat verbliebenen Ämter. In den Landesämtern, in den

Wahrzeichen des neuen Südtirol: Die Europäische Akademie im ehemaligen Gebäude der faschistischen Jugendorganisation.

Rathäusern hingegen sind die Wände blitzblank geweißelt, ist das Mobiliar teuer und neu, die technische Ausstattung auf dem letzten Stand. Die Europäische Akademie ist in einem Glaspalast untergebracht – herausgepellt aus dem Gebäude der faschistischen Jugendorganisation an der Drususbrücke. Von der gegenüberliegenden Polizeizentrale und dem Gefängnis hebt sich das Prachtgebäude ab wie ein Wahrzeichen des neuen Südtirol: Die Autonomie hat sich zurückgeholt, was der Faschismus zur Entfremdung des Landes in die Landschaft geklotzt hatte – die Eurac ist eine postuniversitäre, postautonome Forschungsstätte mit Spezialisierung auf Minderheitenrecht. Gesandte aus Tibet und Konfliktforscher aus dem ehemaligen Jugoslawien kommen hierher, um das Modell Südtirol zu studieren und zu bestaunen.

Ein Erfolgsmodell, keine Frage, aber oft nahe dran, an sich selbst zu verderben. Durch die Autonomie und ihre wirtschaftliche Turbomaschine gebärdet sich Südtirol kulturell und wirtschaftlich autark. Fundierte Untersuchungen aber warnen, dass der Südtiroler Wohlstand krisenanfällig sei, gebaut auf Subventionen, die eher abhängig und träge als zukunftsfähig und tüchtig gemacht haben. Der Markt ist klein, expansionswillige Südtiroler Betriebe stoßen schnell auf Grenzen. Einigen ist der Durchbruch über die Landesgrenzen hinaus gelungen – der Durst Phototechnik in Brixen, dem Seilbahnbauer Leitner, dem Waffelhersteller Loacker, den Speckfabrikanten Senfter und Gasser. Der im kleinen Markt Innichen produzierende Franz Senfter (*1943) wurde durch forsches TV-Marketing in Italien bekannt und expandierte bis nach China. Luis Gasser (*1934) war Metzger im Städtchen Klausen, arbeitete sich zum Fabrikanten empor, baute eine neue große Produktionsstätte und erfüllte sich im Alter einen Traum – er kaufte die nationale Wurstgröße Negroni auf. Ende 2002 stand der Betrieb dicht am Abgrund: Der Bau der neuen Halle hatte sich als viel zu teuer erwiesen, aus den geplanten 15 Millionen Euros waren bei Schlüsselübergabe 30 Millionen geworden. Ein strenges, von den Südtiroler Banken gnädig unterstütztes Sanierungskonzept sollte den Betrieb noch retten, für den Gründer aber war der Traum zu Ende. Er verlor all das, was er aus eigener Kraft aufgebaut hatte. Auch dahinter zeigt sich eine Schwäche der Südtiroler Wirtschaft: Sie stützt sich auf Idealismus, Arbeitswille, Pioniergeist früherer Handwerker und Bauern, eine solide Unternehmerkultur gibt es nur in Ansätzen. Qualifizierte, fähige Manager – die man sich künftig von der Wirtschaftsfakultät der Freien Universität Bozen erhofft – sind selten oder scheitern am Ehrgeiz des Firmeninhabers, der selbst seinen Betrieb führen will.

Ein Südtiroler Märchen mit Happy End ist die Geschichte des Traminers Helmuth Gschnell (*1944). Er fiel als junger Bursch bei der Aufnahmeprüfung für die damals noch italienische Landwirtschaftsschule durch, weil er zu wenig Italienisch konnte. So nahm er eine Stelle bei der 1963 gegründeten Bozner Niederlassung der Würth an, dem weltweit operierenden Schraubenhändler aus Schwaben. Reinhold Würth persönlich hatte Südtirol als Sitz für Würth Italia auserkoren, weil er sich hier zweisprachiges Personal für die Eroberung des italienischen Marktes erhoffte. Gschnell war einer der drei ersten Bozner Mitarbeiter, musste für mehrere Jahre nach Rom, lernte Italienisch, kam als Top-Manager zurück und stieg zum Leiter von Würth Italia auf. Dies wäre der eigentliche, oft unerkannte Reichtum des Landes, auch wenn er – im neuen Europa – schon nicht mehr genügt: Gschnell, des Englischen nur mäßig mächtig, bekennt, dass Deutsch als Firmensprache auf kurz oder lang dem Englischen weichen wird. Dann wäre sein Südtirol-Bonus aufgebraucht.

An diesem Bonus hängt Südtirol: Gegenüber der internationalen Globalisierung, gegenüber dem Druck der EU, gegenüber der Föderalisierung des restlichen Italiens, gegenüber Österreich, ja selbst gegenüber dem Bruderland Tirol gilt die Maxime, dass Südtirol etwas Besonderes zu sein hat. Eine Angst vor der normalen Provinz peinigt das Selbstwertgefühl der Südtiroler und zwingt sie zur Abschottung: Je mehr sich die Südtiroler öffnen, desto schutzloser sind sie der Globalisierung ausgesetzt, auch wenn die wirtschaftlichen Zwänge oft keine andere Wahl lassen. Je mehr Autonomie Rom allen anderen Provinzen zugesteht, desto mehr wird Südtirols Sonderstatus eingeebnet auf ein normales italienisches Niveau – mit Vehemenz pochen die Südtiroler Politiker bei jedem italienischen Föderalisierungsschritt auf die Besonderheit und Unerreichbarkeit ihrer Autonomie. Zwar müsse Südtirol alle Rechte bekommen, die den normalen Provinzen zustehen, aber nicht um den Preis, die eigene, international abgesicherte Vorzugsposition einzubüßen. „Mir sein mir.“

Die zwölf Stämme des gelobten Landes

„Eingeklemmt", so hatte der Schriftsteller Norbert C. Kaser 1978 die Südtiroler Befindlichkeit beschrieben. Mittlerweile sind wir Südtiroler eher in Watte gehüllt, eine verwöhnte Generation. Vakuumverpackt und überbehütet leiden wir an Erstickungsgefahr, ohne es zu merken. Südtirol ist eine enge Welt, eine geschlossene Gesellschaft, in der jeder jeden kennt, jeder von jedem abhängig ist, beinahe jeder jedem einen Gefallen tut oder abverlangt. Oder, um es mit dem Südtiroler Zeithistoriker Hans Heiss (*1952) zu sagen, eine kleine Bühne mit einem beachtlichen historischen und politischen Stoff: „Das Stück, das hier gespielt wird, ist größer als die Bühne, auf der es spielt, und überfordert oft die Akteure, die es spielen."

Wie in einer systemischen Familienaufstellung genügt eine überschaubare Anzahl von Figuren, um Südtirols innere Abläufe nachzuzeichnen. Über recht viel mehr als zwölf Stämme, die das Land prägen, beherrschen, entwickeln, hemmen, kommt man nicht hinaus. Eine Familie, die in Südtirol seit langem eine tragende Rolle spielt, sind die Amonns: Das Familienunternehmen – auf Handel und Industrie mit sicheren Produkten wie Lebensmitteln, Farben, Pflanzenschutzmitteln gebaut – feierte 2002 das 200-jährige Bestehen. Die Amonns sind die bürgerlichen Liberalen in Südtirol, mit der Grundtugend der Bedächtigkeit und Langsamkeit, des Ausgleichs und der Umsicht:

Erich Amonn (1896–1970) war im Mai 1945 Begründer der Südtiroler Volkspartei. Sein zwei Jahre jüngerer Bruder Walther Amonn (1898–1989), damals Vizepräfekt, verzichtete scherzhaft auf Parteiausweis Nummer 2 und wurde Mitglied Nummer 12, weil die ersten zehn Mitglieder von Parteien normalerweise früh stürben – er wurde über 90. Zu ihrer führenden Rolle im Südtirol der Nachkriegszeit befähigt hatte die Amonns ihre vorsichtige Haltung zur Zeit der deutschen Besatzung von 1943 bis 1945, ebenso ihr Widerstand gegen die Option. Dadurch genoss Erich Amonn das Vertrauen der Amerikaner. Wichtigster Partner war Kanonikus Michael Gamper (1885–1956), konservativ, klerikal, aber ebenfalls gegen das NS-Regime und die Option aufgetreten. Das schwierige Zweckbündnis zwischen Kaufmann und Kleriker, zwischen liberal und konservativ, widerspiegelt den Gründungsgeist der neuen Südtiroler Sammelbewegung – die Südtiroler aller Richtungen sollten darin Platz haben, einschließlich der in den Gründungsakten nicht offiziell aufscheinenden Optanten.

Die Erben des Kanonikus sind die Ebners, ein junger Stamm, durch Eheschließung begründet: Der junge Jurist Toni Ebner (1918–1981), ein Bauernsohn aus dem Unterlandler Bergdorf Aldein, hatte unmittelbar nach dem Zweiten Weltkrieg eine Nichte des Kanonikus, Martha Flies (*1922), geheiratet. Schon diese zwei Stämme, beide lange im Druckwesen tätig, vereinen und verstreiten sich in immer neuen Verwicklungen. Nach dem ersten Autonomiekompromiss, den die SVP unter Erich Amonn 1945 hinnahm, ging der Kanonikus auf Distanz, während sein künftiger Erbe Toni Ebner eine Allianz mit Amonn pflegte. Beide, Ebner und Amonn, wurden 1957 – beim Aufbruch in den neuen Autonomiekampf – als verbrauchte, gegenüber Rom zu nachgiebige Führung von der „jungen Garde“ um Silvius Magnago verdrängt. Aber die „Amonniter“, wie sie nach einem biblischen Stamm geschimpft wurden, verfügten dank Ebner über ein mächtiges Instrument: In der schwierigsten Phase der Südtiroler Nachkriegszeit – über die Bombenjahre bis zum Paket von 1969 – hatte die SVP-Spitze die sonst treu verbündeten „Dolomiten“ gegen sich. Mit Landeshauptmann und SVP-Obmann Silvius Magnago – dem Sohn eines unter Österreich dienenden italienischen Richters von preußischer Rechtsauffassung – etablierte sich um 1960 eine neue politische Grundfigur: Juristen mit ausgeprägter Beamtenkultur machten sich breit, geschickte Verwalter und gewiefte Verhandler, gut ausgebildet für die neue Herausforderung einer aufzubauenden Autonomie. Hinter Magnago standen Alfons Benedikter, Peter Brugger (1929–1986), Joachim Dalsass (*1926), etwas skeptischer Hans Dietl (1915–1977).

Eine Zweckallianz auch diese, mit fliegenden Wechseln: Der Städter Magnago wurde von den Bauernführern Brugger, Dietl, Dalsass an die Macht gehievt, um die Städter Amonn und Ebner auszuhebeln. Magnago war vorher auch den liberalen Kreisen als Charismatiker mit Sinn für das Machbare und Mögliche aufgefallen. Als er für das Paket Kompromisse und Abstriche vom neuen harten Kurs machen musste, hatte er seine Königsmacher Brugger, Dietl, Dalsass gegen sich, die Amonns dagegen auf seiner Seite. Ebner dagegen hatte ab 1961 – mit Amonn und der Aufbau-Bewegung – Magnagos druckvolle Politik geradezu torpediert. Nun förderte er den kämpferischen Kurs von Peter Brugger gegen den Paket-Kompromiss und gegen Magnagos Vermittlungslinie. Friedl Volgger, bis zu Ebners Heirat der Günstling des Kanonikus, war 1961 bei den „Dolomiten“ wegen seiner zu scharfen Art ausgebootet worden. Bei der Paketabstimmung 1969 stand Ebner auf der Seite des Falken Brugger, Volgger dagegen auf der Seite des Kompromisspolitikers Magnago.

Ein starker Stamm mit hoher Kontinuität sind die Widmanns, bäuerlicher Herkunft mit Besitz im Unterland, dann Gastwirte in Bozen. Franz Widmann (*1919) war 1957 der diskrete Hauptakteur bei der Vorbereitung für den Machtwechsel in der SVP und den Aufstieg Magnagos. Widmann war ein enger Freund von Hans Dietl, hielt aber Charisma und Führungsqualitäten Magnagos für wesentlich, um in der Südtiroler Politik Erfolge erzielen zu können. Als sich Dietl und Magnago in der Paketdebatte feindlich gegenüberstanden, hielt Widmann die Verbindung zu beiden Gruppen. Ebenso blieben die Widmanns Freunde von Friedl Volgger und traten trotzdem in enge Verbindung zu den Brandstätters. Vater Josef Brandstätter (1918–1998) gehörte 1946 zur Leibwache des ersten italienischen Staatspräsidenten Enrico De Nicola (1877–1959) und war in den fünfziger Jahren Carabinieri-Offizier. Friedl Volgger verdächtigte

Brandstätter, ihn 1956 in eine Polizeifalle gelockt zu haben – Volgger wurde verhaftet. Brandstätter bestritt dies immer entschieden, er habe Volgger vielmehr vor der Verhaftung warnen wollen. Nach der Affäre quittierte er seinen Dienst und eröffnete eine Rechtsanwaltskanzlei. Im Südtiroler Machtgefüge wurde er Präsident der Südtiroler Sparkasse.

Sohn Gerhard Brandstätter (*1953) leitet Bozens wohl größte Anwaltskanzlei, hohe SVP-Funktionäre einschließlich Durnwalder vertrauten ihm ihre Rechtsvertretung an. Hier liefen die Fäden zusammen, als Südtiroler Unternehmer die marode Innsbrucker Fluglinie Air Alps aufkauften, um den Bozner Flughafen endlich in Schwung zu bringen. Hier wurden die Verbindungen geknüpft, als einige Unternehmer und Machtcliquen einen TV-Sender gründen wollten – ein unerledigtes Vorhaben. Der junge Brandstätter ist die Integrationsfigur einer seit zehn Jahren aufgestiegenen Führungsgruppe in Politik und Wirtschaft, zusammengeschmiedet wie eine erwachsen gewordene, aber unternehmungsfreudig gebliebene Jungschargruppe. Gerhard Brandstätter war, von Schule und Jugend her, mit den Sprösslingen nahezu aller Dynastien befreundet: mit Siegfried Brugger (*1953), jetzt SVP-Obmann, mit dem um ein Jahr älteren Michl Ebner, jetzt Athesia-Direktor und EU-Parlamentarier, mit Gernot Rössler (*1953), Anwalt und Präsident der Messe Bozen, Spross der Altbozner Mühlenbesitzerfamilie; mit den jungen Widmanns, den Söhnen des Drahtziehers Franz Widmann: Klaus (*1953) als Präsident – und abwechselnd mit einem italienischen Präsidenten – Vizepräsident der Ärztekammer, Andreas (*1962) als Anwalt in Brandstätters Kanzlei, Thomas (*1959) als Generalsekretär der Südtiroler Volkspartei und Intimus von SVP-Obmann Siegfried Brugger. Letzterer wiederum ist der Sohn von Magnagos großem Widersacher Peter Brugger, Jung-Siegfried erhielt aber – auch dank seiner bürgerlichen Allianzen – bei der Wahl zum Obmann 1992 Magnagos Segen. Mit dem jüngsten Widmann, Robert, genannt Bobo (*1965), bin ich selbst befreundet; er war SVP-Bezirksjugendreferent des Unterlandes und 1993 ein erfrischend frecher und gescheiterter SVP-Landtagskandidat.

Im Gegensatz zum fortdauernden politischen Engagement der Bruggers, Ebners, Widmanns sind die beiden Söhne von Erich Amonn und deren Nachkommen wieder zurückgetreten in die vorsichtige Distanz des liberalen Bürgertums zur Macht. Dahinter stand aber keine politische Enthaltung: Christoph Amonn (1931–1994) hielt, trotz enormen politischen Drucks, an einer unabhängigen Zeitschrift wie der „FF" fest, Ander Amonn (*1933) lehnte nach dem Undank, den sein Vater nach 1957 erlebt hatte, jede Mitarbeit, ja sogar Mitgliedschaft in einer Partei ab, auch in jener, die sein Vater gegründet hatte. Aber er plante in den achtziger Jahren die Herausgabe einer Tageszeitung in direkter Konkurrenz zum „Ebner-Blatt", den „Dolomiten". Nach dem Rückzug aus dem harten Tagesgeschäft entrückten die Amonn-Brüder in klassische „elder-statesman"-Positionen liberaler Bürgerlichkeit. Vor seinem Tod wurde Christoph Amonn Handelskammerpräsident, Ander Amonn bald darauf Sparkassepräsident.

Sparkasse, Handelskammer, Messekörperschaft, Konzertverein, Museumsverein – in den ehrwürdigen Bozner Institutionen kehren die Familiengeschichten wieder. Erich Amonn war ebenfalls Präsident der Sparkasse gewesen, sein Bruder Walther Amonn – neben vielen anderen Positionen – Präsident der Bozner Messe und Verwaltungsratsmitglied in der Bank von Bozen und Trient. Sein Einsatz für den Museumsverein wurde von seinen Erben, von denen mehrere dem Freundeskreis des Museums für Moderne Kunst angehören, aufgenommen. Die Familien Amonn, von Walther, von Pretz, Tinzl, Riz sind miteinander verwandt, die Vorfahren standen zum Teil schon unter Österreich in politischen Funktionen. Nach dem Zweiten Weltkrieg bestimmten sie, bis zum Beginn der neuen Autonomieära, Südtirols politischen Weg. Walther von Walther (1900–1984) gehörte nach dem Zweiten Weltkrieg der SVP-Führung an und war Präsident der Handelskammer, Karl Tinzl (1888–1964) war einer der führenden SVP-Parlamentarier, Roland Riz wurde zum Kronprinzen der „Gemäßigten" in der SVP. Walther von Walthers Sohn Franz (*1928), als langjähriger Koordinator des deutschsprachigen öffentlichen Rundfunks ein Mann von demokratischem Bewusstsein, übernahm den Konzertverein und eine Funktion im Verwaltungsausschuss der Stiftung Südtiroler Sparkasse, der die Mehrheit der Sparkasse gehört. Sein Sohn Toni von Walther (*1965), gemäß Familientradition Jurist und ehrenamtlich Organist in der Franziskanerkirche von Bozen, wurde

Mitglied des Rates der Stiftung Sparkasse. In der Sparkasse wurde dem langjährigen Präsidenten Josef Brandstätter stets eine keusche Amtsführung zugute gehalten. Bei seinem Abschied äußerte er doch noch einen persönlichen Wunsch: Man möge doch seinen Sohn Gerhard in den erlauchten Kreis der Sparkassemitglieder aufnehmen. Im Frühjahr 2003 wurde Gerhard Brandstätter, bereits Präsident der Investitionsbank für Bozen und Trient, auf Vorschlag von Luis Durnwalder Präsident der Stiftung Südtiroler Sparkasse.

So vererbt sich vieles von Vätern auf Kinder, Enkel, Neffen. Der Ultner Hugo Gamper (1943–1979) war ein brillanter Politiker: Er verkörperte zusammen mit Roland Riz den Typus des Politikers in der Robe und des Südtiroler Anwalts im Parlament, beide verteidigten Attentäter und den des Mordes an seiner Haushälterin angeklagten, später freigesprochenen Pfarrer Josef Steinkasserer. 1993 schaffte Gamper-Neffe Michl Laimer (*1965) mit 28 Jahren auf Anhieb den Sprung in den Landtag und in die Landesregierung. Zuvor schien Gamper-Neffe Heinrich Dorfer (*1960) als Landesjugendreferent der SVP für den Aufstieg prädestiniert. Dorfer, Hotelier im Passeiertal, scheiterte am fehlenden politischen Geschick, Cousin Laimer nutzte eine Kandidatenlücke in seinem Wahlbezirk Burggrafenamt und wurde durch das Zusammenspiel von Bezirks- und Familienglück zum Senkrechtstarter.

Eine unkonventionelle Erbfolge ist jene von Siegfried Unterberger (*1942). Der Meraner Bauingenieur ist ein gewiefter Polit-Stratege, Verwaltungsrat der Sparkasse, mit Ander Amonn eng befreundet und einer der wichtigsten Ratgeber Luis Durnwalders in der Raumordnung und Wirtschaftspolitik. Unterbergers Tochter Julia (*1962) heiratete den jungen, in der SVP aufstrebenden Juristen Karl Zeller (*1961), der aufgrund seiner völkerrechtlichen Kompetenz und Leidenschaft vor allem dem auch für Raumordnung zuständigen Landesrat Alfons Benedikter aufgefallen war. Nun wurde Zeller von zwei Seiten gefördert, bewegte sich selbst aber auch clever einer Blitzkarriere entgegen: Im März 1994 wurde er erstmals in die Abgeordnetenkammer gewählt, wenige Monate später wurde er Nachfolger von Alfons Benedikter in der Sechser- und Zwölferkommission, dem wichtigsten Verhandlungsgremium Staat–Region–Land. Die Bindung zum Schwiegervater Unterberger litt auch nicht, als sich Karl Zeller und Julia Unterberger trennten. Tochter Unterberger profilierte sich – vom Vater mit liebevoller Skepsis beobachtet, von Durnwalder dem Vater zuliebe immer wieder grollend geschützt – in der SVP als forsche Frauenrechtlerin, 1999 wurde die Anwältin Vorsitzende des Landesbeirates für Chancengleichheit zwischen Frau und Mann, 2003 SVP-Arbeitnehmerkandidatin für den Landtag.

Solche Verstrickungen bestimmen Lebensläufe und Karriereplanung in Südtirol. Ihnen ist schwer zu entkommen – zum Teil wegen des begrenzten Spielfeldes, auf dem die Figuren agieren, zum Teil aus purem Personalmangel. Die Provinz Südtirol muss, dank ihrer weit reichenden Autonomie, beinah Republik spielen und alle dafür notwendigen Positionen besetzen. Das Land mit seinem enormen Beamtenapparat, die Wirtschaft mit ihrem Arbeitskräfte- und Managermangel, die Verbände mit ihrem wachsenden Ehrgeiz bieten mehr Chancen, als das Establishment besetzen könnte. Auch Parvenüs, die keinen über Generationen zurückreichenden Rückhalt haben, sind mit ein bisschen Geschick und persönlichem Einsatz im Spiel: Von zwei Peterlini-Brüdern wurde der eine Regionalratspräsident, dann Senator, der andere Chefredakteur des einzigen Südtiroler Nachrichtenmagazins.

Die basisnahe, kapillare Organisationsstruktur der SVP – mit starken Ortsgruppen nicht nur in jeder Gemeinde, sondern in jedem Dorf – ist ein feines Rekrutierungsnetz für den politischen Nachwuchs. Der Aufstieg aus dem Nichts ist möglich und verschafft der Sammelpartei eine schier unversiegbare Erneuerungskraft. Allerdings ist die jüngere Entwicklung gegenläufig: Um hoch dotierte politische Positionen werden immer professionellere und dadurch kostspieligere Wahlkämpfe geführt, der Druck der Interessengruppen auf die Politik ist gestiegen. Die neue Auslese des politischen Nachwuchses erfolgt verstärkt über „*Lobbying and Money*“: Wer nach oben will, muss einen starken Interessenverband für sich gewinnen und mindestens 30.000 Euro investieren.

Südtirols mächtiger, aber nicht zweifelsfrei mächtigster Mann, Luis Durnwalder, ist seiner Erfolgsgeschichte nach einer der Aufsteiger aus kleinen Verhältnissen – und stolz darauf. Verächtlich blickt

Durnwalder auf die Dynastien, wenngleich er die Machtbalance mit ihnen zu wahren versteht und selbst Förderer hatte. Bauernchef und Senator Peter Brugger brachte den jungen Bauernbub zum Studieren und stellte ihm die Bauernbund- und Parteileiter hin. Den weiteren Aufstieg schaffte Durnwalder freilich selber. Er ist vom Typ her der Ranggler, der deshalb zum Führer wurde, weil er alle anderen niedergerungen hat. Durnwalder musste stark sein, um Landeshauptmann zu werden, das vornehme Bozen rümpfte die Nase über den zunächst rüpelhaft wirkenden, anscheinend wenig urbanen Magnago-Nachfolger. Es akzeptierte ihn erst, als er nicht mehr zu verhindern war. Aber Durnwalder überraschte alle: Er bewegte sich ungemein sicher, war je nach Bedarf bodenständig, charmant oder staatsmännisch – ein begnadeter Kommunikator. Ein oft fehlendes Feingefühl für Nuancen, etwa als er Anfang 2003 erklärte, die Südtiroler hätten gleich unter dem Nazifaschismus gelitten wie die Juden, beeinträchtigt seine Popularität nicht. Eher traf er, allerdings bei emotionalisierten Themen meist redlich um Ausgleich bemüht, damit den Ton des Volkes. Nach drei Legislaturperioden, in denen er fast jedem Südtiroler die Hand oder einen Beitrag gegeben hat, erreichte er 1998 über 104 000 Stimmen; der große Magnago hatte es vorher „nur" auf 76 000 gebracht.

Im Südtiroler Clan-, Familien- und Vereinswesen gehört Durnwalder zu den Solisten ohne Stammbildung – wie vor ihm Magnago, Benedikter, Dalsass, Dietl. Das Einzelgängertum bietet Handlungsraum, um den Preis der Einsamkeit und das Risiko des Alleinregenten: „Wenn der Löwe verwundet ist, fallen die Hyänen über ihn her", ist eine Prognose Durnwalders, sollte er einmal stolpern. Solange der Löwe kräftig ist, herrscht er. Durnwalder stützt sich auf ein bis in die kleinsten Weiler reichendes Heer von Vasallen und einen kleinen, aber verlässlichen Freundeskreis. Zu diesem zählt Siegfried Unterberger, der Durnwalder für die Kunst der Tiroler Moderne gewinnen konnte. 1999 tauschte Unterberger, ein auch im Ausland beachteter Kunstsammler, einen Teil seiner Gemälde mit dem Land Südtirol gegen einen Bauernhof – ein symbolträchtiger Handel: Durnwalder erwarb gegen ein Stück Bauernland den Ruf von Kunstsinn, Mondänität, Urbanität. Tatsächlich hielt er in der Legislaturperiode 1998–2003 am umstrittenen Neubau des Museums für Moderne Kunst in Bozen

Landeshauptmann Luis Durnwalder und Siegfried Unterberger bei der Eröffnung der Ausstellung von Unterbergers Putz-Sammlung; dahinter Unterberger-Schwiegersohn und Parlamentarier Karl Zeller, Kulturlandesrat Bruno Hosp und Merans Bürgermeister Franz Alber.

fest. Das arme Bauernland sollte sich nun doch auch Musisches und Schönes gönnen. Die ältesten Verbindungen Durnwalders sind jene aus seiner Studienzeit, zu den Abgängern der landwirtschaftlichen Hochschule in Wien, der „Boku". Daraus stechen die Pohl-Brüder hervor, eine Vinschger Sippe, die Leo Gurschlers Imperium im Schnalstal mit aufbaute. Vater Michl Pohl (1904–1995) leitete lange Jahre die Bauernbundzeitschrift „Der Landwirt", Sohn Berthold Pohl (1944–1999) war von 1979 bis 1991 Bauernbunddirektor. Seinem Vorgänger Durnwalder war er ein mündiger Berater, oft auch Mahner in der Landwirtschaftspolitik.

Der Herrschaftsanspruch Durnwalders hat ältere Rechte zurückgedrängt. Im alten Machtspiel zwischen Bürgern, Bauern, Adel und Klerus hat schon die Magnago-Generation Adel und Patrizier als bestimmende Mächte abgelöst. Der Putsch von 1957, der Silvius Magnago an die Parteispitze trug und die Führungsgeneration der ersten Stunde entmachtete, besiegelte das Ende der „Honoratiorenpartei“ zugunsten einer Bauern-, Beamten- und Arbeiterpartei, einer zunehmend modernen Volkspartei, die freilich im Sinne der Geschlossenheit weiterhin unter der Schirmherrschaft der wirtschaftlich mächtigen Kreise stand. Nur einmal, nach dem Niederschlagen der „Aufbau“-Bewegung um Ebner, Amonn, von Walther, Staffler, Riz unterstützten maßgebliche Kreise offen und mit Spenden die Liste des abtrünnigen SVP-Senators Josef Raffeiner als Alternative zur Volkspartei. Nach dem Scheitern dieser kleinen Fronde schwenkten auch die Patrizier wieder auf SVP-Kurs ein.

Die Politik hat in Südtirol – wohl als Folge des Volkstumskampfes – ihr Primat auch gegenüber der Wirtschaft in der Hand behalten, gegen den internationalen Trend, demzufolge die politischen Linien in den Chefetagen der Großbanken und Konzerne vorgegeben werden. Die „Aufbau“-Bewegung, die 1961 den volkstumspolitischen Kurs der SVP mildern wollte, hatte sich auch zum Ziel gesetzt, die SVP auf einen wirtschaftspolitischen Kurs zu bringen. Ihr gehörte auch der Bozner Unternehmer und Hotelier (Greif, Laurin) Max Staffler an (1921–1995). Als Herausgeber der liberalen Südtiroler Wirtschaftszeitung verfasste er alljährlich zu Neujahr einen Kommentar zur Lage des Landes, um dann wieder für zwölf Monate seine Geschäftsgänge zu verrichten. Sohn Franz Staffler (*1950) meldet sich ebenfalls spontan mit liberalen Impulsen zu Wort (etwa für die Aufwertung der Mehrsprachigkeit), ein dauerhaftes politisches Engagement wäre wohl auch ihm zu lästig; allerdings war er Ende der neunziger Jahre federführend bei dem heftig von Bürgerinitiativen bekämpften Aufbau des Flughafens Bozen. Vater und Söhne Baumgartner, die Kapitäne der Lastwagenflotte von Fercam, beschränkten ihr politisches Engagement auf den Protest gegen Behinderungen des freien Warenverkehrs, 2003 sponserten sie eine Zeitgeschichte-Show der SVP.

Wirtschaftspatriarchen, wie es etwa Gianni Agnelli (1921–2003) für Italien war, hat Südtirol kaum: Oswald Zuegg (*1949) aus Lana mischte sich in den achtziger Jahren lebhaft in politische Debatten ein, bis er mit seiner Marmeladenfabrik nach Oberitalien zog, wo er billiger und freier produzieren konnte. Bauunternehmer Michael Seeber (*1949) schien in den neunziger Jahren eine ähnliche Rolle zu übernehmen. Er zog sich aber infolge der Schmiergeldermittlungen 1993 – wenn auch von diesen nur gestreift und am Ende entlastet – wieder aufs Geschäft zurück (Baufirma Seeste, Seilbahnhersteller Leitner). Abstand zur Macht hält die Kaufmannsfamilie Oberrauch, die aus ihren Laubengeschäften in Bozen ein wahres Imperium geschaffen hat (Salewa, Oberalp, Sportler, Oberrauch-Zitt, Globus, ex Hervis, Velo, ex Grizzly, Lodenwelt u. a.). Die Oberrauchs gehören der katholischen Tradition der Südtiroler Wirtschaft an, mit einem sozialen, aber auch calvinistischen Verhältnis zu Geld und Unternehmertum: Der Tüchtige dankt Gott, gibt den Armen und vermehrt seine Talente.

Mit Durnwalder ist das Land in Bauershand gekommen, obwohl das Gewicht der Landwirtschaft in der Bevölkerung und im Bruttosozialprodukt ständig schwindet. Die mit Durnwalder eingeführte Würdigung des Südtirolers Erbhofes, mit landesamtlichen Urkunden besiegelt, in Bildbänden festgehalten, ist Ausdruck eines auch politischen Anspruchs auf Tradition und Verwurzelung: 200 Jahre in ein- und derselben Familie, jeweils vom männlichen Stammhalter weitergeführt – die Merkmale eines Erbhofs sind das Brandzeichen, mit dem Tirols Bauernstand seit je seine Standesrechte angemeldet hat. Das Patriziertum hat wohl noch Einfluss, übt ihn aber wenig sichtbar aus. Der Adel hat sich weit gehend von unmittelbarer Machtausübung verabschiedet, pflegt seine Schlösser und muss für deren Erhaltung um Landesbeiträge ansuchen. Es würde nicht wundern, einen Herrn Grafen um sechs Uhr in der Früh beim Amtssitz des Landeshauptmanns in der Schlange jener Bittsteller stehen zu sehen, die auf Anhörung und Hilfe hoffen. Manche der Adeligen schauen mit hochgezogenen Augenbrauen nach Bozen und degoutieren die hemdsärmelige Machtausübung, andere treten offen dagegen auf: Im Wipptal hat Carl von Pretz (*1943) einen Bürgeraufstand gegen die Errichtung einer Mülldeponie im geologisch gefährdeten und historisch geweihten Gelände der Sachsenklemme angeführt; in Branzoll regierte von 1995 bis 1999 Graf Georg Mamming (*1941) mit einer Bürgerliste und italienischen Linksparteien gegen den Widerstand der Volkspartei. Franz Kripp (*1964), von altem Tiroler Adel, war als Caritas-Direktor ein unbequemer Mahner auch in der Landespolitik. Sein Bruder Sigmund Kripp (*1962), Schlossherr auf der Stachelburg bei Partschins, war 1998 Mitbegründer der „Demokratischen Partei Südtirols" mit klarer Stoßrichtung gegen die Übermacht der Südtiroler Volkspartei; 2003 verhandelte die teils bürgerlich-liberale, teils linksliberale DPS über eine gemeinsame Liste mit den Grünen.

Mit Kompromisszwängen ist Durnwalder vertraut, zum Teil steckt er in den Südtiroler Verflechtungen, zum Teil bedient er sich ihrer: Er verkörpert den Politiker, der sein Amt wie ein Manager und Mediator ausübt. Hinter Durnwalder mögen Interessengruppen und Bürgerkreise schieben und ziehen, solange er das Volk hinter sich weiß, hat er einen sicheren Stand. Der direkte Weg zu Durnwalder ist für Südtiroler, deren Gesuche sich im Dickicht der Bürokratie und Autonomiegesetzgebung verfangen, wie eine Wallfahrt: Wenn nichts mehr hilft, dann hilft vielleicht er. In seiner Amtsführung ist Durnwalder unerbittlich gegen politische Gegner, die ihm gefährlich werden könnten, Volk, ergebene Mitarbeiter und treue Mitstreiter lässt er leben. Will er in Reden seine Meinung unterstreichen, bedient er sich der Formel „Ich glaube …" Liegt ihm etwas besonders am Herzen, fällt er gern in einen pastoralen Ton: Durnwalder war, wie manche Bauernbuben, die studieren durften, in seiner Jugend auf dem Weg zum Priestertum. Wäre er nicht auf den weltlichen Lebensweg ausgeschert, so scherzte er einmal, wäre er wohl Bischof geworden.

Vor solcher Amtsführung muss im Heiligen Land Tirol selbst die Macht der Kirche zurückstehen. Seitdem 1986 der Kapuzinerpater Wilhelm Egger (*1940) zum Bischof der Diözese Bozen-Brixen geweiht wurde, ist der Einfluss der Kirche auf die Politik geschwunden, wenngleich sich der Bischof wohltuend um ethnischen und sozialen Ausgleich bemüht. Die Autonomie hat, im Geist der Zeit, eine Machtverlagerung herbeigeführt: Mit Kanonikus Michael Gamper prägte die Kirche noch unmittelbar das Schicksal des Landes. Bischof Joseph Gargitter (1917–1991) stand einer zu forschen Volkstumspolitik kritisch gegenüber, seine scharfe Ablehnung der Attentate der sechziger Jahre trug ihm den Übernamen des „walschen Seppl" ein. Gargitters Haltung war gefürchtet und geachtet. Auch gab die Kirche entschiedene Signale zum Kurs der großen Politik: Das Kirchengebiet Südtirol war bis 1964 auf die Diözesen Trient und Brixen-Säben aufgeteilt. Die Schaffung einer eigenen Diözese für Südtirol (Bozen-Brixen) nahm die Forderung nach dem „Los von Trient" auf und die künftige Provinz-Autonomie Südtirols vorweg. Im Vorfeld der ersten Verhandlungen zum Paketabschluss 1988 wurde der Papstbesuch auf Weißenstein im selben Jahr ähnlich interpretiert – als kirchliche Absegnung des Friedensschlusses. Am ehesten wirkt die Kirche über die Sozialverbände in die Politik hinein, die SVP-Arbeitnehmer sind dankbare Förderer sozialklerikaler Gegengewichte zu den Lobbys der Wirtschaft und der Volkstumspolitik.

Die weltlichen Vernetzungen durchziehen das gesamte Südtiroler System und überbrücken das Prinzip der Gewaltenteilung. Der Landtag ist durch die ungefährdete SVP-Mehrheit zur Genehmigungsmaschine für Gesetze geworden, die von der Exekutive vorgegeben werden. Viele Regisseure, Einflüsterer, Drahtzieher bleiben im Hintergrund. Über 90 % aller wichtigen Wirtschaftsoperationen werden in zwei, drei Kanzleien abgewickelt. In den unteren Etagen der Macht und in den Bezirken siedeln die kleineren Stämme, regionale Dynastien, Talfürsten und Dorfkaiser mit Anhang. Auf kleinster Ebene zeigt sich häufig ein Spiegelbild der Lage im Land: Mächtige Bürgermeister, auf wenige Familien gestützt, sind über Generationen hinweg unangefochten, immer dieselben Architekten und Geometer, Baufirmen und Geschäftsleute teilen Dörfer unter sich auf, willfährige Gemeinderäte heben dazu die Hand, oft nur aus einem Mann oder einer Frau bestehende Oppositionen leisten tapferen, aber ohnmächtigen Widerstand. Nur gelegentlich blitzt Demokratie auf, etwa bei Bürgerabstimmungen über lokale Reizprojekte.

In der Justiz hat die Autonomie einen geschlossenen Kreislauf innerhalb der Provinz geschaffen. Die örtlichen Stellenpläne der Richter, der Proporz und die Zweisprachigkeitspflicht – alles notwendige Instrumente des Minderheitenschutzes – haben die wichtigste Sicherung eines Justizwesens gegen sanfte Korrumpierung und lokale Verfilzung ausgeschaltet: Überall sonst in Italien wechseln Richter im Verlauf ihrer Karriere in regelmäßigen Abständen Gericht, Stadt, Region. Im autonomen Südtirol kommt es vor, dass Richter vom Beginn ihrer Karriere bis zur Pension am selben Gerichtssitz arbeiten, einmal als Staatsanwalt, dann als Haftrichter, dann im Landes- oder Berufungsgericht. So entsteht ein Geflecht von Verwandtschaften und Beziehungen, manche haben Kinder, die wiederum Anwälte sind, andere Frauen, die am selben Gericht arbeiten. Und viele haben natürlich Verwandte in Politik, Wirtschaft, Medien. Dass es doch zu Verfahren und Urteilen gegen politische Missbräuche kommt, ehrt das Berufsethos aufrechter, oft ehrgeiziger Richter und Staatsanwälte. Aber die Versuche, politischen Einfluss auf die Justiz zu nehmen, sind spürbar.

Sich in einem solchen Schlangennest zu bewegen, will gelernt sein. Dies erleben Zuzügler von außen, die in Schlüsselpositionen geholt werden. Der Ehrgeiz des neuen Südtirols war groß, klingende Namen für seine neuen Stätten des Aufstiegs zu gewinnen. Im Neuen Stadttheater Bozen gaben sich die von auswärts angeheuerten Regisseure und Intendanten der Reihe nach die Klinke in die Hand: einmal aus Frust, weil Laienschauspieler sich wie Bühnenstars benahmen und glaubten, keinen Probenschliff mitmachen zu müssen; dann im befremdenden Gefühl, dass die Politik am liebsten auch noch die Spielpläne bestimmt hätte. Primare mit erstklassigen Referenzen flüchteten nach ähnlichen Erfahrungen aus dem Bozner Krankenhaus zurück nach Österreich und Deutschland. Der von einem Headhunter aufgespürte, vermeintliche Supermanager der Südtiroler Marketinggesellschaft SMG wurde innerhalb kurzer Zeit von seinen Kopfjägern wieder erlegt. Der Gründungsrektor der Freien Universität Bozen warf nach vier Jahren Ende 2002 das Handtuch. Auch hier spielt der Südtiroler Komplex mit herein: Zwar tut es dem eigenen Ehrgeiz wohl, Profis aus dem Ausland einzukaufen. Wenn dann die Legionäre kommen, womöglich arrogant sind und auch nur mit Wasser kochen, dann beißen die Schlangen zu. Rücken dann endlich Südtiroler Bewerber nach – wie im Stadttheater, wie in der SMG – ist die Welt wieder in Ordnung: Zum einen, weil die Südtiroler vielleicht gar nicht schlechter sind, mit Sicherheit aber, weil sie die Tücken des Systems seit langem kennen. Dafür kleben viele Südtiroler mit mäßiger Kompetenz und dürftigen Führungsqualitäten an ihren Positionen fest, zum Teil im öffentlichen Dienst und im vorpolitischen Raum: Abteilungsleiter, Amts- und Museumsdirektoren, Verwaltungsräte sitzen wohlbestallt in ihren Sesseln, trotz mitunter haarsträubender Fehler in Management und Menschenführung. Ihre Mängel werden vertuscht und mit viel Geld zugekleistert, denn der Stallgeruch und die Botmäßigkeit machen sie immun gegen Versetzung und Abberufung.

Denn es gilt: Wer dazugehört und dazugehören will, kann ein feines Leben haben. Wer sich einordnet, findet sein Plätzchen. Streuner haben es schwieriger: Als ich, grad zwanzigjährig und freier Mitarbeiter der „Dolomiten", für den nächsten Sommer lieber ein Praktikum bei der „FF" ins Auge fasste, hatte ich keinen Verrat im Sinn. Ich wollte nur das neue Medium ausprobieren. Dann brauchte ich, wegen meiner frühen Heirat und dem sich anmeldenden Töchterchen, ein regelmäßiges Einkommen, die finanziell noch wackelige „FF" konnte mich aber (noch) nicht anstellen. Als ich wieder bei den „Dolomiten" anklopfte, schmollte nun Toni Ebner sen.: Es habe ihm nicht gefallen, dass ich für „die anderen" arbeitete, jetzt müsse er erst schauen, ob er noch Platz für mich fände, in ein paar Monaten solle ich wieder kommen. Er hätte mir, glaube ich, wohl verziehen, schien er mich doch irgendwie zu mögen. Für mich war er so etwas wie der alte Direktor Sailer an meinem Gymnasium – durch Alter und Väterlichkeit eine mild gewordene Bezugsperson. Bevor ich mich bei Toni Ebner wieder melden konnte, verstarb er im Dezember 1981 – plötzlich und erst 63 Jahre alt. Ich stellte mich beim damaligen Lokalchef vor, der mir kühl beschied, jetzt sei der Michl zuständig, da könne er sich für mich nichts mehr vorstellen. Das Schicksal hat mich vor der Aufnahme in die Tafelrunde der Ebners bewahrt. Wenn ich es recht bedenke, bin ich nur am Nebentisch gelandet, bei den Amonnitern.

Medien im Dolomiten-Land

Im Süden von Bozen liegt der Weinbergweg. Der Name verweist wohl auf ehemalige Rebenanlagen, später standen hier bis 1966 Obstbäume. Dann wurden ein zweistöckiger Bürotrakt und eine große Druckereihalle errichtet. Damit begann eine neue Wachstumsphase der Südtiroler Pressemacht: Die Athesia, deren Druckerei zuvor in der zentralen Museumstraße untergebracht war, übersiedelte 1967 in den Neubau nach Bozen-Süd. Sieben Jahre später, 1974, wurde die erste Erweiterung des Betriebsgebäudes beantragt, 1980 ein drittes Stockwerk draufgesetzt. Ein Jahr später begannen die Arbeiten für ein weiteres Gebäude mit 1 300 Quadratmetern Grundriss, zweifach unterkellert. 1988 suchte Athesia bei der Landesverwaltung um die Zuweisung von weiteren 2,2 Hektar Grund an. Aus dem kleinen Weinbergweg ist Athesia-Land geworden, Ende 2002 erhielt eine nahe Straße den Namen „Toni-Ebner-Straße".

Kein anderes Südtiroler Unternehmen ist so eng (und bestimmend) mit der Südtiroler Geschichte verwachsen. Es begann mit einem Wochenblatt, das erstmals am 28. April 1888 in Brixen erschien und schlicht „Brixener Chronik" genannt wurde. Gegründet vom erzbischöflichen Hofkaplan Ämilian Schöpfer (1858–1936) wurde es zum Sprachrohr einer kirchlichen und politischen Erneuerungsbewegung, der „Christlich-Sozialen", die sich heftige Kämpfe mit den Konservativen lieferten. Vor allem viele junge Kooperatoren drängten auf soziale Reformen von Kirche und Politik. Zur Stützung der neuen Ideen und ihrer Presse wurde 1889, wie in ganz Österreich, auch in Brixen ein „Katholisch-politischer Preßverein" gegründet, drei Jahre später erschien der „Tiroler Volksbote". Unter der Leitung des legendären Journalisten und Priesters Sebastian Rieger (1867–1953), dem „Reimmichl", wurde das „Bötl" zur stärksten Zeitung Tirols, 1913 erreichte es eine Auflage von 40 000 Stück. In Bozen gelang den Christlichsozialen ein ähnlicher Wurf, der „Preßverein Tirolia" gab ab 1900 die Zeitschrift „Der Tiroler" heraus. 1907 fusionierten die beiden Preßvereine zur „Verlagsanstalt Tyrolia GmbH". Es war der erste Schritt zu einem modernen Medienimperium.

Mit der Teilung Tirols zerfiel auch die Tyrolia. Die Südtiroler Hälfte des Verlages, der sich schon früh durch den Handel mit Büchern, Papierwaren und Lehrmitteln wirtschaftlich stärkte, wurde zunächst in „Vogelweider-Verlag" umbenannt, dann in „Athesia". Namen, in denen Tirol anklang, waren nicht mehr zulässig: Aus dem „Tiroler" wurde zuerst „Der Landsmann", dann „Die Dolomiten", aus dem „Tiroler Volksbote" wurde „Der Volksbote". Dass damit Athesia – wenngleich immer wieder wirtschaftlich bedroht und bedrängt von den faschistischen Behörden – als einziger Zeitungsverlag überlebte, verdankt sie wohl ihrer festen Verankerung in der katholischen Kirche. 1910 waren von 72 Aktionären 46 Geistliche, Ämilian Schöpfer übertrug dem Kanonikus Michael Gamper zunächst die Leitung des „Volksboten", dann des Vogelweider-Verlages. Entscheidend für die künftige Entwicklung Athesias ist der in seinen einzelnen Schritten nicht genau nachvollziehbare Übergang des einstigen kirchlichen Besitzes in private Hände.

Mit Toni Ebner, den Kanonikus Michael Gamper kurz vor seinem Tod 1956 testamentarisch zum Nachfolger bestimmte, stand erstmals kein Geistlicher an der Spitze des Verlages. Der noch nicht 40-jährige Toni Ebner war zu diesem Zeitpunkt bereits Parlamentarier und noch Obmann der Südtiroler Volkspartei. Wenige Tage nachdem der Kanonikus gestorben war, saß eine Runde seiner Gegner im Gasthof Mondschein beisammen; als Toni Ebner ins Lokal kam und knapp grüßend am Tisch vorbeischritt, raunte einer am

Athesia-Direktor Michl Ebner (links), „Dolomiten"-Chefredakteur Toni Ebner (zweiter von rechts) und der ehemalige „Dolomiten"-Chefredakteur und Kommentator Josef Rampold (ganz rechts).

Tisch: „Jetzt werden andere Zeiten anbrechen.“ 1957 wurde Ebner in der SVP entmachtet, in den „Dolomiten“ hingegen wurde Friedl Volgger, bis zu Toni Ebners Heirat mit Martha Flies engster Mitarbeiter des Kanonikus, der Boden entzogen. Die „Dolomiten“ gingen in Opposition zur neuen SVP-Führung, der auch Friedl Volgger angehörte. Die Geschichte ist nicht ohne Pikanterie: Toni Ebner und Friedl Volgger hatten beide als „Ministranten des Kanonikus“ auch ein Auge auf dessen Nichte Martha Flies geworfen, wie diese in ihren Memoiren verrät. Das große Los zog schließlich der Toni.

Der Übergang der Athesia-Kontrolle von der Kirche auf die Familie Ebner ist wohl das Meisterstück einer Frau, der Ebner-Mutter. Martha Flies war nicht nur Nichte, sondern auch Sekretärin und engste Vertraute des Kanonikus, den sie in den Tagen vor seinem Tod vor Besuchern abschirmte (so auch vor Friedl Volgger). Nach und nach wanderten Athesia-Anteile zur Ebner-Familie. Die genaue Liste der Gesellschafter und ihrer Beteiligungen ist ein streng gehütetes Geheimnis. Unter den Aktionären gibt es einige illustre Namen, so jene der Grafenfamilie Toggenburg. Einige Aktionäre widerspiegeln frühere, auf die „Aufbau“-Zeit zurückgehende Allianzen: die Familie von Pretz oder Roland Riz, beide mit den Amonns verwandt, aber auch mit den Ebners in gutem Verhältnis. Riz ist Taufpate von Astrid Ebner, der Jüngsten. Athesia-Aktien hält auch sein Schwiegersohn Alois Lageder, Hersteller gepflegter Weine und Präsident des Museums für Moderne Kunst, das von den „Dolomiten“ heftig bekämpft wurde. Das Gewicht der allermeisten Einzelaktionäre ist gering, denn mit geschätzten 30 % bestimmen die Ebners die Geschäftspolitik des Hauses. Zusammen mit dem ihnen eng verbundenen Bozner Wirtschaftsberater Rudolf Rimbl, der selbst rund 15 % halten dürfte, kontrolliert die Familie den Konzern.

Eine große Familie: Die Aktien sind verstreut auf Martha Flies-Ebner, auf Aldeiner Verwandte ihres Mannes, die Familie Matzneller, und schließlich die vier Kinder von Martha und Toni Ebner: Heinrich (*1947), Michl (*1952), Toni (*1957) und Astrid (*1971). Der Älteste, „Huinz“ genannt, wurde Arzt, zuerst in Deutschland, dann Primar am Bozner Krankenhaus. Toni Ebner sen., kurz vor seinem Tod 1981 zum Staatsrat ernannt, war Generaldirektor der Athesia und Chefredakteur der „Dolomiten“ gewesen. Diese Personalunion wurde, sobald Alter und Ausbildung der Söhne es erlaubten, auf Michl und „Tonele“ aufgeteilt: Unmittelbar nach dem Tod des Vaters übernahm Michl Ebner in der Athesia-Gruppe eine Direktionsaufgabe, am 1. Jänner 1995 wurde er Direktor der gesamten Holding. Am 19. Jänner desselben Jahres wurde Toni Ebner jun. Chefredakteur der „Dolomiten“.

Die Verlagsanstalt war zu diesem Zeitpunkt schon im Um- und Ausbau zur modernen Holding mit Unterfirmen und Querbeteiligungen. Ihre Mutterfirma ist die Verlagsanstalt Athesia GmbH geblieben, der zu 100 Prozent die Töchter AthesiaDruck GmbH, AthesiaBuch GmbH und seit 1983 die einst konkurrierende Druckerei Ferrari-Auer gehören. 1994 erwarb Athesia zunächst 50 % der Anteile am Reisebüro der Sparkasse, der späteren „Alpina Tourdolomit“, deren gesetzlicher Alleinverwalter Michl Ebner ist und die sich 2001 ihrerseits an der Nord-Südtiroler Fluggesellschaft Air Alps beteiligte. Kleinere Beteiligungen übernahmen Athesia oder Mitglieder der Ebner-Familie an der Südtiroler Volksbank, der Messe Bozen, an Seilbahnanlagen (Kronplatz, Rosskopf), an Werbeagenturen, an Papierlieferanten. 1993 gab es eine Art von Familienzusammenführung. Athesia kaufte sich in die glücklose, in Schwierigkeiten geratene Tiroler Schwesterfirma „Tyrolia“ ein und gründete mit dieser die Athesia-Tyrolia-Druck GmbH. Während regionale Zeitungsverlage in ganz Deutschland von den großen Konzernen geschluckt wurden, war Athesia auch 2002, dem Jahr einer großflächigen europäischen Medienkrise stark und liquid genug, um für eine weitere Innsbrucker Beteiligung ernsthaft ins Gespräch zu kommen: als potentieller Käufer von Anteilen an der „Tiroler Tageszeitung“, die der Axel-Springer-Verlag abgetreten hatte.

Athesia ist damit die Großmacht im Südtiroler Schrebergarten: Druckereien in Bozen und Innsbruck, Buchhandlungen in allen größeren Zentren des Landes, derzeit 600 lieferbare Buchtitel im eigenen Verlag, das Internet-Medium „Südtirol Online“, die Alpina-Tourdolomit-Reisebüros und eine ausgefächerte Palette von Printmedien. Zug um Zug wurde der Zeitungsmarkt besetzt: Auf die Gründung der „FF“ reagierte Athesia mit der Gründung einer TV-Beilage, des „Dolomiten-Magazins“. Es folgte die wöchentliche Wirtschaftsbeilage

„Wiku“, „Die Frau“ wurde aufgemöbelt, die unwirtschaftliche, aus der katholischen Verpflichtung entstandene „Jugendwacht“ dagegen fallen gelassen. Ein liebenswürdiges Athesia-Produkt, das von den Faschisten im Krieg mit einer eigenen Kinderzeitung („il Balilla del Alto Adige“) bekämpft wurde, war „Der kleine Postillion“, nur älteren Südtirolern in Erinnerung.

Neben den „Dolomiten“ gehörten traditionell auch das „Katholische Sonntagsblatt“ und das SVP-Parteiblatt „Volksbote“ zum Athesia-Verlag – Ausdruck der mächtigen Allianz des Hauses mit Partei und Kirche. Das „Sonntagsblatt“ wird immer noch von der Athesia verlegt, wenn es auch unter der Obhut der Diözese steht. Beim „Volksboten“ konnte die Partei lediglich über die ersten vier Seiten verfügen, in schwierigen Zeiten auch dies nicht so ohne weiteres: Magnago hatte im Konflikt von 1961 Schwierigkeiten, eine eigene Erklärung in seiner eigenen Parteizeitung abzudrucken. In den achtziger Jahren, als alle Parteizeitungen starken Auflagenschwund erlebten, wurde die gemeinsame Herausgabe des „Volksboten“ aufgelöst, die SVP musste sich nun eigene Informationskanäle schaffen.

Athesia dagegen legte noch einmal zu: 1989 brach der christliche Verlag ein Tabu und gründete – gegen das Gebot der Sonntagsruhe – eine Sonntagszeitung im Boulevardstil, die „Zett“, der nun der „Volksbote“ als Wochenübersicht beiliegt. 2001 wurde „Radius“ als „Magazin für die Europaregion Tirol“ gegründet, vorrangig mit Blick auf das Anzeigengeschäft. 2002 platzte ein bislang geheim gehaltener Großangriff auf die „FF“: Toni Ebner jun. hatte intern ein Projekt für eine Wochenzeitschrift in Auftrag gegeben, es wurde aber (vorerst) wegen offenbar zu hoher Risiken zurückgestellt. Mehrmals versuchte Athesia, ins TV-Geschäft einzusteigen. Berichte über eine stille Beteiligung beim 2001 gegründeten Radiosender „Südtirol 1“ wurden nie dementiert, zwischen dem Sender und Athesia gibt es enge Kooperationen und seit Herbst 2002 eine gemeinsame Anzeigenstrategie.

Die Geschäftspolitik Athesias ist vom Anspruch auf die totale Kontrolle über Südtirols Medienwelt bestimmt. Das einstige Monopol ist nach und nach gebrochen worden. Lange waren fast nur der Sender Bozen der Rai und zwei deutsche Seiten in der italienischen Tageszeitung „Alto Adige“ von Athesia unabhängig. Dann kamen die freien Radiosender und die „FF“, es folgten eigenständige Bezirkszeitschriften und Gratisblätter im Pustertal, Eisacktal, Wipptal, Vinschgau, Burggrafenamt. Athesia hat zunächst eher schwach gekontert, etwa mit eigenen, wieder eingestellten Gratiszeitungen, dann mit Preisdumping im Anzeigengeschäft (wofür sie 2002 vom Landesgericht Bozen sogar verurteilt wurde). Doch bewahrten die „Dolomiten“ ihre Vormachtstellung. Mit Auflagen bis zu 70 000 und manchmal mehr Exemplaren ist das „Tagblatt der Südtiroler“ das einzige Südtiroler Printmedium, das die Massen erreicht. Mit dem italienischen Platzhirsch „Alto Adige“ gibt es eine enge Kooperation im Druck- und Anzeigengeschäft. 1999 stellte der „Alto Adige“ seine „deutschen Seiten“ ein. Damit war eines der deutschsprachigen Biotope der freien Meinung trockengelegt.

Die ethnische Teilung Südtirols zieht sich auch durch die Medienwelt und hemmt eine offene Informationsgesellschaft: Auf deutscher wie auf italienischer Seite war bislang nur für eine große Tageszeitung Platz, jüngeren Projekten wie der „Neuen Südtiroler Tageszeitung“ und dem „Mattino“ (Letzterer versuchte sich 2003 in eine Kooperation mit dem national renommierten „Corriere della Sera“ zu retten) blieb ein ehrenwertes Nischendasein. Da es einen Austausch zwischen den ethnischen Informationswelten kaum gibt, ist die ohnehin schon verkümmerte politische Dialektik in Südtirol zusätzlich behindert. Das Zusammenspiel zwischen Athesia und den politischen Ambitionen der Ebner-Familie hat Südtirols Demokratie chronisch beeinträchtigt. Das Bonmot des ÖVP-Politikers Andreas Khol, seit 2002 Präsident des österreichischen Nationalrates, anderswo hätten Parteien eine Zeitung, in Südtirol aber habe die Zeitung eine Partei, traf ein Stück Wahrheit: Südtirol wird dominiert von einer mächtigen Partei, die ihrerseits oft an der Leine einer übermächtigen Zeitung liegt.

Das Organigramm der Ebner-Macht ist strategisch gut besetzt: Toni Ebner jun. hatte seine politische Betätigung auf Sparflamme gehalten und zog sich nach seiner Ernennung zum Chefredakteur aus allen Positionen zurück. Das gab ihm größere Freiheit gegenüber der Partei. Politische Machtpositionen hält Michl Ebner als EU-Parlamentarier mit nach oben offenen Zielen. Mutter Martha, sozial und in der Frauenbewegung engagiert, sitzt im SVP-Ausschuss. Die Familie Ebner pflegt, trotz der Dimension des Konzerns, ein familiäres Betriebsmodell, genannt „das Haus". Da gehören in einem erweiterten Sinn alle dazu, die dem „Haus" gedient und ihm nicht im Groll den Rücken gekehrt haben. Frühere Dolomiten-Redakteure besetzen Schlüsselpositionen: Markus Perwanger (*1955) wurde Chefredakteur des Senders Bozen der Rai, Robert Asam (*1953) Verantwortlicher der deutschsprachigen Rundfunkprogramme der Rai, Reinhold Marsoner (*1952) Direktor der Bozner Messe und Präsident der Südtiroler Marketinggesellschaft. Der frühere Journalist, spätere Athesia-Personalleiter Udo Perkmann (*1946) wurde zunächst Direktor des Industriellenverbandes und 2003 als Landtagskandidat lanciert. Die frühere Dolomiten-Journalistin und Schullandesrätin Sabina Kasslatter-Mur (*1963) gehört, etwas aus der Art geraten, dem sozialen Flügel der SVP an. Obwohl sich Kasslatter anfänglich von ihrem früheren Arbeitgeber distanzierte, zollt sie der „Dolomiten"-Macht immer wieder Tribut. Als die SVP-Arbeitnehmer innerhalb der SVP-Landtagsfraktion verhindern wollten, dass die Ehefrau Toni Ebners als Richterin an das Verwaltungsgericht berufen wird, fehlte sie bei der entscheidenden Abstimmung.

Auflage und Alleinmacht der „Dolomiten" sind ein Instrument, das rundum gefügig macht. Unter Toni Ebners Chefredaktion wurden die „Dolomiten" in kurzer Zeit technisch, grafisch und auch inhaltlich aufgemöbelt, sie wandelten sich von einem angestaubten Provinzblatt zu einer professionell gestalteten, umfangreichen Zeitung. Die Redaktion genießt weitgehenden Freiraum, der aber bei den Kernthemen endet, bei denen es um die Interessen „des Hauses" geht – meistens politische oder wirtschaftliche Anliegen von Michl Ebner. Dessen Konterfei lächelt den „Dolomiten"-Lesern mindestens zweimal wöchentlich milde aus der Zeitung entgegen, und ähnlich werden die eigenen politischen Seilschaften gepflegt. Politiker, die der Karriereplanung Michl Ebners in die Quere kommen, müssen dagegen fürchten, in den „Dolomiten" schlecht oder gar nicht vorzukommen. Ebenso ergeht es Gemeinden oder Veranstaltern, die ihre Druckaufträge oder Werbeaktionen nicht der Athesia, sondern etwa der „FF" anvertrauen – sie wundern sich über ausbleibende oder in Randspalten abgedrängte Berichterstattung. Fallen die Aufträge wieder an Athesia zurück, erfreuen sich dieselben Aktionen und Akteure angemessener Aufmachung. Bürgermeister, die ihre Kundmachungen in der „FF" publizieren, erhalten von Athesia Briefe folgenden Inhalts: „Eine Überprüfung ergab, dass die Gemeinde ... zur Veröffentlichung der Amtsanzeigen die Wochenzeitung ‚FF' benützt." Ohne dass eine Drohung ausgesprochen würde, ist es für den Bürgermeister, der ja seine Arbeit auch gern in den „Dolomiten" gewürdigt sieht, ein deutlicher Wink.

An dieser Macht findet auch Luis Durnwalders Herrschaftssystem seine Grenzen. Zweimal demonstrierten im Jahr 2002 die „Dolomiten" eindrucksvoll, was ihre Berichterstattung bewirken kann. Als die Landesregierung Reinhold Messner für sein Projekt eines „Messner Mountain Museums" ausgerechnet Schloss Sigmundskron bei Bozen überlassen wollte, wurde zur Treibjagd geblasen. Messner, der seine ersten Bücher bei Athesia verlegt hatte, war bei den „Dolomiten" schon früh in Ungnade gefallen. Als er – als Nestbeschmutzer beschimpft – seine Autorenrechte zurückforderte, kam es zum völligen Bruch. Durch seine Wahl ins Europaparlament auf der Liste der italienischen Grünen 1999 kam er dem SVP-EU-Parlamentarier Michl Ebner unmittelbar ins Gehege. Die Überlassung einer symbolträchtigen Burg wie Sigmundskron an einen Abtrünnigen und Widerspenstigen wurde in der „Dolomiten"-Berichterstattung wie die Entweihung einer heiligen Stätte behandelt – überall sonst könne Messner sein Bergmuseum errichten, nur nicht in jenem Schloss, wo die Südtiroler 1957 um ihre Heimat gekämpft hätten. Unter dem „Dolomiten"-Druck wich die Landesregierung tatsächlich von ihrer mehrfach beschlossenen Zusage an Messner ab und schrieb einen Ideenwettbewerb zu jenen Bedingungen aus, unter denen Messner das Museum verwirklicht hätte: auf eigene Kosten. Am Ende blieb er der einzige Bewerber und erhielt den Zuschlag.

Ähnlich wie Sigmundskron ist auch die Südtiroler Sparkasse ein heiliges Stück Landesinteresse. Das Bankinstitut ist für viele Südtiroler – wie für die Tiroler die Hypo-Bank – der Inbegriff heimatlicher wirtschaftlicher Solidität. Mit Josef Rampold haben die meisten Südtiroler als Schüler beim Sparkasse-Ratespiel „Kennst du deine Heimat?" mitgemacht, von klein auf haben viele dort ihr Sparbüchl.

Hauptaktionär der Sparkasse ist die Stiftung Südtiroler Sparkasse, die jedoch ihre Kontrollmehrheit – genötigt durch das italienische Bankengesetz – seit 1999 abtreten muss.

Die im Sinne der Liberalisierung und Marktentflechtung verordnete Operation wäre den Südtirolern wohl in jedem Fall unter die Haut gegangen. Es standen sich Liberalisierung und heimische Bankentradition, Globalisierung und lokale Einflusswahrung gegenüber. Der Konflikt war keine Südtiroler Besonderheit, im Trentino war kurz vorher die lokale Sparkasse (Cassa di Risparmio di Trento e Rovereto) von einer nationalen Großbank aufgekauft worden. Durch die besonderen Südtiroler Umstände wurde der Verkauf zunächst zu einem Testfall der „Landeseinheit" zwischen Süd- und Nordtirol, dann zu einer Machtprobe der Athesia.

Die beteiligten Personen wurden bereits vorgestellt: Sparkassepräsident Ander Amonn strebte die Zusammenführung mit der Hypo Tirol an, gern gesehen von den „Dolomiten", deren Chefredakteur Toni Ebner zur selben Zeit im Aufsichtsrat der Hypo saß und die „Tirol-Holding" befürwortete. Enger Berater Amonns war in der Sparkasse Siegfried Unterberger, Durnwalder sehr nahe stehend. Als Amonn und Unterberger Ende der achtziger Jahre eine zweite deutschsprachige Tageszeitung gründen wollten, forderten sie erstmals ernsthaft die „Dolomiten"-Macht heraus. Beide bekamen es zu spüren. Unterberger, der einen guten Teil seiner Tätigkeit nach Leipzig verlegt hat, auch um eine aus der Provinz schwer angreifbare Machtbasis aufzubauen, wurde in den Dolomiten jahrelang abgestraft. Mit dem Ziel, die Sparkasse dem heimischen Einfluss zu erhalten, herrschte nun wieder Einklang.

Beim Verkauf federführend aber war die Stiftung Sparkasse, der die Bank zu über 60% gehörte, und dort waltete Hans Rubner (*1932) als Präsident. Auch Rubner ist Repräsentant einer Dynastie, einer Pustertaler Hausmacht. Sein Bruder ist der Fertighaus-König aus dem Pustertal, er selbst war ein Förderer des späteren Landeshauptmannes Luis Durnwalder und lange selbst ein Kronprinz von Silvius Magnago. Der späte, immer wieder verzögerte Abgang Magnagos ließ nicht nur Rubner, sondern auch andere Anwärter auf der Stelle treten; als Magnago dann 1988 erstmals nicht mehr für den Landtag kandidierte, war der Glanz Rubners, obwohl er erst 56 war, schon etwas verblasst. Der um gut zehn Jahre jüngere Luis ging auf die Überholspur. Der gutwillig zur Seite tretende Ziehvater Rubner, lange Landesrat für das Bauwesen und als solcher Bagger-Hans genannt, wurde Senator in Rom, schließlich Präsident der Stiftung Sparkasse.

Als 2001 die Tirol-Holding mit der Hypo scheiterte, fädelte Rubner den Verkauf von 20 % der Sparkasse – „unserer" Sparkasse – an die aggressive italienische Banca Popolare di Lodi ein. Die „Dolomiten" eröffneten, auch im Sinne von Bankenpräsident Amonn und Bankenverwaltungsrat Unterberger, ein Sperrfeuer gegen die Operation. Diese wies tatsächlich Mängel auf; die zum Teil sachlich berechtigten Vorwürfe paarten sich jedoch mit der schwerstmöglichen politischen Anklage: Heimatverrat. In einer mehrwöchigen Kampagne der „Dolomiten" bekam Rubner nicht ein einziges Mal eine faire Chance, seinen Standpunkt darzulegen. Er war binnen Wochen mürbe, auch Durnwalder rückte von ihm ab, Ende November 2002 trat Rubner als Präsident der Stiftung zurück. So schnell kann in Südtirol ein Mann ins Aus geraten. In einem Abschiedsinterview bekannte Rubner, dass er an Suizid gedacht habe. Freunden hatte er anvertraut, wenn nichts anderes die Athesia-Macht stoppe, mache er „den Ebner zum Mörder".

Als um Rubners Nachfolge gerätselt wurde, gab mir Siegfried Unterberger ein Denkspiel auf. Es müsse jemand sein, der von allen drei Machtpolen Südtirols akzeptiert werden könne: von der Partei, vom Landeshauptmann und von Athesia – nicht unbedingt in dieser Reihenfolge. Die Wahl fiel – von Unterberger in einem verschlossenen Kuvert schon Wochen vorher prophezeit – auf Gerhard Brandstätter, den Sohn des ehemaligen Sparkassepräsidenten. Für die Ebners war Brandstätter, der Athesia unter anderem in die Air-Alps-Übernahme eingebunden hat, zumindest ein annehmbarer Gesprächspartner. Unterschätzt worden war allerdings der Eigenstolz der – von starken bürgerlichen Gruppen getragenen – Stiftung Sparkasse: Diese zog den Verkauf der Aktien an die Banca Popolare di Lodi trotzig durch und signalisierte dem designierten Präsidenten Brandstätter deutlich, dass sie keine politische Einflussnahme akzeptiere.

Neben der schwierigen Verkaufsoperation obliegt der Stiftung Südtiroler Sparkasse vor allem die Verteilung eines ansehnlichen Budgets zur Förderung kultureller und sozialer Projekte, für den Zeitraum 2002–2005 immerhin rund 24 Millionen Euro. Präsident Rubner war um eine gerechte Streuung bemüht gewesen. Als die Stiftung Sparkasse eine fünfbändige „Chronik des 20. Jahrhunderts in Südtirol" des Kleinverlags Raetia sponserte, gab Athesia – obwohl der Druckauftrag an sie ging – prompt eine einbändige Jahrhundert-Chronik heraus. Auf die Frage, ob er sich durch eine solche Beitragsvergabe das Wohlwollen Athesias verscherzt habe, zitierte Rubner das erste der Zehn Gebote: „Du sollst keine anderen Götter haben neben mir."

Immer wieder gab es innerhalb der SVP auch auf höchster Ebene Überlegungen, wie sich die Partei aus der Abhängigkeit von Athesia befreien könne. Vor Weihnachten 1994 bat mich der SVP-Generalsekretär Hartmann Gallmetzer (*1941) zu einem Gespräch ins Bozner Hotel Laurin. Das nach meiner Entlassung als „FF"-Chefredakteur gegründete „Südtirol Profil" befand sich bereits in einer finanziell prekären Lage; außerdem war klar geworden, dass sich die beiden Wochenmagazine gegenseitig in einen Erschöpfungszustand zu drängen drohten, während Athesia als lachender Dritter dastand. So kam es zu Fusionsgesprächen mit der „FF", von denen Gallmetzer offenbar wusste. Das Treffen im Laurin eröffnete er mit der italienischen Redewendung „qui lo dico, qui lo nego", hier sage er es, hier dementiere er aber auch wieder alles.

Ich hatte kein besonderes Vertrauensverhältnis zu Gallmetzer, im Gegenteil. Zur Zeit meines Bruchs mit der „FF" pflegte Gallmetzer ein Nahverhältnis zum Herausgeber Christoph Amonn, Stunden vor meiner Entlassung traf er sich mit diesem zum Mittagessen. Der SVP-Sekretär war selbst aus dem Journalismus in die Politik gewechselt, die Südtiroler Medienverhältnisse durchzogen auch seinen Lebenslauf. Zunächst war er einer der Hoffnungsträger Athesias gewesen, „der Gallo hätte bei uns Karriere machen können", sagte mir einmal Toni Ebner jun. Gallmetzer zog es aber vor, zur „Tiroler Tageszeitung" zu wechseln und betreute jahrzehntelang die Südtirol-Berichterstattung der „TT", mit oft kritischer Haltung gegenüber SVP und „Dolomiten". Als die Gruppe um Amonn und Unterberger Mitte der achtziger Jahre die Gründung einer neuen Tageszeitung plante, war Gallmetzer die Wunschbesetzung für die Chefredaktion. Daraus wurde dann nichts. Aber Gallmetzer schaffte bald darauf den Sprung in die Politik, er wurde SVP-Generalsekretär wenige Jahre vor Magnagos Abtritt als SVP-Obmann. Für Magnago war Gallmetzer eine Art „Famulus", er half dem gealterten Obmann in der Parteiorganisation und in der Pressearbeit, spielte aber politisch eine untergeordnete Rolle. Roland Riz, der sich während seiner Obmannschaft ausschließlich auf den Paket-Abschluss konzentrierte, überließ Gallmetzer die Parteiagenden, was diesem zu einer gewissen Machtposition verhalf. „Gallmetzer ist kein Charismatiker, aber er ist intelligent und schlau", schätzte ihn Christoph Amonn ein.

Tatsächlich verstand sich Gallmetzer auf das parteiinterne Machtspiel, machte sich damit aber zunehmend Feinde. Von seinen früheren Arbeitgebern, den Ebners, wurde der wachsende Einfluss Gallmetzers auf die Partei wenig geschätzt. Dieser stand – liberal gesinnt und gegenüber nationalen Übertreibungen sensibel – den ethnisch gemäßigten Parteiflügeln näher, der Wirtschaft und den SVP-Arbeitnehmern. Bei deren Gegnern trug er sich den Ruf eines Ränkeschmieds ein. Als Siegfried Brugger Obmann wurde, schienen die beiden zunächst ein Herz und eine Seele. Bald aber kam der junge Obmann unter massiven parteiinternen Druck, Gallmetzer fallen zu lassen. Das war zur Zeit, als mich Gallmetzer unvermittelt kontaktierte. Er bezog sich auf wichtige Kreise in der Partei, die erneut an die Gründung einer zweiten, starken Tageszeitung dächten. Die „Dolomiten" hätten zwar ihre unbestrittenen historischen Verdienste für Südtirol, aber in einer modernen Mediengesellschaft sei Pluralismus für die Demokratie und auch für die Partei unerlässlich. Er sage mir dies vor dem Hintergrund einer etwaigen Fusion der „FF" mit dem „Südtirol Profil", da diese eine Marktklärung mit sich brächte und von Vorteil für den Aufbau einer zweiten Tageszeitung wäre. Die Abhängigkeit der Partei von den „Dolomiten" werde auch von hohen Funktionären als Einschränkung ihrer politischen Handlungsfreiheit empfunden.

Wenige Monate später wurde der Plan öffentlich. Nachdem die „Dolomiten" Gallmetzer offen angegriffen hatten, kam es in der SVP zu einer internen Mediendebatte, die von der „FF" aufgegriffen wurde – mit Passagen, die sich nahezu wörtlich mit dem deckten, was mir Gallmetzer gesagt hatte. Auch dieser Plan wurde nicht umgesetzt:

Zum einen gewiss wegen der hohen Kosten, zum anderen aber wohl auch deshalb, weil das Arrangement mit Athesia für die Volkspartei doch immer wieder einfacher war als der offene Konflikt. So verhielt sich etwa Landeshauptmann Luis Durnwalder, trotz manchem Ärger über Querschläger in den „Dolomiten“, meistens neutral, sehr darauf bedacht, einen Bruch mit den Ebners zu vermeiden. Gallmetzer wurde von Brugger schließlich fallen gelassen, beendete seine Laufbahn als Generalsekretär, durfte aber für die Partei eine Zeit lang die Pressearbeit weiterbetreuen und für Athesia als Buchautor arbeiten. Schließlich betreute er sogar die Ebner-Mutter bei der Verfassung ihrer 2002 erschienenen Memoiren: „Ohne den Gallmetzer“, dankte sie ihm bei der Buchvorstellung, „hätte es dieses Buch nicht gegeben“ – offenbar eine Aussöhnung. 2002 gab es im Streit um das Messner-Museum infolge der massiven Druckausübung auf Durnwalder und die gesamte Landesregierung durch Toni Ebner jun. erneut Überlegungen mit Athesia zu brechen. Führende Politiker und Funktionäre dachten daran, die kleine, alternative „Neue Südtiroler Tageszeitung“ zu kaufen und zu einem machtvollen Medium auszubauen, das den „Dolomiten“ Paroli bieten sollte. Wieder wurde (vorerst) nichts daraus, einerseits wegen der nur mühsam vorankommenden Verhandlungen mit der „Neuen Südtiroler Tageszeitung“, andererseits aber auch aus einer strategischen Sorge: Vor den Landtagswahlen 2003 könne die Partei, hieß es in den vertraulichen Gesprächen, unmöglich den Bruch mit jenem Medium riskieren, das die Südtiroler über so viele Jahrzehnte bei der Stange gehalten hatte.

Der geschlossene Hof und seine Nebenställe

Pfalzen, ein Südtiroler Bergdorf: Sattgrüne Wiesen breiten sich über die Hügel, straff gezogen nach der Heumahd. Wie jedes Südtiroler Dorf hat Pfalzen ein modernes Kulturhaus, (mindestens) ein imposantes Bankgebäude auf dem Hauptplatz, frisch eingezeichnete Parkplätze, eine Verkehrsregelung. Die Kirche steht mitten im Dorf, der Glockenschlag vom Turm hallt weithin über die Wiesen. Im Hauptort und den zwei Weilern Greinwalden und Issing leben über 2000 Menschen, darunter 24 Italiener und ein paar versprengte Ladiner. Pfalzen ist praktisch ein deutsches Dorf, eine Miniatur jenes Südtirols, das seine Ruhe gefunden hat.

Schlag zehn Uhr vormittags, einmal im Jahr Mitte August, beginnt oben an der Waldgrenze in der Siedlung Lupwald ein Hochamt der besonderen Art: auf der Terrasse eines stattlichen Neubaus aus den siebziger Jahren, mit aktenkundigem Schwimmbad im Parterre, mit Wald, Garten und verwachsenem Teich, mit Pferdestellplatz, Festwiese und Grillofen. Der Südtiroler Landeshauptmann lädt alljährlich zur Sommerpressekonferenz in sein Haus – zu unserer zum Ritual gewordenen Südtiroler Bergpredigt. In den Tagen davor und danach werden Minister empfangen und bewirtet. Wir Südtiroler kennen die Zeremonie. Aber einem österreichischen Journalisten, der sich jüngst hierher verirrte, blieb der Mund offen. Er fragte, ob es

Landeshauptmann Luis Durnwalder bei seiner alljährlichen Sommerpressekonferenz auf der Terrasse seiner Villa in Pfalzen

denn stimme, dass dieses System hier irgendwie eine Diktatur sei. Luis Durnwalder feixte, ja, „ein bissl Diktator bin ich schon". Südtirol wird, genau betrachtet, nicht von seiner Hauptstadt aus regiert, sondern von der ländlichen, deutschsprachigen Peripherie. Die Italiener sind ein Gerücht aus Bozen.

Bozen, Europaallee. Oder das Quartier Don Bosco, Genuastraße, Mailandstraße, Palermostraße. Oder sonst irgendwo „da unten", wohin sich viele deutsche Bozner nur dann verirren, wenn sie die Dienst tuende Apotheke suchen: Keine hässlichen Viertel, bei Gott nicht. Die bescheidenen, einstöckigen Semirurali-Häuser, die Mussolini hier für die Zuwanderer errichten ließ, wurden abgerissen, bis auf ein Museumsstück. Die Straßen sind neu angelegt, bepflanzt, viele Hochhäuser stehen zwar grausam nah an der Straße, aber im Vergleich zur Peripherie italienischer Städte bietet das Viertel eine ausgezeichnete Lebensqualität. Dort, wo sich das „italienische Bozen" dem Eisack entlang zieht, ist Spielplatz an Spielplatz aneinander gereiht, gibt es einen Lauf- und Radweg am Flussufer. Hier lebt rund die Hälfte der italienischen Südtiroler, der Rest verteilt sich auf Leifers, ein paar Unterlandler Gemeinden, Meran, Brixen, Bruneck, das Hochpustertal und das Brennergebiet. Das ist die politische Geografie Südtirols: Das Land in deutscher Hand, Bozen und wenige Zentren italienisch besiedelt. Die Mehrheit haben die Italiener nur im Zwergdorf Pfatten, in Branzoll, Salurn, Leifers – und in Bozen.

Bozen, Altstadt: Die mittelalterlichen Lauben, die Fassaden mit Zinnen, Türmchen und Erkern, das barocke Merkantilgebäude, der Obstplatz, gegen Norden hin Bozen-Dorf, das Villenviertel. Von der Museumstraße verläuft eine Achse hin zur Talferbrücke, zum Siegesdenkmal, zu der unter dem Faschismus errichteten Freiheitsstraße. Ein Spaziergang von der Altstadt in die Freiheitsstraße ist ein architektonischer Lehrpfad durch zwei Welten und durch die europäische Zeitgeschichte. Als das Siegesdenkmal gebaut wurde, fanden die neuen Stadtplaner, dass ein zierliches Türmchen auf der anderen Seite der Talfer den Blick zum Rosengarten verstelle; man ließ es abreißen. Als die deutschen Südtiroler ihr Land wieder in Besitz nehmen durften, brachten sie das Türmchen als Sahnehäubchen fürs Stadtmuseum wieder an. Eine historisierende Restauration hart am Rande der Zumutung, aber der Blick vom neu erbauten Museumsturm hinunter aufs Denkmal ist atemberaubend. Die Wucht und Weite der faschistischen Architektur hat das Städtchen nicht nur geschändet, sondern auch zur Stadt gemacht.

Rechts hinter dem Siegesdenkmal liegt das Armeekorps, noch etwas weiter dahinter der Herzog-Palast, die Straße ist Prinz Eugen aus dem italienischen Königshaus Savojen gewidmet. Ein herrschaftlicher Ansitz, vom Staat erbaut für seinen höchsten Vertreter, früher den Präfekten, nun den Regierungskommissar. Der dazugehörende Herzogpark ist frei zugänglich, am Rand befindet sich eine verrauchte Bar: Hier traf sich, zu Füßen ihrer Macht, jahrelang die italienische Politikszene Bozens. Die deutschen Politiker trafen sich an ihren Stammtischen jenseits der Talfer, im Vögele, im Batzenhäusl, im Mondschein, in der Löwengrube, in der Greif-Bar, beim Feichter, im Kofler-Buschen gegenüber der damaligen „Dolomiten"-Redaktion, beim Gostner (jetzt die Wirtshausbrauerei Hopfen & Co.) oder im Sargant (mittlerweile aufgelassen). Seit das verschlafene Bozen wachgeküsst wurde von einem ausgelassenen nächtlichen Trubel, lebt in diesen getäfelten Lokalen mit wurmstichigem Mobiliar die Altbozner Herrlichkeit mit zünftiger Hausmannskost wieder auf. Der allabendliche Ansturm ist gleichermaßen deutsch wie italienisch, die Kellner sind in der Mehrzahl Tschechen oder Pakistani, die im Nu beide Sprachen beherrschen.

Schon ein kleiner Stadtrundgang lässt erahnen, dass eine unsichtbare Grenze durch Bozen verläuft. Es sind zwei Südtiroler Welten, privat überwindbar, aber getrennt nach Einflusssphären. Privat werden sie scheinbar leicht durchschritten: Die italienischen Südtiroler kaufen auch in der Altstadt ein, stürmen die Pubs im Zentrum, promenieren auf dem Oswald-Weg, suchen in der Törggelezeit die Signater Höfe auf, belagern das Altstadtfest. Trotzdem sind die Grenzen zwischen den Sprachgruppen wahrnehmbar. Die Geräuschkulisse in

Besuch im anderen Südtirol: Luis Durnwalder bei einer Sagra in einem italienischen Bozner Stadtviertel.

der Altstadt ist ein reizvolles Durcheinander von Italienisch, dem Deutsch der Touristen, dem Dialekt der Einheimischen, aber die Sprachen sind wie unter unsichtbaren Glasglocken voneinander abgeschirmt. In den „italienischen" Vierteln wohnen, wegen der billigeren Wohnungen, zwar mittlerweile auch deutsche Südtiroler, meist Zuzügler vom Land. Doch als schön, attraktiv, wirtlich gilt Südtirol dort, wo „die Deutschen" sind. Die Italiener leben in den Vierteln, wo es sich gut wohnen lässt, wo aber niemand von außerhalb auf die Idee käme, am Sonntag spazieren zu gehen. Als der Südtiroler Landeshauptmann 2000 erstmals ein Straßenfest, eine „sagra" in einem italienischen Stadtteil besuchte, war dies kein spontaner Auftritt, sondern Strategie. Durnwalder badete in einer begeisterten, seine Hände fassenden, seine Kleider berührenden Menge: „Si è proprio lui", ja, er ist es wirklich, jubelten die Leute. Zu Durnwalders 60. Geburtstag im folgenden Jahr gratulierte ein italienischer Chor nicht nur mit „La Montanara", sondern auch mit einem deutschen Lied.

Eine Zustandsbeschreibung, ein ethnischer Wetterbericht Südtirols bis zum 6. Oktober 2002 hätte lauten können: Tauwetter, wechselhaft, aber mit beginnender Aufhellung. Durnwalder hatte seit einem Jahrzehnt, in seiner hemdsärmeligen Art und mit seinem lustvollen Modernisierungswillen, Tabu um Tabu umgestoßen: Die lange gefürchtete Uni wurde 1998 gegründet, mit 35 Millionen Euro jährlich dotiert, dreisprachig – deutsch, italienisch, englisch. Durnwalder selbst war – bis 2002 – ihr Präsident, eine „Luisiana" zunächst, dann aber in die politische Unabhängigkeit entlassen. Die gefürchtete Zweisprachigkeitsprüfung, vor allem von italienischen Bewerbern als Schikane erlebt, wurde zu einem modernen Sprachentest reformiert, die Erfolgsquote stieg von 40 auf über 60 %. Zum Tabu Schule machte der Landeshauptmann 2001 ein freundliches Übernahmeangebot, das geradezu einer Adoption – oder einem Assimilationsversuch? – der Italiener gleichkam: Wer Deutsch lernen wolle, solle sich doch in die deutsche Schule einschreiben, alles stehe allen offen.

Eine Landtagssitzung im Sommer 2001: Es ging um das neue Wohnbaugesetz und dabei auch um die Verteilung des Wohngeldes nach ethnischen Gruppen für die unterste soziale Schicht. Die Diskussion nahm bizarre Züge an, denn ein wachsender Anteil der

Begünstigten war nicht deutsch, italienisch oder ladinisch, sondern kam aus Nicht-EU-Ländern. Im April 2000 wurde in Bozen ein neues, modernes Pflegeheim eröffnet. Da in Südtirol Krankenpflegepersonal fehlte, beschloss das Land die Umgehung des Proporzes: Die Führung des Krankenpflegedienstes wurde von der Sanitätseinheit einer privaten Gesellschaft übertragen. Da diese nicht mehr an den Proporz gebunden ist, konnte sie freizügig Polinnen, Tschechinnen und Frauen aus Ex-Jugoslawien einstellen. Genau diese Art von Proporzumgehung hatte das Land bei der Privatisierung von Post und Bahn erfolgreich bekämpft, aus Sorge, die Liberalisierung könnte benutzt werden, die Italiener zu begünstigen.

Überall wächst das Leben über die Schutzzäune hinaus. 2002 erbrachte eine Umfrage unter den Mitgliedern des Alpenvereins Südtirol ein überraschendes Ergebnis: Die große Mehrheit war für die Aufnahme von Italienern und eine enge Zusammenarbeit mit dem lange als Konkurrenten empfundenen Club Alpino Italiano. In der Caritas, nach Sprachgruppen getrennt, reift der Plan, die Organisationen zusammenzulegen. In Österreich waren Studenten aus Südtirol lange danach eingeteilt worden, ob sie der deutschen Minderheit angehörten oder nicht. Deutsche und ladinische Südtiroler waren den Österreichern gleichgestellt, italienische nicht. Diese mussten daher an einer österreichischen Universität wie alle übrigen Ausländer Studiengebühren zahlen, was so manche von einem Studium in Österreich abhielt – eine lange versäumte Gelegenheit, die kulturelle Annäherung italienischer Studenten an Österreich und damit auch an die deutschsprachige Südtiroler Welt zu fördern. Die Diskriminierung ist gefallen, und die Wirklichkeit schaut sowieso wieder einmal anders aus: Meine Tochter Julia inskribierte 2001 in Innsbruck Rechtswissenschaften, das eigens für die Südtiroler zugeschnittene italienische Jus-Studium. Im zweiten Studienjahr wohnte sie in einer WG mit einer Südtiroler Ladinerin, einer Russin und einer Türkin zusammen, die als einzige in der WG österreichische Staatsbürgerin war. In Neumarkt gibt es zwei Seniorenclubs, einen für die deutschen, einen für die italienischen Neumarkter. Mein Vater und später meine Mutter besuchten selbstverständlich den deutschen Seniorenclub. Im Sommer 2002 fuhr sie aber, 82-jährig, erstmals mit dem italienischen Club ans Meer. Und fühlte sich sehr wohl.

Stolz verteidigte die Südtiroler Kulturpolitik jahrelang die „Landesbibliothek F. Tessmann“ als „deutsche“ Bibliothek, bis sich in der gut funktionierenden Einrichtung allmählich auch die italienischen Oberschüler ein Stelldichein gaben. Nun soll – wenn auch weiterhin beargwöhnt – ein gemeinsames Bibliothekszentrum entstehen: deutsche „Tessmann“ und italienische Stadtbibliothek in einem Gebäude. Beim Neuen Bozner Stadttheater wurde peinlich darauf geachtet, deutsches und italienisches Theater getrennt zu halten. Auf der Bühne wechseln sich die deutschen Vereinigten Bühnen Bozen und das italienische Teatro Stabile ab. Die Führung des Hauses obliegt einem ethnisch ausbalancierten Stiftungsrat. Es war Landeshauptmann Durnwalder selbst, der öffentlich einräumte, dass sich bei „Großveranstaltungen“ das Publikum nicht trennen lasse. Nun wird nach sprachgruppenübergreifenden Lösungen für solche Veranstaltungen gesucht.

Die Umfragen unter Jugendlichen, die das Landesstatistikamt 1992, 1994 und 2000 durchführte, zeigten das Bild einer vorsichtigen Anfreundung: Deutschsprachige und italienischsprachige Jugendliche gaben sich von Befragung zu Befragung bessere Sympathiewerte. 2000 erteilten die Jugendlichen aller drei Sprachgruppen den Angehörigen der eigenen Gruppe die zweithöchste Note 6, die jeweils anderen ordneten sie über 5 ein, die Italiener schlossen sogar die Nordtiroler in diese Nähe ein. Auch das Südtirol-Bild in den italienischen Medien hat sich gewandelt. In den achtziger Jahren war die Berichterstattung über das Land, wo für die Deutschen Milch und Honig fließen und die Italiener gefressen werden, derart verzerrt, dass SVP und „Dolomiten“ an die Gründung einer eigenen Presseagentur zur Rettung des Südtirol-Image dachten. Mittlerweile beherrscht Südtirol das regelmäßig durchgeführte Ranking der führenden italienischen Wirtschaftszeitung „Il Sole – 24 ore“ als Provinz mit der höchsten Lebensqualität, Platz 1 und Platz 2 höchstens mit anderen nördlichen autonomen Gebieten tauschend. Zum Christkindlmarkt fallen den ganzen Dezember über italienische Touristen in Bozen ein, bewundern Tiroler Kitsch, essen Apfelstrudel, trinken Glühwein und kaufen echten Tiroler Industriespeck.

Rodolfo, mein Kindheitsfreund vom Bahnhof, wurde in den neunziger Jahren in den Neumarkter Gemeinderat gewählt, später wurde er Vizebürgermeister für eine italienische Liste der gemäßigten Mitte. Als ich ihn zufällig traf, erzählte er mir, wie schwierig alles sei. Er bemühe sich für eine Sportgruppe, bei der deutsche und italienische Neumarkter eingeschrieben seien, die Turnhalle der deutschen Mittelschule zu bekommen – vergeblich. In das Haus Unterland dürften die Italiener sowieso nicht. Aber langsam schmolz das Eis – die Turnhalle der deutschen Mittelschule durfte wenig später frei bespielt werden und über eine Öffnung des Hauses Unterland wurde zumindest nachgedacht. In der deutschsprachigen Dorfzeitung „Die Ritsch" wurde zum zehnjährigen Jubiläum 2001 immerhin überlegt, wie man auf die Italiener zugehen könnte – freilich in der Sorge, dass dann vieles komplizierter würde.

Auch am Küchentisch der Peterlinis wächst das Leben über das Südtiroler Klischee hinaus. Meine Schwester Claudia und ihr Mann Gerhard haben zwei Kinder aus Indien adoptiert, Sadbhavana und Arjun. Die beiden zwitschern im schönsten Unterlandler Dialekt, während meine beiden kleinen Kinder Nathanael und Rahel nach der Wiener Omi „Boznerisch" reden: Waltraut Spitzka kam durch die Heirat mit dem Absolventen der Wiener Universität für Bodenkultur Herbert Kofler aus Kurtatsch nach Südtirol. Sie heirateten im Bombenjahr 1961, bei der Rückreise von der Hochzeitsreise musste der Bräutigam seine junge Frau zwei Tage an der Grenze bei Sillian zurücklassen, weil sie als Österreicherin den verschärften Visumpflichten unterworfen war. Meine Lebensgefährtin, die Südtiroler Filmemacherin Astrid Kofler, ist mit ihrer Schwester Ulli in Bozen aufgewachsen; als sie beim Fußball-WM-Sieg der italienischen Nationalmannschaft 1982 bei den Feiern auf dem Siegesplatz mitjubelte, waren die Eltern ernsthaft empört. Eine Bozner Cousine hat meinen Onkel zunächst wohl ein bisschen nachdenklich gemacht, als sie mit einem Italiener ging. Jetzt hat sie drei Kinder, die tadellos deutsch sprechen und den Opa – hätte er sie erlebt – mit Stolz erfüllen würden. Alle drei Buben meiner Schwester Christine sind schneidige Schützen, ihr Vater ebenso; fallen fanatische Sprüche, ärgern auch sie sich. Keine Südtiroler Besonderheit, bloß das ganz normale Leben.

Der Platz des vertagten Friedens

Ist eigentlich etwas passiert am 6. Oktober 2002? Wer nur wenige Wochen später über die Talferbrücke Richtung Siegesplatz spazierte, achtete schon kaum mehr auf die mittlerweile wieder ausgetauschten Straßenschilder. Für über zehn Monate, vom Jahresende 2001 bis Mitte Oktober 2002, war dort der Streit um Südtirols Vergangenheit scheinbar beigelegt worden: Statt „Piazza della Vittoria – Siegesplatz" hatte das Areal um das faschistische Denkmal „Piazza della Pace – Friedensplatz" geheißen. Als der Bozner Bürgermeister Giovanni Salghetti-Drioli (*1941) die Neubenennung im November 2001 durch den Gemeindeausschuss und dann durch den Gemeinderat brachte, sprach er bewegt von einer Morgenröte der Südtiroler Geschichte. Am 6. Oktober 2002, spät in der Nacht, ging Salghettis Sonne wieder unter: 61,4 % der Teilnehmer an dem von Alleanza Nazionale beantragten Referendum stimmten für die Wiedereinführung des alten Namens „Piazza della Vittoria – Siegesplatz".

Das italienische Bozen hatte seinen Sieg zurückgefordert, den der italienische Bürgermeister als Zeichen der Versöhnung opfern hatte wollen. Salghetti ist Kind einer Vertriebenenfamilie aus dem von Italien an Jugoslawien verlorenen Istrien. Seine Vision war gewesen, die Aufrechnung der Geschichte durch einen kleinen, aber den Südtiroler Nerv frei legenden Eingriff ins Positive zu wenden. Der Siegesplatz in

Parade vor dem Siegesdenkmal: links Südtirols Alleanza-Nazionale-Chef Giorgio Holzmann und Pietro Mitolo bei einer Kranzniederlegung.

Bozen ist die Feuerstelle, an der sich der Nationalismus beider Sprachgruppen die Hände wärmt und die Köpfe erhitzt. Hier wurden alljährlich am 4. November, dem Tag der italienischen Streitkräfte, die Kränze zur Ehrung der Gefallenen niedergelegt. Als das italienische Heer, auch dank Salghettis Vermittlung, darauf verzichtete und die Feiern an unbelastetere Orte verlegte, nahm Alleanza Nazionale demonstrativ Besitz vom Platz. Mit Alpini-Hut und in Habtachtstellung salutieren nun alljährlich die AN-Aktivisten vor dem Denkmal und seinem Geiste. Hierher zogen aber auch die Schützen mit den Fackeln, um an die faschistischen Ausschreitungen zu erinnern, bei denen 1921 der Marlinger Lehrer Franz Innerhofer ums Leben gekommen war.

Auf diesem Platz schwelen die Südtiroler Mythen: Der italienische Siegermythos von der Eroberung des *Alto Adige* im Ersten Weltkrieg, der deutsche Opfermythos von der faschistischen Unterdrückung danach. Und beide Sprachgruppen schüren ihr Feuer. Für die deutschen Südtiroler war die zum Denkmal gehörende Büste von Cesare Battisti (1875–1916) ein Zeugnis für das himmelschreiende Unrecht von Platz und Denkmal, dies durchaus im Einklang mit den Angehörigen Battistis. Der Trentiner Irredentist, 1916 von einem österreichischen Henker in Trient hingerichtet, hatte die österreichisch-italienische Grenze bei Salurn, nicht am Brenner gewollt. Für die Italiener in Südtirol ist der Siegesplatz der Ort, der ihre Heimatrechte sichert, ihren Anspruch darauf, in Südtirol etwas zu sagen zu haben. Sieg, sagen viele Italiener. Feiger Sieg, sagen die Deutschen, weil sich die österreichischen Truppen 1918 irrtümlich einen Tag zu früh zurückgezogen hatten – als ob es besser wäre, wenn es einen richtigen Sieg der einen oder der anderen gegeben hätte. Es wäre die Logik des Sieges, nicht des Friedens.

So verdrängen beide Gruppen ihre Vergangenheit und verstellen sich die Gegenwart: Die italienischen Eroberer, die nach dem 4. November 1918 kampflos in Bozen einmarschierten, waren blind dafür, dass sie anderen die Heimat nahmen. Als 1943 Hitlers Soldaten über den Brenner nach Italien vorrückten, wurde in Bozen die Büste Cesare Battistis im Spottzug durch die Stadt getragen. Das deutsche Südtirol war blind dafür, dass auch das Trentino vor 1918 nur um seine Rechte gekämpft hatte. Kaum war 2001 der Siegesplatz in Friedensplatz umbenannt, veröffentlichten die „Dolomiten“ die Strichliste eines Heimatkundlers, welche italienischen Straßennamen in Bozen noch umgetauft werden müssten – Logik des Siegers, nicht des Friedens.

Im September 2002, ein paar Wochen vor der Abstimmung über den „Friedensplatz“, waren Astrid, die Kinder und ich auf Urlaub in der Toskana. Im Urlaub erholen wir Südtiroler uns auch von Südtirol. Nach der Rückkehr greifen wir uns dann regelmäßig an den Kopf: weil wieder ein Hungerstreik stattgefunden hat gegen die Volkszählung, weil in einem Dorf der Streit um italienische oder deutsche Straßennamen entbrannt ist, weil ein italienisches Kind aus dem deutschen Kindergarten verwiesen wurde, weil Alleanza Nazionale Astrids Filmporträt über Wolfgang Pfaundler verbieten lassen will. Der ganze ethnische Wahnwitz rieselt tagaus, tagein auf uns herab, unbemerkt, solange wir mitten drin sind. Aber war man auch nur ganz kurz weg, ist es nicht mehr zu begreifen.

Wir wohnten in der Wohnung von Riccardo Dello Sbarba, er hatte uns spontan die Ferienwohnung seiner verstorbenen Eltern in Cecina angeboten – „Freunden gebe ich sie gerne". Nach Rodolfo war es das erste Mal seit 30 Jahren, dass ein italienischer Südtiroler wieder „Freund" zu mir sagte.

Riccardo stammt aus Volterra. Als seine Mutter starb, schickte ich ihm ein paar Zeilen aus „Volterra" von Franz Tumler. Er kannte das Büchlein und erzählte mir verbittert, wie er vergeblich versucht hatte, den Bürgermeister von Volterra für eine italienische Ausgabe zu gewinnen. „Meine Mutter ist an dieser Stadt gestorben, mein Vater auch" – nicht nur Südtiroler hadern mit ihrer Heimat. Nach ein paar Tagen in Cecina erhielt ich eine Nachricht von Riccardo: „Die Situation in Bozen ist deprimierend."

Wut auf den Straßen, wenn Salghetti auftauchte und die Namensänderung zu rechtfertigen suchte, Fäuste, die seinen linken Koalitionspartnern entgegengeschüttelt wurden. Als Alleanza-Nazionale-Chef und Vizepremierminister Gianfranco Fini in Bozen redete, jubelten ihm die Leute zu – gebt uns den Siegesplatz wieder. Viele Bewohner der italienischen Viertel wählten vor 20 Jahren noch vornehmlich kommunistisch, bis sie sich von den Kommunisten, die im Parlament für die Südtirol-Autonomie gestimmt hatten, verraten fühlten. Von Wahl zu Wahl verlor der Partito Comunista Italiano (PCI) ausgerechnet viele Arbeiter in den Bozner Industriebetrieben an den MSI alias Alleanza Nazionale.

Die neuen Helden waren damals die Gebrüder Mitolo, deren Vater, der Carabinieri-Maresciallo Alfredo Mitolo, am 4. November 1918 stolz in Bozen einritt und seine Familie nachholte: seine Frau mit dem Söhnchen Andrea (1914–1991). Pietro (*1921) kam bereits in Bozen zur Welt. Andrea und Pietro Mitolo waren über Jahrzehnte hinweg die einzigen Führungspersönlichkeiten des MSI in Bozen, beide wechselten sich an der Parteispitze und in den verschiedenen Positionen ab – im Bozner Gemeinderat, im Landtag, im Parlament. Als ich

Pietro Mitolo 1985 in seinem Büro vor einem Bild Benito Mussolinis

Pietro Mitolo in den achtziger Jahren erstmals interviewte, stellte er sich stolz vor das Mussolini-Gemälde in seinem Büro und hob die Hand zum römischen Gruß. Ein feiner Herr mit guten Manieren, der sich mit ein paar deutschen Worten verabschiedete. Nur wenn er sich in seinem Glauben an die Italianität Südtirols angegriffen wähnt, kann er die Fassung verlieren.

Giorgio Holzmann (*1957), den neuen Chef von Alleanza Nazionale in Bozen, habe ich kennen gelernt, als er in den achtziger Jahren am Siegesplatz Unterschriften zur Abschaffung des Proporzes und der Zweisprachigkeitsprüfung sammelte. In den siebziger Jahren, als sich auch in Bozen linke und rechte Jugendliche Schlachten lieferten, stand er im Ruf eines faschistischen Rabauken. Als er 1988 in den Landtag gewählt wurde, änderte er sein Outfit, zwängte sich in Anzüge mit leuchtenden Krawatten, holte das Studium nach, lernte Deutsch. Er erkannte im Proporz ein Schutzinstrument für die Italiener, bejahte die Autonomie, sofern beide Sprachgruppen zu ihrem Recht kämen, pflegte ein herzliches, schulterklopfendes Verhältnis zum Landeshauptmann. Im Sommer 2001 ließ er in einem Interview mit den „Dolomiten" den Satz fallen, dass der Faschismus in Südtirol Unrecht begangen habe.

Alessandro Urzì (*1966) ist Sohn des langjährigen Regierungskommissars Mario Urzì (*1928), des ranghöchsten Beamten des Staates in Südtirol, aufgewachsen im Herzog-Palast, der letzten verbliebenen Machtzentrale des Staates. Die Familie Urzì war 1935 aus dem sizilianischen Enna nach Bozen gekommen, Vater Urzì schlug eine erfolgreiche Beamtenkarriere im Dienste des Staates ein. Seine Ära als Regierungskommissar in den achtziger Jahren war begleitet von heftiger Kritik aus der SVP: Vom Herzog-Palast aus würden Manöver gegen die Autonomiepolitik gesteuert. Sohn Alessandro wurde Journalist mit einem scharfen Blick für Südtiroler Verfehlungen. Nach seiner Wahl in den Landtag 1998 wurde er zum Archivar auch noch so geringer Übergriffe auf italienische Rechte, listete fehlende italienische Übersetzungen auf Ortsschildern in entlegensten Weilern auf, denunzierte Kundmachungen, deren italienische Fassung mangelhaft war – so wie auf der Gegenseite Eva Klotz, Pius Leitner oder Franz Pahl.

Als am 6. Oktober 2002 im Bozner Rathaus die Stimmen ausgezählt waren, war Urzì ein beherrschter Sieger. Holzmann lächelte säuerlich. Schon das Referendum um den Siegesplatz hatte ihn in seinem taktisch klug eingeleiteten Annäherungsversuch an die Volkspartei weit zurückgeworfen, der Sieg schien nun die Kluft unüberbrückbar zu machen. Holzmann hatte überzeugter auf den Konsens mit der SVP hingearbeitet als Urzì. Ein solcher Kurs war nicht ohne Risiko gegenüber der Stammwählerschaft, um die 1998 erstmals auch die radikale Splittergruppe „Unitalia" warb. Zu Jahresanfang 2003 bot Holzmann, als hätte es den 6. Oktober 2002 nicht gegeben, der SVP trotzdem erneut seine Mitarbeit an der Autonomieverwaltung an. Damit würde – ideologische Bedenken und politische Winkelzüge einmal außer Acht gelassen – immerhin jene italienische Bevölkerung in die Autonomiegestaltung einbezogen, die bislang in Boykotthaltung verharrte. Der bullige, sympathisch lächelnde Holzmann steht für jenes Bozen, dessen Seele in den italienischen Vierteln lange genug geschmort und auf Anerkennung gewartet hat. Der Schritt zur Macht an der Seite der heimlich bewunderten Volkspartei wäre eine Befreiung aus der Einigelung in Trotz und Groll. Der smarte, stets auf Haltung bedachte und elegante Urzì hingegen ist für derart lockere Umarmungen mit der Partei der Südtiroler wohl familiär zu sehr vorbelastet, er ist ein Mann des Staates, Stratege höher angesetzter Ambitionen.

Mit dem 6. Oktober wurde die Frage neu gestellt, wer das italienische Südtirol überhaupt vertritt, wer ihm – was Aufgabe der Politik sein könnte – Visionen, Halt und Perspektiven vermittelt. Die Reste der alten Democrazia Cristiana sind in Südtirol Splittergruppen und Überlebenskünstler, reduziert auf die Betreuung einer kleinen Klientel. Die Ex-Kommunisten, jetzt Linksdemokraten zehren vom letzten Guthaben bei der Arbeiterschaft. Der Ulivo, das breite Mitte-links-Bündnis, war lange eine Hoffnung, am 6. Oktober schrumpfte es zur unbekannten Größe. Niemand wusste, wie viel Salghetti – die wichtigste Identifikationsfigur der italienischen Autonomieparteien – noch Wert war. Zweimal hatte er bei Bozner Bürgermeisterwahlen – in den Stichwahlen von der Volkspartei gestützt – die Kandidaten des Rechtsblocks geschlagen. Bei Neuwahlen im Oktober 2002 wäre der Ausgang für ihn unsicher gewesen. Das war wohl auch der Hauptgrund, warum Salghetti nach der Niederlage nicht zurücktrat, obwohl ihm danach zumute war.

Das Unbehagen der italienischen Bevölkerung rührt auch daher: Sie hat keinen Durnwalder, besetzt fast keine Spitzenpositionen, alle ihre politischen Vertreter sind, bis auf den Bozner und ein paar andere Bürgermeister, bestenfalls Nummer zwei. Wenn es nicht um ethnische Reizthemen geht, blicken die Italiener lieber gleich auf ihn – auf „re Luis". Ethnische Sicherheit, Gruppengefühl vermittelt seit den achtziger Jahren praktisch nur noch Alleanza Nazionale. Das einschneidendste Ergebnis des Referendums war für Südtirols Italiener die Erkenntnis, dass auch sie stark sein könnten, wenn sie sich über alle Lager hinweg zusammenscharten. Sie hatten erstmals nach vielen Jahren einen Sieg über die Volkspartei errungen.

Nach dem Referendum über den „Friedensplatz": Die neuen Schilder wurden wieder abgenommen, der Platz heißt wieder „Siegesplatz – Piazza della Vittoria".

Umso bitterer waren die Reaktionen auf deutscher Seite. In der Bozner SVP kursierten nach dem 6. Oktober bezeichnende Sprüche: „Das haben wir davon, dass wir ihnen ihre Viertel herausgeputzt haben, dann leiten wir ihnen halt wieder den Verkehr hinunter." Niemand hätte es unmittelbar nach dem 6. Oktober überrascht, wenn ein neuer Erwin Astfäller mit Gasflaschen vor dem – streng bewachten – Siegesdenkmal festgenommen worden wäre.

Ein paar Tage nach dem 6. Oktober brannten vor dem Rathaus wieder die Fackeln der Schützen. Sie waren in Zivil gekommen, nur ein Häuflein, beherrscht, aber ernst. Das sind die anderen Helden: Eva Klotz, ihre Anhänger der Union für Südtirol, die Freiheitlichen um Pius Leitner, die Schützen, ein paar aus der Volkspartei. Bruno Luverà, in den achtziger Jahren Redakteur bei „Il Mattino" in Bozen, später bei der Rai in Rom, war wieder einmal in die Krisenprovinz gesandt worden. Er besuchte die Viertel, wo massiv für den Siegesplatz gestimmt worden war. Die Leute seien aufgebracht: darüber, dass man ihnen den Siegesplatz nehmen wollte, darüber, dass alles die Deutschen bestimmten in Südtirol, darüber, dass sie nichts zu sagen hätten. Auf die Frage, wie man in Bozen so lebe, hätten sie gestutzt: „Si vive bene." Was soll die Frage, natürlich lebt man gut hier. Bei einer Umfrage zwei Monate nach dem 6. Oktober bekam auch der von seinen Wählern allein gelassene Salghetti als Stadtverwalter wieder ausgezeichnete Noten.

Am Tag nach dem Fackelumzug der Schützen trafen sich die anderen Verlierer: Eine Sitzung des geschlagenen Ulivo in erweiterter Runde, mit Intellektuellen, Journalisten, Zweiflern, Kritikern. Wundenlecken. Als Toni Serafini, ein Sozialist, davon zu reden begann, dass jetzt die Italiener Positionen beanspruchen müssten, dass sie nicht länger alle Kommandostellen den Deutschen überlassen dürften, spürte ich, wie sich mein Magen zusammenzog, obwohl ich schon Ähnliches geschrieben und gefordert hatte. Dann redete Gianni Lanzinger, Weggefährte Langers, mehrmals mein Anwalt in Presseprozessen. Jetzt argumentierte er, mit Verweis auf seine österreichische Großeltern, dass es ein Fehler gewesen sei, den Sieg Italiens im Ersten Weltkrieg mit dem Faschismus gleichzusetzen, denn schließlich hätte Italien jenes Österreich besiegt, das im Trentino die Freiheiten getötet habe. So schnell entsteht Feindseligkeit: Ich, der Trentiner Großeltern hatte, fühlte mich angegriffen. Neben mir sprang Christoph Hartung von Hartungen auf, einer der so genannten linken Historiker – und verteidigte Altösterreich.

Wieder einen Tag später: Die SVP beanstandete in einer Presseaussendung, dass zu viele italienische Kinder in deutsche Kindergärten eingeschrieben seien. Da war er wieder, der ethnische Einrückungsbefehl: Als müssten alle nach dem Scheitern des Experiments „Friedensplatz" einen Schritt zurück in die eigenen Reihen tun, zurück zum Sieg, zurück zur Opferhaltung. Einige Wochen später fand eine Medientagung der Grünen statt, bei der die ethnisch gespaltene Berichterstattung der Südtiroler Tagesmedien diskutiert wurde. Der Kommentar der allermeisten Chefredakteure lautete, das sei nun einmal so, jeder müsse auf sein Publikum achten. Riccardo Dello Sbarba rief mich enttäuscht an, er sei sich vorgekommen wie der letzte Gutmensch, der immer noch daran glaube, in einer italienischen Zeitung auch den Stimmungen der Deutschen Raum geben zu müssen.

Das Knirschen zwischen den Sprachgruppen, das nach dem 6. Oktober 2002 vielleicht nur wieder feinfühliger wahrgenommen wurde, erlebte ich in jenen Wochen mit unserem Sohn Nathanael. Wir hatten ihn in einen deutschen Kindergarten eingeschrieben, der von einem privaten, mehrheitlich italienischen Verein geführt wird und bei italienischen und zweisprachigen Familien besonders beliebt ist. Hier werden der Mehrsprachigkeit größere Freiräume geboten. Das war zwar nicht der Grund für unsere Wahl des Kindergartens, schien uns aber reizvoll.

Nach ein paar Tagen sagte Nathanael beim Heimradeln, der Kindergarten gefalle ihm gut, aber die italienischen Kinder ließen ihn nicht mitspielen: „Ich glaube, sie magen mich nicht." Nach zwei Wochen: „Ich mag keine italienischen Kinder." Die wiederkehrenden Hilferufe stimmten uns ratlos, alle unsere Vorstellungen von einer freudigen Begegnung zwischen Kindern unterschiedlicher Sprachgruppen gingen ausgerechnet bei unserem Sohn nicht auf. Von den 20 Kindern stammten 16 aus italienischen oder zweisprachigen Familien; einige sprachen auch Deutsch, beim Spielen aber bevorzugten sie das Italienische. Nathanael verliebte sich in Sophia-Marie, wurde der beste Freund von Linard – es bildete sich ein Grüppchen von vier deutschen Kindern gegen 16 Italiener. Nathanael hatte die offizielle Kindergartensprache auf seiner Seite, aber es half ihm nichts, wenn er beim Spielen ausgeschlossen war. Mein verzweifelter Bub vermittelte mir unbewusst etwas von der Sichtweise der Italiener, die in Bozen leben: Einerseits das Gefühl in Italien zu leben, andererseits ein Umfeld, das sie bei den spannenden Spielen ausschließt, weil sie die Sprache und die Regeln nicht verstehen. „Ma dai, è una tedesca!", mit diesen Worten befanden zwei Knirpse bei einer Weihnachtsfeier und nach einer ersten Kontaktaufnahme unsere Kleinste, Rahel, als untaugliche Spielgefährtin: Vergiss es, sie ist eine Deutsche.

Wir lernten ein italienisches Pärchen kennen, erst jüngst aus Arbeitsgründen nach Südtirol gezogen. Die Frau mit klangvollem apulischem Akzent stammt aus Bari, er aus Bergamo. Sie hatte hier auf Anhieb eine, wenn auch vorerst nur provisorische Stelle als Lehrerin in Bozen und Meran gefunden; in ganz Italien war es für sie aussichtslos gewesen, einen Platz an einer Schule zu bekommen – bei Wettbewerben melden sich in der Regel Tausende für wenige Stellen. Ihr Mann fand Arbeit in der von der Caritas geführten Anlaufstelle für Zuwanderer. Sie hatten gerade eine Wohnung in der Bozner Altstadt bezogen und waren voll des Staunens, zählten die Täler auf, die sie schon erkundet hatten, freuten sich über den Christkindlmarkt, kauften gebratene Kastanien am Obstmarkt. Als wir sie zu uns einluden, konnten sie es kaum fassen. „Das passiert Italienern in Bozen sonst nicht", erklärte mir Riccardo Dello Sbarba.

Riccardo mietete vor Jahren eine Wohnung dort, wo eigentlich die deutschen Bozner leben, im Villenviertel Bozen-Dorf. Schon bald hatte er den Eindruck, dass sich die Menschen dort – womöglich unabhängig von der Sprachgruppe, eher aufgrund ihres sozialen Selbstverständnisses – lieber abgrenzen, sich zurückziehen hinter Zäunen und Mauern. Es ist wohl kein Zufall, dass der italienische Vater des Paketes, der DC-Politiker Alcide Berloffa (*1922), im Bozner Weinbauviertel Rentsch aufgewachsen ist, mit den Bauernkindern spielte, in die dörflichen Gasthäuser einkehrte. Er fand spontanen Zugang zum deutschsprachigen Südtirol. Als Berloffa Präsident der Sechser- und Zwölferkommission wurde, war seine Rentscher Kindheit gewiss kein Nachteil für die Autonomieverhandlungen. In den voneinander abgeschotteten Wohnwelten fallen die Kontakte dagegen schwer. Dem italienischen Bedürfnis nach spontanem Gespräch, nach angeregter Diskussion auf offener Straße, nach Herzlichkeit auch zwischen beinahe Unbekannten wird vom herberen, eher verschlossenen und Distanz wahrenden Tiroler Urcharakter bestimmt manch kalte Dusche verpasst. Wer dann auch noch grundlegendste Deutschkenntnisse vermissen lässt, bleibt ein Fremdling in seiner eigenen Umgebung.

Die Welten sind bis in die Kirchen hinein getrennt: Bei Schützenversammlungen wird regelmäßig dagegen protestiert, wenn der Pfarrer in manchen Dörfern „für fünf italienische Kinder" die Erstkommunionsmesse zweisprachig hält. Das Bedürfnis, ethnisch „störungsfrei" zu leben, ist paradoxerweise umso ausgeprägter, je weniger Italiener in einem deutschen Gebiet leben – je größer die Mehrheit, desto größer ihre Unduldsamkeit. Die Berichte aus der Südtiroler Peripherie klingen dann so: „Wir wollen nicht in einem Mischmasch leben, wir sehen ja überall, was das für Krisenherde bringt ... in einem rein deutschen Tal, da werden keine Probleme heraufbeschworen", so notiert auf einer Bildungstagung der Schützen 1998. Die Wortmeldung kam aus einem Dorf mit einem italienischen Anteil von kaum 2 %. In Neumarkt mit einem italienischen Bevölkerungsanteil von rund 40 % ist die gegenseitige Achtung viel größer: Die Minderheit hat die notwendige Respektstärke, zudem bestehen viele berufliche und private Kontakte, die Vorurteile erst gar nicht entstehen lassen. In vielen Dörfern, wo bis auf die Carbinieri und ihre Angehörigen fast nur „Deutsche" leben, wird in der Baupolitik streng darauf geachtet, den „rein deutschen" Charakter des Dorfes nicht durch ein zu großes Wohnungsangebot zu gefährden.

In den italienischen Enklaven hält dagegen eine verschworene, oft verschüchterte Volksgemeinschaft an ihrem Trugbild fest: Die Deutschen haben uns mit der Autonomie unsere Rechte genommen – dass es Vorrechte waren, dringt nicht leicht ins Bewusstsein vor. Aldo Mazza, der zweisprachige Südtiroler aus Kalabrien, seit Mai 2000 als grüner Gemeinderat in Meran Koalitionspartner der Volkspartei, hat einen Grundfehler auch seiner Bewegung erkannt: Immer wurde – wohl aus Solidarität gegenüber den Schwächeren – vor allem den deutschen Südtirolern ihre ethnische Verschanzung vorgeworfen. Diese hatten Dissidenten, die ihre Weltbilder erschütterten oder zumindest überprüften: Gatterer, Kaser, Langer, Steurer, später Martha Verdorfer. Die Südtiroler Italiener hatten bedeutend weniger Abweichler, sie wurden entweder abgelehnt von den Deutschen oder erhielten die fürsorgliche Solidarität der interethnischen Bewegung. Gefordert, sich auf die Autonomie einzulassen, wurden sie selten. Sie wurden in ihrem Unbehagen bestätigt, in ihrem Trotz belassen. In dieser bockigen Haltung verharren viele Südtiroler Italiener: beleidigt, nicht dazuzugehören, aber ohne etwas dafür zu tun, um dazugehören zu können.

Der Vorwurf der ethnischen Diskriminierung ist schnell ausgesprochen, oft ist er aber nur billige Ausrede, die eigenes Unvermögen oder Scheitern kaschiert. Als im Herbst 2002 – in der neuen Zeitrechnung: nach dem 6. Oktober – an der Bozner Universität ein

Italiener beschimpften und bespuckten Schützen, die trotz Demonstrationsverbot im Mai 1991 gegen das faschistische Siegesdenkmal durch Bozen marschierten.

Führungsstreit ausbrach, ging es schnell auch um eine mögliche ethnische Diskriminierung. Der aus Deutschland stammende Rektor Alfred Steinherr war unter Druck gekommen, punktete aber in den italienischen Medien mit der Aussage, an der Bozner Uni würden die Italiener diskriminiert. Tatsächlich stellte sich heraus, dass sie weit mehr Stellen besetzten, als der Proporz vorsehen würde, die deutschen Südtiroler waren gegenüber ihrem Anteil leicht im Rückstand, aber die einzige wirklich diskriminierte Minderheit waren … die Ladiner. Sie besetzten eine einzige Stelle von 124 Stellen. Ebenfalls nach dem 6. Oktober brach eine Polemik auf, dass an der deutschen Goetheschule italienische Kinder nicht mehr erwünscht seien – ein Thema für die Titelseite des „Alto Adige“. Wochen später gab es zwischen der Goetheschule und einer italienischen Schule einen mehrwöchigen, lange vorbereiteten Schüleraustausch, gemeinsam betreut von der deutschen und von der italienischen Schullandesrätin – eine Winzigmeldung in derselben Zeitung.

Alles kann ruhig sein in Südtirol, aber kaum werden die neuralgischen Themen berührt, bricht der Volkstumskampf aus, zumindest in den Schlagzeilen und im politischen Umgangston. Neben all den erledigten Paketbestimmungen blieb auch 2002 eine unbehandelt – die Ortsnamengebung. Mit der Regelung müssten die vom Faschismus abgeschafften deutschen Namen auch formell neu eingeführt werden, das offene Problem aber ist die Hinterlassenschaft Tolomeis, seine unzähligen erfundenen Namen. Die Paketpolitiker Magnago und Benedikter hatten die Ortsnamengebung nie angerührt, es gab Wichtigeres, das Thema war aber auch zu brenzlig. Luis Durnwalder erklärte zu Beginn jeder neuen Amtszeit, diesmal werde er das Thema in die Hand nehmen. Jeder Lösungsversuch hatte prompt Aufmärsche der Schützen vor dem Landhaus und die Ankündigung der totalen Obstruktion im Landtag durch Alleanza Nazionale zur Folge – je nachdem, ob Durnwalder erwog, mehr oder weniger, keine oder alle faschistischen Namen abzuschaffen. Viele deutsche Südtiroler empfinden es so, als könnten sie nicht leben, wenn die italienischen, längst vertrauten Namen neben den wieder eingeführten deutschen Namen weiter bestünden; viele Italiener tun so, als gäbe es eine Heimat in Südtirol nicht ohne den historischen Ballast der faschistischen Vergangenheit. Im Sommer 2002 vertagte die Landesregierung das Thema auf die nächste Legislatur – auf die Zeit nach den Landtagswahlen 2003.

Josef Rampold ist für so genannte aufrechte Südtiroler ein unverdächtiger Zeuge. In einem Bildband schwärmt er davon, dass man „in den Gassen der alten Stadt Bozen flanierende römische Eleganz neben der aus Loden und Leder gebauten Tracht der Sarntaler Bauern erleben“ kann: „Es ist die Erzählung von Gegensätzen, die ein schönes Land bestimmen.“ In der politischen Diskussion aber sind Deutsche und Italiener und Ladiner keine Bereicherung, sondern fallen einander zur Last. Alleanza Nazionale hat nach dem 6. Oktober eine düstere Prognose veröffentlicht, wonach die italienische Sprachgruppe in 30 Jahren von 26 auf 17 % zurückfallen werde. Würde an der Bevölkerungszusammensetzung vor dem Anschluss Südtirols an Italien 1918 Maß genommen, wäre ein solcher Rückgang eine Normalisierung – in Richtung Urzustand. Aber was heißt Normalisierung? Unter dem Faschismus bedeutete die staatlich verordnete „Normalisierung“, dass sich in der eroberten Provinz die Staatsbevölkerung ausbreitet. In den ladinischen Tälern hieße „Normalisierung“, dass eine auf wenige Täler zurückgedrängte Sprache kaum eine Überlebenschance hat. Normalisierung muss nicht gut sein, sie kann Reize mindern, Konturen verwischen, Gegensätze einebnen. Das Schwinden der spannungsreichen Südtiroler Vielfalt als Verlust für die Schönheit des Landes, als Verkümmerung zur „normalen Provinz“ zu begreifen, wäre der eigentliche Fortschritt in der Südtirol-Frage.

Der 6. Oktober 2002 war auf diesem Weg kein Rückfall, sondern das Erwachen aus einer voreiligen Illusion. Viele Südtiroler auf beiden Seiten hatten geglaubt, den Konflikt hinter sich zu haben, und mussten feststellen: Wir stehen noch mitten drin. Die meisten deutschen Südtiroler hatten geglaubt, die Italiener fühlten sich in Südtirol daheim; nun waren sie wie vor den Kopf geschlagen. Auch Luis Durnwalder haderte mit sich, seinem verschenkten Lächeln, seinem vergebenen Schulterklopfen, seinem nicht honorierten Entgegenkommen durch Unterstützung der italienischen Industriekolosse, Wohnbauprogramme und andere autonome Großzügigkeiten. All dies hatte offenbar nicht genügt, um Südtirols Italiener wirklich zu gewinnen.

Wohlstand und Vollbeschäftigung haben Südtirol oberflächlich befriedet, das tägliche Leben lärmt über die Missverständnisse hinweg. Was Italiener und Deutsche noch nicht geleistet haben, ist die Trauerarbeit – das Begreifen der Vergangenheit der anderen und damit der eigenen. Es bräuchte eine „Konfliktschule“, eine Stätte gegenseitiger Wahrnehmung, ein Lernen, wie man miteinander umgeht und streitet: Warum suchen wir Schutz in der eigenen ethnischen Gruppe und verorten den Feind in der Gruppe der anderen? Warum pressen wir Menschen wegen einer Vergangenheit, die persönlich mit ihnen gar nichts mehr zu tun hat, in Feindbilder? Der schwerste Fehler, den wir Südtiroler aller Sprachgruppen machen, ist unser leichtfertiger Umgang miteinander: Wir tun so, als lebten wir alle schon nett und friedlich zusammen, als würden wir uns alle mögen, als sei es kein

Problem, dass Deutsche, Ladiner und Italiener mit ihren unterschiedlichen Traditionen aufeinander treffen. Aber fällt ein falsches Wort verspüren wir Hass. Oder Groll. Oder Trauer.

Unaufgearbeitet, unbetrauert, aber auch jedem Humor entzogen sind die Südtiroler Altlasten wie Minen in den Köpfen – bei zufälliger oder absichtlicher Berührung können sie jederzeit hochgehen. In einer Arbeit für die Ausstellung „Sehnsucht Heimat" in Hall in Tirol habe ich zusammen mit Astrid eine qualitative Befragung von zehn Südtiroler Jungschützen durchgeführt. Einer von ihnen war ein elfjähriger Altreier, ein junger, fröhlicher Bub, der sich nichts sehnlicher als „lange Leibelen" und einen Ohrring wünschte. Auf die Frage, wovor er Angst habe, sagte er: „Vor einem Krieg." Wie es zu einem Krieg kommen könne? „Wenn Südtirol sich wehren muss gegen die Italiener."

Nein, so muss die Geschichte nicht enden. Südtirol hat Routine im Umgang mit ethnischen Konflikten, ein Erfahrungsschatz, der auszubeuten ist. Anders als die verfeindeten Gruppen in Jugoslawien, in Irland, in Palästina haben die deutschen und die italienischen Südtiroler „nur" ein sprachliches und historisches Problem. Sie gehen in dieselben Kirchen, wenngleich in getrennte Messen, bestatten ihre Toten in denselben Friedhöfen, gehören einem zusammengewachsenen Europa an, nehmen am selben Wirtschafts- und Wohlstandssystem teil, stehen auf demselben kulturellen, abendländischen Boden. Der Friede kommt nicht von allein, muss immer neu erfunden werden, aber er ist machbar.

Der Schock des 6. Oktober 2002 hat nicht nur viele entmutigt, er hat bei vielen auch die Fantasie beflügelt: Armin Gatterer, der Kulturfunktionär, in seiner Jugend eine der literarischen Hoffnungen Südtirols, hat in einem Weihnachtsessay 2002 für die „FF" von einem „Erzählzelt" auf dem Siegesplatz gesprochen, das mehr bringen würde als die versuchte Namensänderung. Johann Drumbl, Interims-Rektor der Universität Bozen, Professor an der Bildungswissenschaftlichen Fakultät in Brixen, hat sein 2002 veröffentlichtes Buch über die Schwierigkeiten von Italienern beim Deutschlernen unter einen Leitsatz des Philosophen Ludwig Wittgenstein (1889–1951) gestellt: „Wenn dieser Stein sich jetzt nicht bewegen will, wenn er eingekeilt ist, bewege erst andere Steine um ihn herum."

Das hieße auf Südtirol übertragen, nicht immer an denselben wunden Punkten zu rühren, sondern Umwege zu gehen, über Projekte, bei denen zwanglos deutsche, italienische und ladinische Südtiroler zusammenarbeiten: Ein gemeinsames Geschichtsprojekt, eine mehrsprachige Kulturzeitschrift für Südtirol, Tirol und das Trentino oder ein deutsch-italienisch-ladinisches Witzbuch, damit wir über unsere Verkrampfungen auch einmal lachen können, mit Zeichnungen des Tirolers Paul Flora, des Südtirolers Pepi Tischler, der Ladiner Hanspeter Demetz und Egon Moroder Rusina, der italienischen Karikaturisten Bruno Durante und Ettore Frangipane. Die ethnische Auseinandersetzung in Südtiroler leidet an verbiesterter Humorlosigkeit.

Die Natürlichkeit von Begegnungen zulassen – das könnte das aufgesetzte Bemühen um das Zusammenleben ersetzen, indem etwa klassische deutsche Positionen einem zweisprachigen Italiener anvertraut werden. Wir deutschen Südtiroler erleben, wie wohl das tut: ein deutschsprachiger Vorsitzender des Oberlandesgerichtes, ein deutschsprachiger Chef der Staatsanwaltschaft, schon ist die Gerichtsbarkeit nicht mehr ein historisch belasteter Fremdkörper, sondern eine vertraute, dennoch Respekt einflößende Behörde. Warum sollte der erstklassige, zweisprachige Verwaltungschef der Rai, Carlo Corazzola, der zuvor das Sanitätsassessorat reorganisierte, nicht imstande sein, die Sparkasse zu leiten? Warum könnte der zweisprachig gebildete Gewerkschafter Alberto Stenico nicht eines unserer Landesmuseen übernehmen, Schloss Tirol zum Beispiel? Im Gegenzug könnte man deutschen Südtirolern, wie der Südtiroler Landeshauptmann in seinem Neujahrsinterview 2003 vorschlug, das Regierungskommissariat oder die Polizeidirektion anvertrauen. So würden die Rollen vermischt, wäre die Autonomie nicht mehr zwangsläufig deutsch besetzt, wäre eine staatliche Institution nicht mehr zwangsläufig der lange Arm Roms – sondern geriete Südtirol in Südtiroler Hand.

2002 hatte das Autonomiestatut Geburtstag. Von einem rauschenden Fest kann nicht berichtet werden: Die Südtiroler Autonomie wurde nie gefeiert – 1969 nicht, weil das Paket als gerade noch akzeptabler Kompromiss galt und von 49 % der SVP-Basis abgelehnt wurde, 1972 nicht, weil man erst die Umsetzung abwarten wollte, 1992 nicht, weil der Paketabschluss mit Zweifeln behaftet war. Im

Jubiläumsjahr 2002 gab es einen Empfang in Wien und eine von der SVP schwach besuchte Feier im Südtiroler Landtag. Es wäre an der Zeit gemeinsam zu feiern. Statt uns ständig zu düsteren Geisterbeschwörungen am Siegesplatz zu treffen – an den Tagen der *tricolore* und der Tiroler Trauerfahnen, des Sieges und der Niederlage –, sollten wir ein Volksfest der Autonomie auf den Talferwiesen abhalten, jährlich und endlich einmal froh darüber, dass es uns gut geht.

Ich habe nachzutragen, dass Nathanael nach zwei Monaten Kampf um eine Schaufel im Kindergarten diese schließlich eroberte. Ein paar Mal kam er zerkratzt und wund geschlagen heim, ein paar Mal stand er heroische Kämpfe durch, nach denen andere zerkratzt und wund geschlagen heimgingen. Einmal freute er sich und sagte, ein italienischer Bub habe ihn mitspielen lassen, er sei jetzt sein Freund. Als dieser Bub ihn dann wieder schlug und die italienischen Kinder wieder nicht mit ihm spielten, wollte er nicht mehr zurück in diesen Kindergarten. Es war nichts mehr zu machen. Wir respektierten seine Entscheidung, ungewiss ob wirklich die sprachlichen Probleme die Ursache für seinen Kummer waren. Er hatte in ihnen eine Erklärung gefunden, so wie viele Südtiroler Italiener in der Autonomie die Ursache für ihr Unglück vermuten. Der Wurm mag eher im fehlenden Zugang zur Sprache und Kultur des Nachbarn liegen, so wie manche deutsche Südtiroler glauben, ihr Unglück läge in der Präsenz italienischer Mitbürger begründet, während es vielleicht nur in der Schwierigkeit liegt, das Anderssein der Anderen zu akzeptieren und Neugier dafür zu empfinden. Das setzt Sicherheit voraus, eine gefestigte, aber nicht erstarrte, aufnahmefähige Identität. Unser Bub gab nicht ganz auf. Er nahm freudig an einem Italienisch-Schnupperkurs im Bozner Eltern-Kind-Zentrum teil, sang bald schon italienische Lieder und verkündete: „Wenn ich italienisch kann, gehe ich wieder in den Kindergarten."

Nachtrag und Dank

In diesem Buch habe ich manches aus meinem Familienleben preisgegeben, nicht im Sinne einer Autobiografie, für die ich zu jung und zu unwichtig wäre. Das Erlebte und das aus der eigenen Vergangenheit Verstandene sollten nur soweit einfließen, wie es dem Verständnis der jüngeren Autonomiegeschichte, der historischen Hypotheken und ihrer gegenwärtigen Zustände dient. Der erste Dank ergeht an meinen verstorbenen Vater und meine gottlob noch rüstige, geistig wache Mutter. Was ich aus dem Leben meiner Eltern öffentlich mache, geschieht im Respekt vor schwierigen Zeiten, in denen sich manche in Hass verrannt haben, während meine Mutter und mein Vater auf den Gegensätzen ihrer Herkunft und ihrer Zeit eine Familie gründeten. Meinen Geschwistern danke ich dafür, dass ich als Nachzügler viele Freiheiten vorfand, die sie erkämpft hatten; auch wuchs ich in leichteren Zeiten auf. Meinem Bruder Oskar habe ich politisch viel Ärger bereitet, den ich nicht bereuen mag; es war nicht immer leicht, dass ein Bruder politisch arbeitet und der andere als Journalist politische Arbeit kritisiert; sein Verständnis ist nicht selbstverständlich, unser Bemühen um Rollentrennung auch nicht. Mein früh verstorbener Bruder Norbert ist mir immer dann, wenn etwas zu viel zu werden scheint, ein Ansporn, habe ich doch Kraft und Leben, die ihm versagt blieben: Meine Mutter trug seinen toten kleinen Körper nach einem Arztbesuch gut zwei Kilometer zu Fuß nach Hause; seit ich zurückdenken kann, steht sein Bild auf ihrem Nachtkästchen.
Viele Freunde und Bekannte missbrauche ich, weil mir ihre Geschichte aufschlussreich für die Südtiroler Befindlichkeit schien; manche konnte ich um Erlaubnis fragen, bei anderen hoffe ich auf Nachsicht. Den Verlegern der „FF" danke ich für jenen Freiraum, ohne den der Beruf eines Journalisten nicht würdig ausgeübt werden kann. Wenn ich mich in der Darlegung der Südtiroler Verflechtungen, nach manchem Herumkugeln, bei den „Amonnitern" wieder gefunden habe, dann ist das keine Zuordnung. Ich habe dort meinen Platz, wo ich meinen Beruf in Freiheit ausüben kann. Besonders danke ich den Herausgebern und den Mitarbeitern der „FF", dass nach dem Zerwürfnis von 1993 ein Neuanfang möglich war, ohne Bußgänge, ohne Bedingungen. Für das Zustandekommen dieses Buches schulde ich Dank: Ich hatte ein viel knapperes, auf das Autonomierecht konzentriertes Manuskript für ein Projekt erarbeitet, in das mein Text nach Fertigstellung nicht mehr passte. Der Zeithistoriker und Vizedirektor des Südtiroler Landesarchivs Hans Heiss gab den entscheidenden Anstoß zu einer Monografie, half mit Anregungen und einer bereichernden begleitenden Lektüre. Dem Folio-Verlag, seinen Mitarbeiterinnen und Mitarbeitern danke ich für das spontane Interesse an meinem Manuskript, Hermann Gummerer für das wohltuend treffsichere Lektorat eines Textes, der bis zum Schluss im Umbau war und Arbeitstitel wie „Baustellentext" und „Grobe

Verunstaltung" trug. Seine Arbeit hat das Buch entscheidend verbessert. Der Cover-Idee von no.parking, die parallel zur Textarbeit entwickelt wurde, verdankte ich beim Schreiben einen besonderen Spaß an der Freud. SVP-Chefsekretärin Margareth Greif war mir bei der historischen Recherche im SVP-Archiv sehr behilflich.
Der Südtiroler Landesabteilung für deutsche Kultur mit dem zuständigen Landesrat Bruno Hosp sowie der Region Trentino-Südtirol mit ihrem Regionalausschussvizepräsidenten Richard Theiner danke ich für die Förderung eines Buches, das sie nicht kannten und von dem sie nicht ausgehen durften, dass es eine Hymne auf die Südtiroler Politik wird. Sehr gefreut hat mich die Unterstützung aus meiner engeren Heimat, durch die Bezirksgemeinschaft Überetsch-Unterland, wofür ich dem Präsidenten Oswald Schiefer herzlich danke. Der Gemeinde Neumarkt und Bürgermeister Alfred Vedovelli sowie dem „FF"-Verlag danke ich für die Förderung der Publikation durch Abnahme von Büchern, der „FF"-Herausgeberin Magdalena Amonn und dem Fotografen Othmar Seehauser für die Überlassung zahlreicher Fotos.
Auf den geschilderten Etappen gab es viele Menschen, die mich ein Stück begleitet haben – ich denke dankbar zurück.
Aufmerksamen Lesern wird aufgefallen sein, dass meine Familiengründung mit Erika beginnt, meiner ersten Frau und Mutter unserer gemeinsamen Tochter Julia, und dass es 20 Jahre später mit Astrid weitergeht, die mir Nathanael und Rahel geschenkt hat. Zwei Lebensabschnitte, für die ich viel zu danken habe. Astrid danke ich für pausenlose Inspiration und dafür, dass sie mir trotz ihrer eigenen Arbeitsleistung mit zwei kleinen Kindern und anspruchsvollen Filmprojekten Zeit geschenkt hat, dieses Buch an Wochenenden und Urlaubstagen zu schreiben. Julia, Nathanael und Rahel ist es gewidmet – für die Zukunft.

Bozen, im März 2003

Bibliografie

Amonn, Walther: Die acht Bozner Seligkeiten. Erinnerungen eines Südtiroler Kaufherrn und Kunstmäzen, hrsg. von Wolfgang Pfaundler. Wien/München/Zürich: Molden Edition 1979

Asam, Robert: Der Luis. Bozen: Athesia 2001

Astat (Hrsg.): Interethnische Beziehungen. Leben in einer mehrsprachigen Gesellschaft. Bozen: Astat 1992

Astat (Hrsg.): Jugendstudie 1994. Jugend, Modernisierung und kulturelle Identität in Südtirol. Bozen: Astat 1995

Astat (Hrsg.): Jugendstudie 1999. Werthaltungen, Lebensformen und Lebensentwürfe Bozen: Astat 2000

Baur, Siegfried: Die Tücken der Nähe. Kommunikation und Kooperation in Mehrheits-/Minderheitensituationen. Meran: Alpha&Beta 2000

Baur, Siegfried/Guggenberg, Irma von/Larcher, Dietmar: Zwischen Herkunft und Zukunft. Südtirol im Spannungsfeld zwischen ethnischer und postnationaler Gesellschaftstruktur. Meran: Alpha&Beta 1998

Brugger, Oktavia (Hrsg.): Peter Brugger. Eine politische und persönliche Biografie. Bozen: Edition Raetia 1996

Drumbl, Johann: Das Sprachen-Portal. Inferenz und Spracherwerb in mehrsprachiger Lernumgebung: Meran: Alpha&Beta 2002

Ebner, Martha: Mein Leben. Bozen: Athesia 2002

Fontana, Josef: Neumarkt. Ein Beitrag zur Zeitgeschichte des Unterlandes. Bozen: Athesia 1993

Frasnelli, Hubert: Die Herrschaft der Fürsten. Macht, Demokratie und Zivilcourage in Südtirol. Klagenfurt: Wieser 2000

Gatterer, Claus: Aufsätze und Reden: Bozen: Raetia 1991

Gelmi, Josef: Geschichte der Kirche in Tirol. Innsbruck: Tyrolia 2001

Heiss, Hans: Fortschritt und Grenzen des Regionalismus. Südtirol nach dem Zweiten Weltkrieg. In: Müller, Michael G./ Petri, Rolf (Hrsg.): Die Nationalisierung von Grenzen. Zur Konstruktion nationaler Identität in sprachlich gemischten Grenzregionen (Tagungen zur Ostmitteleuropa-Forschung 16). Marburg: Herder Institut 2002

Kaser, Norbert C.: Eingeklemmt. Gedichte – Geschichte und Berichte – Stadtstiche – Poetische Protokolle – Kritik – Polemik – Agitation, hrsg. von Hans Haider. Salzburg: Hannibal 1979

Langer, Alexander: Aufsätze zu Südtirol – Scritti sul Sudtirolo 1978–1995, hrsg. von Siegfried Baur, Riccardo Dello Sbarba. Meran: Alpha&Beta 1996

Marko, Josef/Ortino, Sergio/Palermo, Francesco (Hrsg.): L'Ordinamento Speciale della Provincia Autonoma di Bolzano. Padova: Cedom 2001

Pardatscher, Thomas: Das Siegesdenkmal in Bozen. Entstehung – Symbolik – Rezeption. Bozen: Athesia 2002

Peterlini, Hans Karl: Bomben aus zweiter Hand. Südtirol zwischen Gladio und Stasi. Bozen: Edition Raetia 1992

Peterlini, Hans Karl: Fesselnde Heimat. In: Sehnsucht Heimat. Katalog zur Ausstellung im Salzlager Hall/Kunsthalle Tirol, Hall in Tirol 1998

Peterlini, Hans Karl: Schreiben in einem eingeklemmten Land. Journalismus in Südtirol. Arbeiten zwischen schlechten Gewohnheiten und historischem Nachholbedarf. In: Aus der Norm, Arunda 47, Bruneck 1998

Peterlini, Oskar: Der ethnische Proporz in Südtirol. Bozen: Athesia 1980

Peterlini, Oskar: Autonomie und Minderheitenschutz in Trentino-Südtirol. Trient: Autonome Region Trentino-Südtirol 1996

Putzer, Oskar: Kommunizieren oder übersetzen? In: Egger, Kurt/Lanthaler, Franz (Hrsg.): Die deutsche Sprache in Südtirol. Bozen/Wien: Folio 2001

Raffeiner, Josef: Tagebücher 1945–1948, hrsg. von Wolfgang Raffeiner. Bozen: Edition Sturzflüge 1998

Solderer, Gottfried (Hrsg.): Das 20. Jahrhundert in Südtirol. Bd. I–IV. Bozen: Raetia 1999, 2000, 2001, 2002

Stadlmayer, Viktoria: Kein Kleingeld im Länderschacher. Südtirol, Triest und Alcide Degasperi, 1945/1946 (Schlernschriften 320). Innsbruck: Universitätsverlag Wagner 2002

Steininger, Rolf: Südtirol zwischen Diplomatie und Terror 1947–1969. Bozen: Athesia 1999

Südtiroler Landesverwaltung (Hrsg.): Südtirol-Handbuch. Jahrgänge 1986–1999. Bozen

Tappeiner, Jakob: Südtirol aus der Luft. Mit einem Vorwort von Josef Rampold. Lana: Tappeiner 1995

Tumler, Franz: Das Land Südtirol. München/Zürich: Piper 1984

Volgger, Friedl: Mit Südtirol am Scheideweg. Erlebte Geschichte. Innsbruck: Haymon 1997

Widmann, Franz: Es stand nicht gut um Südtirol. 1945–1972: Von der Resignation zur Selbstbehauptung. Aufzeichnungen der politischen Wende. Bozen: Raetia 1998

Zelger, Anton: Ja zur Zweisprachigkeit – Nein zur Mischkultur in Südtirol. Bozen: SVP-Selbstverlag 1980

ZEITUNGEN, ZEITSCHRIFTEN, WEBSITES

„Alto Adige" (Tageszeitung, Bozen)

„Dolomiten" (Tageszeitung, Bozen)

„FF – Die Südtiroler Illustrierte", jetzt „ff – Südtiroler Wochenmagazin" (Wochenzeitschrift, Bozen)

„La nuova Vetta d'Italia" (Mitteilungsblatt von Alleanza Nazionale)

„Il Mattino" (Tageszeitung, Bozen)

„Neue Südtiroler Tageszeitung" (Tageszeitung Bozen)

Zu Ladinien: www.noeles.net, www.ladinia.net, www.vejin.com